Agir Coopérer Apprendre

L'atelier+

Méthode de Français

A1

Marie-Noëlle Cocton
Coordination pédagogique

Émilie Pommier

Delphine Ripaud

Marie Rabin (DELF)

Couverture : Primo & Primo
Principe de maquette : DVN communication
Déclinaison maquette : Primo & Primo
Mise en page : Séverine Olivier (Marse), Franck Delormeau, Atelier DES 2 ORMEAUX
Coordination éditoriale : Fabienne Boulogne, Manuela Usai
Édition : Sylvie Maury, Clothilde Mabille
Iconographie : Hatier illustration
Illustrations : Emmanuel Romeuf (couverture), Jérémie Dress (145, 146, 148), Séverin Millet (12 à 15, 50)
Documents iconographiques : ADN (18, 25, 34, 35, 52, 70, 87, 90, 105, 106, 114, 118, 120, 133, 135), DVN (36, 37, 38, 39, 41, 43, 67, 71, 72, 74, 75, 91, 98, 99, 101, 102, 103, 107)
Photogravure : RVB
Enregistrements audio, montage et mixage : Studio Quali'sons, David Hassici, Jean-Paul Palmyre
Montage vidéo : INIT Productions

« Le photocopillage, c'est l'usage abusif et collectif de la photocopie sans autorisation des auteurs et des éditeurs. Largement répandu dans les établissements d'enseignement, le photocopillage menace l'avenir du livre, car il met en danger son équilibre économique. Il prive les auteurs d'une juste rémunération. En dehors de l'usage privé du copiste, toute reproduction totale ou partielle de cet ouvrage est interdite. »

« La loi du 11 mars 1957 n'autorisant, aux termes des alinéas 2 et 3 de l'article 41, d'une part, que les copies ou reproductions strictement réservées à l'usage privé du copiste et non destinées à une utilisation collective » et, d'autre part, que les analyses et courtes citations dans un but d'exemple et d'illustrations, « toute représentation ou reproduction intégrale, ou partielle, faite sans le consentement de l'auteur ou de ses ayants droit ou ayants cause, est illicite. » (alinéa 1er de l'article 40) – « Cette représentation ou reproduction par quelque procédé que ce soit, constituerait donc une contrefaçon sanctionnée par les articles 425 et suivants du Code pénal. »

© Les Éditions Didier, une marque des éditions Hatier, 2022
ISBN 978-2-278-10467-3 / 978-2-278-10468-0
Dépôt légal : 10467/05 - 10468/05

Achevé d'imprimer en Italie en avril 2024 par L.E.G.O. (Lavis).

Agir, coopérer, apprendre, ensemble et avec plaisir !

Une **méthodologie accessible** qui s'appuie sur des principes pédagogiques décrits dans le *Cadre européen commun de référence pour les langues* et sur la notion de « coopération » - telle qu'elle est présentée dans le volume complémentaire (Février, 2018) - et une conviction partagée : **accompagner un groupe d'apprenants dans la construction de sens et nourrir le plaisir d'apprendre ensemble.**

L'atelier + A1 invite à résoudre des MISSIONS du quotidien pour répondre à des besoins concrets. Chaque mission correspond à la question posée dans le titre de l'unité et donne lieu à une diversité de **solutions**, selon la combinaison des outils linguistiques et communicatifs de l'unité.

AGIR

Au travers de SITUATIONS communicatives, *l'atelier + A1* propose des activités courtes et variées de compréhension, des moments de **réflexion grammaticale collective**, une progression linguistique en spirale, des pauses mentales et récréatives pour SE DÉTENDRE et des jeux pour apprendre autrement.

Objectif : s'approprier des découvertes linguistiques avant de produire, à plusieurs, des micro-tâches sous forme d'ACTION.

COOPÉRER

Dans un souci de **médiation** pédagogique, *l'atelier + A1* veille à favoriser des temps d'échange et de **travail en groupes** dans une **ambiance positive**. Un espace de découvertes interculturelles et d'approfondissement linguistique, le LAB' langue et culture, invite à apprivoiser l'altérité. Ce laboratoire explore les cultures francophones, les jeux de mots, de sens et de structures, ainsi que les idées de chacun, en vue de mener à bien un PROJET culturel commun.

APPRENDRE

Apprendre, c'est aussi prendre **confiance en soi** et devenir **autonome**, c'est-à-dire **responsable** du processus d'apprentissage. Au sein des ATELIERS, l'apprenant est amené à s'approprier des stratégies nouvelles tout en partageant, avec ses pairs, sa propre méthodologie. Il produit ainsi, à partir de modèles authentiques variés, des discours structurés.

Pour atteindre cet esprit d'apprentissage résolument **positif**, *l'atelier + A1* s'appuie sur l'enseignant en tant que **médiateur** qui œuvre pour faciliter l'action coopérative entre les pairs et faire construire du sens dans l'interaction.

Sans oublier l'essentiel : vivre des moments de **plaisir** et de **convivialité**.

L'atelier + A1 vous souhaite de belles rencontres !

Enseigner avec L'atelier + A1

L'organisation du manuel

- 1 unité de bienvenue
- 8 unités de 14 pages
- 1 épreuve complète du DELF A1
- Les outils de la classe
  8 fiches vidéo, la grammaire, la phonétique, la conjugaison, l'index des contenus, les transcriptions audio/vidéo, la carte de la francophonie

Une double page = une séquence !

Le cahier d'activités

- Un bilan linguistique et une préparation au DELF par unité

Une double page = une séquence du livre !

Agir, Coopérer, Apprendre
MÉDIATION ET REMÉDIATION

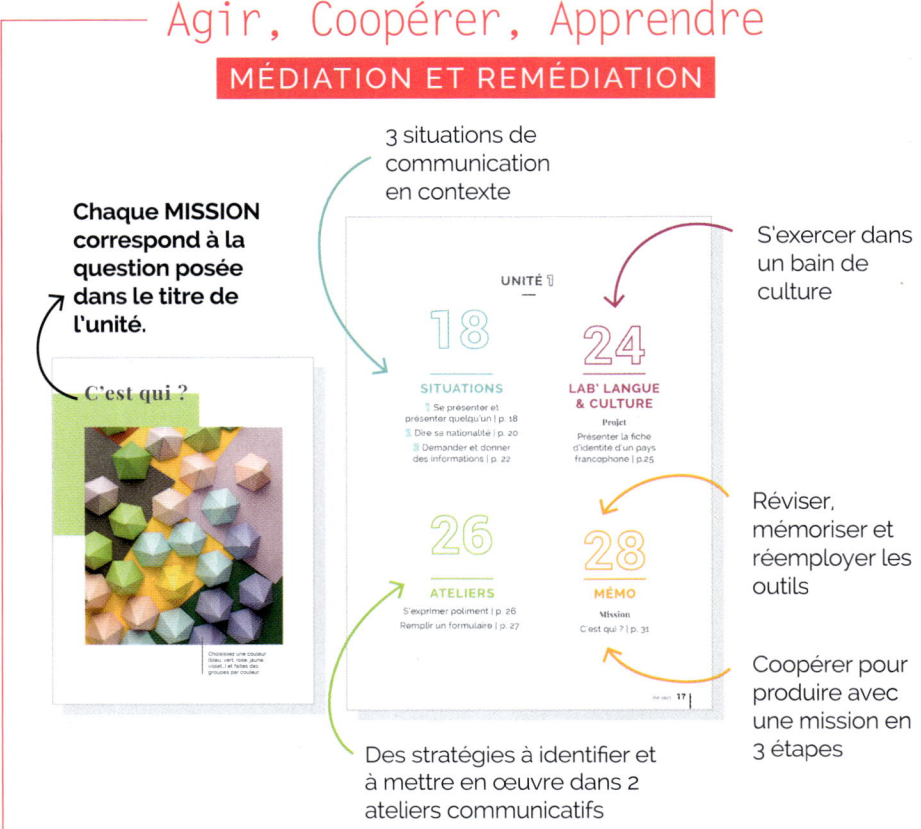

Chaque MISSION correspond à la question posée dans le titre de l'unité.

- 3 situations de communication en contexte
- S'exercer dans un bain de culture
- Réviser, mémoriser et réemployer les outils
- Coopérer pour produire avec une mission en 3 étapes
- Des stratégies à identifier et à mettre en œuvre dans 2 ateliers communicatifs

---

Notre différence

Le PLAISIR d'apprendre
- Assurer une progression **pas à pas**
- **Inviter** à des moments de détente
- **Jouer** avec des mots, des sons, des jeux
- Découvrir des documents qui font **sourire**

Le SAVOIR apprendre
- Favoriser l'apprentissage en **spirale**
- Proposer des **astuces** pour mieux travailler
- Encourager la **réflexion** linguistique

L'apprentissage SOLIDAIRE
- Créer des temps de travail en **groupes**
- Apprendre à **s'encourager**
- Inviter au partage des **stratégies**
- Ensemble, résoudre des **missions**

APPLICATION PRATIQUE !

1. Dans votre navigateur, saisissez **didierfle.app**

2. **Flashez la page** avec l'application et accédez aux ressources audio, aux vidéos, aux vidéos de phonétique et aux exercices complémentaires.

▶ Résoudre **ensemble** des MISSIONS du quotidien ◀
pour répondre à des besoins concrets

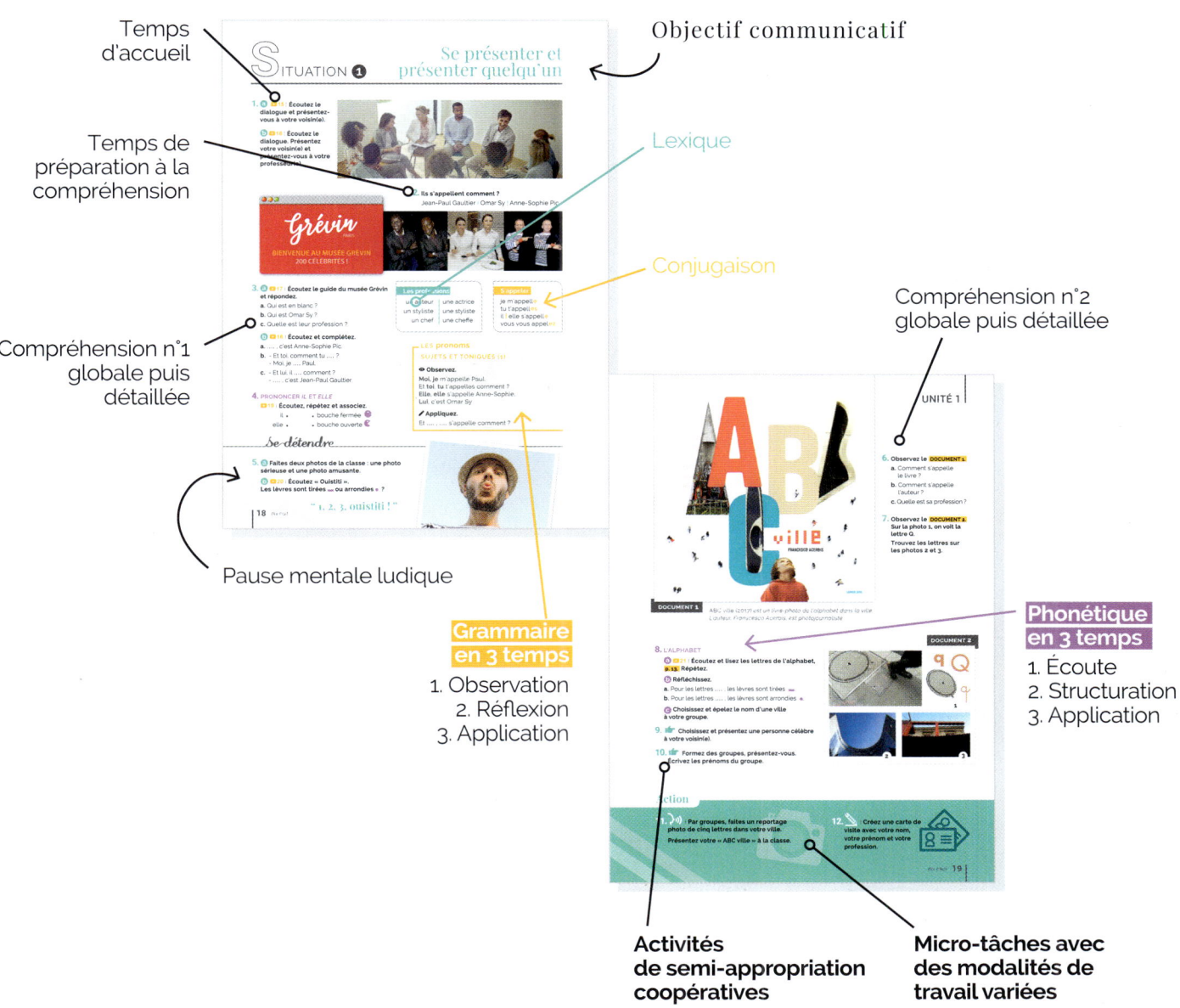

GRAMMAIRE	LEXIQUE	PHONÉTIQUE
▶ une progression pas à pas ▶ un apprentissage en spirale ▶ une réflexion en continu	▶ des encadrés pour aider à visualiser ▶ des activités ludiques ▶ un réemploi en contexte	▶ des symboles clairs ▶ une contextualisation systématique ▶ des jeux de sonorité

TABLEAU DES CONTENUS

Agir   Coopérer   Apprendre

BIENVENUE ! SUIVEZ LE GUIDE !
p. 12-15

OBJECTIFS
1. Se présenter
2. Saluer, prendre congé
3. Communiquer en classe

UNITÉ 1
C'est qui ?
p. 16-31

OBJECTIFS
1. Se présenter et présenter quelqu'un
2. Dire sa nationalité
3. Demander et donner des informations (âge, nationalité, langues parlées, coordonnées)

ATELIERS D'EXPRESSION
- S'exprimer poliment
- Remplir un formulaire

PROJET CULTUREL
Présenter la fiche d'identité d'un pays francophone

MISSION
Découvrir une identité

STRATÉGIES *p. 26-27*

MÉMO

Réviser + S'exercer, *p. 28*

J'agis, je coopère, j'apprends
Cahier, p. 10-11

ÉVALUATION
- Bilan linguistique *Cahier, p. 12-13*
- Préparation au DELF *Cahier, p. 14-15*

UNITÉ 2
On fait quoi ce week-end ?
p. 32-47

OBJECTIFS
1. Identifier des objets
2. Parler de ses goûts
3. Sortir

ATELIERS D'EXPRESSION
- Souhaiter quelque chose à quelqu'un
- Demander un programme par courriel

PROJET CULTUREL
Préparer la fiche d'identité d'un film francophone

MISSION
Identifier la sortie du week-end

STRATÉGIES *p. 42-43*

MÉMO

Réviser + S'exercer, *p. 44*

J'agis, je coopère, j'apprends
Cahier, p. 22-23

ÉVALUATION
- Bilan linguistique *Cahier, p. 24-25*
- Préparation au DELF *Cahier, p. 26-27*

TABLEAU DES CONTENUS

Grammaire	Lexique	Phonétique	Culture
• *S'appeler* au présent (1)	• Saluer • Se présenter • Les jours de la semaine • Les couleurs (1) • Les consignes de la classe • Les chiffres (1) de 1 à 10	• L'alphabet pour épeler (1) 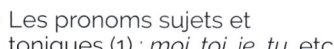 Vidéo phonétique	• Faire la bise • Se serrer la main • *Tu/Vous*
• Les pronoms sujets et toniques (1) : *moi, toi, je, tu*, etc. • Les articles définis devant les noms de pays : *le, la, les* • La négation (1) : *ne… pas* • L'accord des adjectifs de nationalité • Les questions (1) avec *quel* **CONJUGAISON** • S'appeler (2) • Être • Avoir	• Les professions (1) • L'alphabet (2) • Les couleurs (2) • Les nombres (2) de 11 à 69 • Les noms de pays • Les nationalités • Les sensations : *j'ai froid, j'ai faim*, etc.	• *Il* et *elle* • L'alphabet (2) • La syllabe accentuée et l'accent de mot • La liaison (1)  Vidéo phonétique	• La Francophonie • Des personnalités francophones • Des prénoms  ▶ *La langue française dans le monde*
• La négation (2) : *ne… plus* • Les articles indéfinis : *un, une, des* • Les adjectifs possessifs (1) • L'article contracté et les prépositions *à* et *de* (1) et (2) **CONJUGAISON** • Faire • Vouloir • Aller	• Des objets • *Mais* • Les verbes d'appréciation : *aimer, adorer, détester* • Les formes • Des sports • Des lieux de loisirs • Des loisirs • L'heure • Les moments • Des idées de sortie	• *Un* et *une* • L'élision Vidéo phonétique	• Des sportifs • Les Français et les loisirs • Des films français  ▶ *Bécassine !*, la bande-annonce du film

TABLEAU DES CONTENUS

Agir   Coopérer   Apprendre

UNITÉ 3 — On va où cet été ? — p. 48-63

OBJECTIFS
1. Parler de la météo
2. S'informer sur une ville
3. Demander et indiquer son chemin

ATELIERS D'EXPRESSION
- Exprimer un besoin, une envie
- Écrire une e-carte postale

PROJET CULTUREL
Créer un carnet d'expériences de votre ville

⇨ **MISSION**
Voyager ensemble

STRATÉGIES *p. 58-59*

MÉMO

Réviser + S'exercer, *p. 60*

J'agis, je coopère, j'apprends Cahier, p. 34-35

ÉVALUATION
- Bilan linguistique *Cahier, p. 36-37*
- Préparation au DELF *Cahier, p. 38-39*

UNITÉ 4 — On mange quoi cette semaine ? — p. 64-79

OBJECTIFS
1. Parler de ses habitudes alimentaires
2. Faire ses courses
3. Faire des projets

ATELIERS D'EXPRESSION
- Commander au restaurant
- Donner son appréciation sur un restaurant

PROJET CULTUREL
Créer une vidéo de chef

⇨ **MISSION**
Planifier des menus

STRATÉGIES *p. 74-75*

MÉMO

Réviser + S'exercer, *p. 76*

J'agis, je coopère, j'apprends Cahier, p. 46-47

ÉVALUATION
- Bilan linguistique *Cahier, p. 48-49*
- Préparation au DELF *Cahier, p. 50-51*

UNITÉ 5 — C'est arrivé quand ? — p. 80-95

OBJECTIFS
1. S'habiller… à la mode !
2. Décrire une ambiance
3. Raconter une expérience

ATELIERS D'EXPRESSION
- Acheter des vêtements
- Donner des instructions

PROJET CULTUREL
Préparer une balade audio

⇨ **MISSION**
Adopter un style de tenue

STRATÉGIES *p. 90-91*

MÉMO

Réviser + S'exercer, *p. 92*

J'agis, je coopère, j'apprends Cahier, p. 58-59

ÉVALUATION
- Bilan linguistique *Cahier, p. 60-61*
- Préparation au DELF *Cahier, p. 62-63*

SIGNALÉTIQUE

 Activité collective   Top chrono   Production orale   Production écrite

TABLEAU DES CONTENUS

Grammaire	Lexique	Phonétique	Culture
• Les prépositions devant les villes et les pays • Les questions (2) : *est-ce que… ? qu'est-ce que… ?* • L'accord des adjectifs (1) • L'article contracté (3) avec les prépositions de lieu • Le pronom *y* **CONJUGAISON** • Venir • Prendre	• La météo • Les nombres ordinaux • Les lieux de la ville • Les prépositions de lieu • Des moyens de transports	• *Le, la, les* • Le « e » muet (1)  Vidéo phonétique	• Des lieux touristiques • Le Québec et la France  #feelparis : agir à Paris
• Les articles partitifs • La place des adverbes de fréquence • L'expression de la quantité • Le futur proche • Les adjectifs démonstratifs : *ce, cet, cette* **CONJUGAISON** • Boire • Manger	• Des adverbes de fréquence • Les quantités • Les commerces • Les nombres (3) de 70 à 100 • Donner un conseil • Payer • Donner son appréciation	• *Du, de / deux, des* • Le « e » muet (2) • Les sons [p], [ɔ], [v]  Vidéo phonétique	• Les Français et le déjeuner • L'alimentation bio  La recette du gâteau au yaourt
• Le passé composé (1) avec *avoir* • *C'était, il y avait, il faisait* • Le passé composé (2) et la forme négative • Le passé composé (3) avec *être* **CONJUGAISON** • Mettre	• Les vêtements • La mode • Des instruments de musique • Décrire une ambiance • La musique • Les indicateurs de temps • Les nombres (4) de 100 à 1 million • Les émotions	• Les voyelles nasales • Les enchaînements vocalique et consonantique Vidéo phonétique	• Des artistes et des œuvres • Des fêtes et des festivals  Le street art des frères Toqué

 Piste audio et vidéo    Renvoi vers les jeux du guide pratique de classe    Livre connecté

neuf **9**

TABLEAU DES CONTENUS

Agir Coopérer Apprendre

UNITÉ 6 — Alors ton nouveau travail ? — p. 96-111

OBJECTIFS
1. Se présenter pour un travail
2. Parler de ses habitudes
3. Décrire ses collègues

ATELIERS D'EXPRESSION
- Prendre un rendez-vous par téléphone
- Rédiger son profil professionnel sur LinkedIn

PROJET CULTUREL
Rédiger une infographie des métiers de demain

MISSION
Résoudre un problème au travail

STRATÉGIES *p. 106-107*

MÉMO
Réviser + S'exercer, *p. 108*
J'agis, je coopère, j'apprends *Cahier, p. 70-71*

ÉVALUATION
- Bilan linguistique *Cahier, p. 72-73*
- Préparation au DELF *Cahier, p. 74-75*

UNITÉ 7 — Pourquoi déménager ? — p. 112-127

OBJECTIFS
1. Parler de sa famille
2. Comparer des logements
3. Changer de vie

ATELIERS D'EXPRESSION
- Téléphoner pour avoir des informations
- Informer d'un changement d'adresse

PROJET CULTUREL
Créer une cartographie des appartements à louer

MISSION
Choisir un logement et trouver un accord

STRATÉGIES *p. 122-123*

MÉMO
Réviser + S'exercer, *p. 124*
J'agis, je coopère, j'apprends *Cahier, p. 82-83*

ÉVALUATION
- Bilan linguistique *Cahier, p. 84-85*
- Préparation au DELF *Cahier, p. 86-87*

UNITÉ 8 — Il y a un problème ? — p. 128-143

OBJECTIFS
1. Parler de sa santé
2. Donner son opinion
3. Exprimer son accord et son désaccord

ATELIERS D'EXPRESSION
- Exposer un problème
- Écrire une invitation par courriel

PROJET CULTUREL
Imaginer un objet connecté pour l'apprentissage

MISSION
Résoudre un problème

STRATÉGIES *p. 138-139*

MÉMO
Réviser + S'exercer, *p. 140*
J'agis, je coopère, j'apprends *Cahier, p. 94-95*

ÉVALUATION
- Bilan linguistique *Cahier, p. 96-97*
- Préparation au DELF *Cahier, p. 98-99*

NOS PLUS !

- **Flashez les pages**
  - Les documents audio + les vidéos
  - Les vidéos de phonétique
  - Des exercices complémentaires
- 4 jeux à télécharger
- Un guide pratique de classe

Épreuve DELF complète *p. 144*

TABLEAU DES CONTENUS

Grammaire	Lexique	Phonétique	Culture
• Les questions (3) : les interrogatifs *comment, où, pourquoi* • L'obligation et la possibilité avec *devoir* et *pouvoir* • Les verbes pronominaux • L'accord des adjectifs (2) **CONJUGAISON** • Devoir • Pouvoir • Se coucher	• Les qualités et les défauts • Exprimer les qualités nécessaires • Les activités quotidiennes • La description physique • Téléphoner	• L'intonation • Le « e » muet (3) • Les consonnes finales et les sons [f], [v], [s], [z] Vidéo phonétique	• Le bonheur au travail • Des acteurs français  Le parcours de Mathilde
• Les adjectifs possessifs (2) • Le passé récent • Les pronoms compléments directs *le, la, les* • La comparaison • Les pronoms toniques (2) et les prépositions • Le passé composé (4) avec *être*	• La famille • Le logement • Les pièces de la maison • Justifier un choix • Changer de vie	• Les sons [ɛ] et [œ] • Les semi-voyelles [j], [ɥ] et [w] • Les sons [y], [i] et [e]  Vidéo phonétique	• L'habitation • Se loger en Suisse, au Canada  Se loger
• L'impératif • Les pronoms démonstratifs *celui-ci / celle-ci* • Les pronoms relatifs *qui* et *que* • La durée avec *pendant* et *depuis* • La place des adjectifs	• Les parties du corps • Chez le médecin • Désigner un objet • Les réseaux sociaux • Le téléphone portable • Donner son opinion	• Le son [a] • Les sons /R/ et [l] • La liaison (2) Vidéo phonétique	• La santé • Les nouvelles technologies 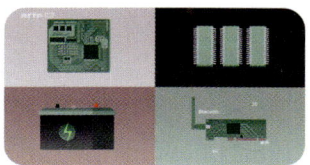 C'est quoi un objet connecté ?

OUTILS DE LA CLASSE

8 fiches Vidéo lab' p. 153-156
La phonétique p. 157-160
La grammaire et des exercices en ➕ p. 161-173

La conjugaison p. 174-175
Index des contenus p. 176-177
Les transcriptions p. 178-184

BIENVENUE !

1. ▶2 | **Écoutez et répétez.**

2. ▶3 | **Écoutez et répétez.**

3. ▶4 | **Écoutez et associez.**
1. Bonjour madame !
2. Comment tu t'appelles ?
3. Et vous, vous vous appelez comment ?

    a. Je m'appelle…
    b. Bonjour !
    c. Moi, c'est…

4. ▶5 | **Écoutez. Et chez vous, on dit comment ?**

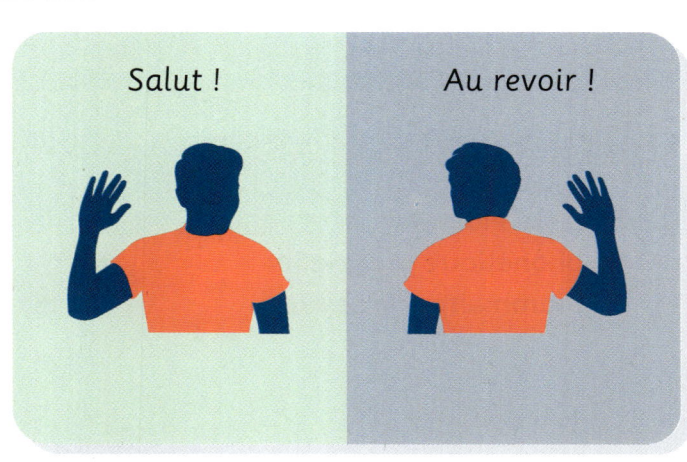

5. **a** ▶6 | Écoutez et répétez.

b Faites une chaîne de l'alphabet dans la classe.

Les voyelles	Les consonnes
A E I O U Y	B C D F G H J K L M N P Q R S T V W X Z

La pétanque • La belote

6. ▶7 | Lisez les mots et écoutez. Vous entendez quelles lettres ?

Se serrer la main • La bise

7. Et chez vous, on fait comment ?

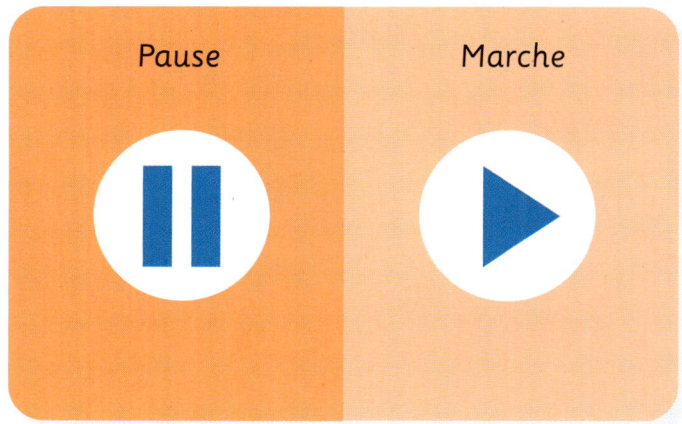

Pause • Marche

8. Marchez dans la classe. Au clap, saluez une personne. Présentez-vous et épelez votre prénom.

Bonjour, je m'appelle Luc. L, U, C.

SUIVEZ LE GUIDE !

1. Vous connaissez ?

Où ?

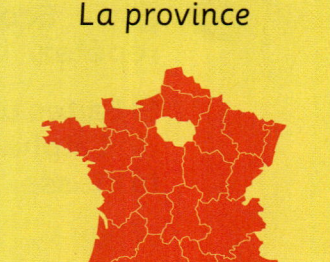

Paris | La province

2. **a** ▶8 | Écoutez les jours de la semaine et répétez.

b ▶9 | Écoutez. Vous entendez quels jours ?
lundi | mardi | mercredi | jeudi
vendredi | samedi | dimanche

c ▶10 | Écoutez et associez.
1. dimanche   a. matin
2. vendredi   b. soir
3. mercredi   c. midi

Samedi soir | Dimanche matin

Quand ?

3. ▶11 | Écoutez et répondez.
1. Quelle est la couleur ?
2. C'est qui ?
3. Et dans votre pays, c'est comment ?

Rouge | Bleu

Comment ?

Quoi ?

Écoutez ! Parlez !   Lisez ! Écrivez !

4. **ⓐ Lisez chaque mot à voix haute.**

ⓑ ▶12 | Écoutez et associez la consigne à une image.

5. **ⓐ ▶13 | Écoutez et répétez.**

ⓑ Comptez rapidement.

ⓒ ▶14 | Vous entendez quels chiffres ?

zéro | un | deux | trois | quatre | cinq | six | sept | huit | neuf | dix

ⓓ Comptez les étudiants dans la classe.

1 escargot   10 macarons

Combien ?

Moi   Mon voisin

Qui ?

6. **ⓐ Écrivez une phrase pour vous présenter.**

ⓑ Écoutez votre voisin(e) se présenter.

ⓒ Dessinez votre voisin(e).

C'est qui ?

Choisissez une couleur (bleu, vert, rose, jaune, violet...) et faites des groupes par couleur.

UNITÉ 1

18 SITUATIONS

1 Se présenter et présenter quelqu'un | p. 18
2 Dire sa nationalité | p. 20
3 Demander et donner des informations | p. 22

24 LAB' LANGUE & CULTURE

Projet

Présenter la fiche d'identité d'un pays francophone | p.25

26 ATELIERS

S'exprimer poliment | p. 26
Remplir un formulaire | p. 27

28 MÉMO

Mission

C'est qui ? | p. 31

Situation 1 — Se présenter et présenter quelqu'un

1. a ▶15 | Écoutez le dialogue et présentez-vous à votre voisin(e).

b ▶16 | Écoutez le dialogue. Présentez votre voisin(e) et présentez-vous à votre professeur(e).

2. Ils s'appellent comment ?
Jean-Paul Gaultier | Omar Sy | Anne-Sophie Pic

3. a ▶17 | Écoutez le guide du musée Grévin et répondez.
   a. Qui est en blanc ?
   b. Qui est Omar Sy ?
   c. Quelle est leur profession ?

b ▶18 | Écoutez et complétez.
   a. ...., c'est Anne-Sophie Pic.
   b. - Et toi, comment tu .... ?
      - Moi, je .... Paul.
   c. - Et lui, il .... comment ?
      - ...., c'est Jean-Paul Gaultier.

4. PRONONCER IL ET ELLE
   ▶19 | Écoutez, répétez et associez.
   il •   • bouche fermée **e**
   elle •   • bouche ouverte **ɛ**

Les professions	
un acteur	une actrice
un styliste	une styliste
un chef	une cheffe

S'appeler
je m'appell**e**
tu t'appell**es**
il | elle s'appell**e**
vous vous appel**ez**

LES pronoms
SUJETS ET TONIQUES (1)

👁 **Observez.**
Moi, je m'appelle Paul.
Et **toi, tu** t'appelles comment ?
Elle, elle s'appelle Anne-Sophie.
Lui, c'est Omar Sy.

✏ **Appliquez.**
Et ...., ... s'appelle comment ?

Se détendre

5. a Faites deux photos de la classe : une photo sérieuse et une photo amusante.

b ▶20 | Écoutez « Ouistiti ».
Les lèvres sont tirées — ou arrondies • ?

" 1, 2, 3, ouistiti ! "

UNITÉ 1

DOCUMENT 1 ABC ville (2017) *est un livre-photo de l'alphabet dans la ville. L'auteur, Franscesco Acerbis, est photojournaliste.*

6. Observez le DOCUMENT 1.
  a. Comment s'appelle le livre ?
  b. Comment s'appelle l'auteur ?
  c. Quelle est sa profession ?

7. Observez le DOCUMENT 2. Sur la photo 1, on voit la lettre Q.
  Trouvez les lettres sur les photos 2 et 3.

8. L'ALPHABET

  a ▶21 | Écoutez et lisez les lettres de l'alphabet, p. 13. Répétez.

  b Réfléchissez.
  a. Pour les lettres .... , les lèvres sont tirées ▬.
  b. Pour les lettres .... , les lèvres sont arrondies ●.

  c Choisissez et épelez le nom d'une ville à votre groupe.

9. 👍 Choisissez et présentez une personne célèbre à votre voisin(e).

10. 👍 Formez des groupes, présentez-vous. Écrivez les prénoms du groupe.

DOCUMENT 2

1

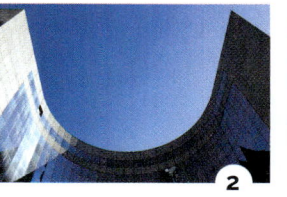
2

3

Action

11. 🔊 | Par groupes, faites un reportage photo de cinq lettres dans votre ville.
Présentez votre « ABC ville » à la classe.

12. ✏️ | Créez une carte de visite avec votre nom, votre prénom et votre profession.

dix-neuf **19**

SITUATION 2 — Dire sa nationalité

DOCUMENT 1

1. Observez le DOCUMENT 1. Choisissez.

a. C'est une affiche pour :
- un film.
- un festival.
- un livre.

b. C'est à :
- Paris.
- Bruxelles.
- Genève.

2. ⓐ Regardez une carte des pays de la francophonie et choisissez un pays.

ⓑ Regroupez-vous par pays. Nommez et épelez le pays.

3. 🔊 22 | Écoutez et complétez avec *le*, *la*, *les* ou *l'*.

.... Canada   .... Mali
.... Belgique   .... Sénégal
.... Luxembourg   .... Comores
.... Suisse   .... Seychelles
.... France   .... Algérie
.... Guinée   .... Vietnam

LES articles DEVANT LES NOMS DE PAYS

👁 **Observez.**
la France | le Canada | les Seychelles | l'Algérie

⚙ **Réfléchissez.**
pays féminin → .... Russie
pays masculin → .... Japon
pays au pluriel → .... États-Unis
pays qui commence
par une voyelle → .... Argentine

✏ **Appliquez.**
.... Colombie .... Iran .... Sénégal .... Pays-Bas

4. Complétez avec les noms de pays.
Les pays de l'Union européenne sont ....

5. ⏱ **TOP CHRONO !**
Votre professeur(e) donne une lettre de l'alphabet.
Chaque groupe écrit trois noms de pays qui commencent par cette lettre.
Choisissez *le*, *la*, *les* ou *l'*.

Se détendre

6. Observez ces drapeaux.
ⓐ Retrouvez le pays associé.
ⓑ Nommez les couleurs.
ⓒ Imaginez un nouveau pays.

UNITÉ 1

ALAIN DUCASSE

EMMA WATSON

KYLIAN MBAPPÉ

ROGER FEDERER

DOCUMENT 2

7. ⓐ Regardez le DOCUMENT 2. Quelle est leur nationalité ?

ⓑ ▶23 | Écoutez et vérifiez.

8. Répondez aux questions suivantes.
   a. Emma Watson est française ?
   b. Quels sont les pays de ces personnalités ?
   c. Quelle est la profession de chacun ?

9. LA SYLLABE ACCENTUÉE ET L'ACCENT DE MOT

   ⓐ ▶24 | Écoutez et comptez les syllabes.

   ⓑ ▶25 | Écoutez. Quelles sont les syllabes accentuées ?

   a. fran | çais   c. an | glaise
   b. fran | çaise   d. sé | né | ga | laise

   ⓒ Choisissez un pays et une nationalité. Prononcez-les avec l'accent sur la dernière syllabe.

LA négation

👁 **Observez.**
Je **ne** suis **pas** anglais.
Elle **n'**est **pas** anglaise.

✏ **Appliquez.** Écrivez les 2 mots de la négation.
.... verbe ....

Être
je sui**s**
tu e**s**
il | elle es**t**
nous somm**es**
vous ête**s**
ils | elles son**t**

L'**accord** DES ADJECTIFS DE NATIONALITÉ

👁 **Observez.**
Il est français. Ils sont français.
Elle est anglais**e**. **Elles** sont anglais**es**.
Il est canadien. **Ils** sont canadien**s**.
Elle est canadien**ne**.

⚙ **Réfléchissez.**
→ +.... pour une femme.
→ +.... pour le pluriel (sauf s'il y a déjà un « s »).
→ +.... au féminin pour -ien.

✏ **Complétez.**
Elles sont canadien.... .

Quelques nationalités

brésilien	brésilienne	sénégalais	sénégalaise
espagnol	espagnole	marocain	marocaine
allemand	allemande	suisse	suisse
chinois	chinoise	....	....

10. 👍 Complétez : *Dans le monde, il y a ....* Nommez et ajoutez, à chaque fois, une nationalité.

Étudiant 1 : Dans le monde, il y a des Français...
Étudiant 2 : Dans le monde, il y a des Français et des Américains...

Action

11. 🗣 | Créez votre profil vidéo pour votre réseau social préféré. Indiquez vos nom, prénom, nationalité et profession.

12. ✏ | Écrivez un courriel à un(e) ami(e). Présentez votre classe.

vingt et un **21**

Demander et donner des informations

1. **Observez le DOCUMENT 1.** Donnez un âge à chaque personne.

2. ▶26 | Écoutez les nombres et répétez.

Les nombres de 11 à 69			
11	onze	21	vingt et un
12	douze	22	vingt-deux
13	treize	…	…
14	quatorze	30	trente
15	quinze	31	trente et un
16	seize	…	…
17	dix-sept	40	quarante
18	dix-huit	50	cinquante
19	dix-neuf	60	soixante
20	vingt	69	soixante-neuf

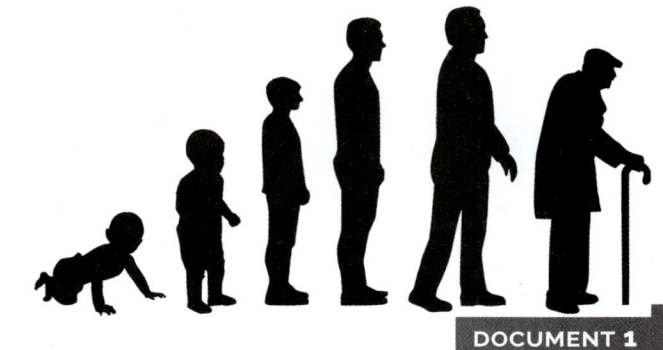

DOCUMENT 1

3. **Regardez le DOCUMENT 2.** À votre avis, ils ont quel âge ?

4. ⓐ ▶27 | Écoutez et vérifiez.
   a. Ils ont combien d'enfants ?
   b. Quel âge ont les enfants et la femme ?
   c. Quelle est la nationalité de l'homme ?

   ⓑ Écoutez à nouveau et complétez.
   a. Elle a …. âge ? Elle …. 37 ans.
   b. …. est sa nationalité ? Il …. américain.

DOCUMENT 2

LES QUESTIONS (1) : QUEL ?

👁 **Observez.**
Il a **quel** âge ? **Quelle** est sa nationalité ?
Tu connais **quels** pays francophones ?
Tu parles **quelles** langues ?

⚙ **Réfléchissez et associez.**

quel • • féminin
quels • • masculin
quelle • • singulier
quelles • • pluriel

5. **LA LIAISON**

   ⓐ ▶28 | Écoutez. Vous entendez la lettre soulignée ?
   a. deu<u>x</u> enfants
   b. troi<u>s</u> ans

   ⓑ ▶29 | Écoutez et répétez. Attention à la liaison !

6. Avec votre téléphone, montrez une photo d'un(e) ami(e). Indiquez son âge à votre voisin(e).

Avoir
j'ai
tu a**s**
il | elle a
nous av**ons**
vous av**ez**
ils | elles on**t**

Se détendre

7. Imaginez un personnage avec la technique du cadavre exquis.
   Elle s'appelle Lise Faure, elle est canadienne. Elle a 23 ans. Sa couleur est le bleu.

UNITÉ 1

a.

b.

1. Je suis triste.
2. J'ai soif.
3. Je suis fatigué(e).
4. J'ai chaud.

c.

d.

DOCUMENT 3

8. Comment ça va ? Observez le **DOCUMENT 3** et associez une photo à une sensation.

9. a ▶30 | Écoutez les dialogues. Comment va Simon ? Delphine ? Félix ?

b Écoutez à nouveau et complétez.

1. – Ça .... ?
   – Je .... fatigué !
2. – Tu vas .... ?
   – Super ! Je .... en forme !
3. – Tu es .... ?
   – J'ai faim !

Action

10. 🔊 | Marchez dans la classe. Au CLAP, arrêtez-vous et demandez des nouvelles à la personne en face de vous.
– Ça va Félix ?
– Oui, et toi ?
– Moi, je suis en forme.

11. ✏️ | Écrivez trois additions en toutes lettres. Donnez votre papier à votre voisin(e) qui écrit la réponse en lettres.
Étudiant 1 : quarante-huit + sept = ...
Étudiant 2 : cinquante-cinq

LAB' LANGUE & CULTURE

QUI SONT-ILS ?
Faites des phrases.
Il s'appelle .... et il est ....

Léa Salamé
Stromae
Camille Lacourt
Pierre Hermé

—

pâtissier
chanteur
nageur
journaliste

ILS SONT CONNUS
Trouvez les questions.

a. Leila Slimani est marocaine.
b. Elle s'appelle Charlotte Gainsbourg.
c. Mads Mikkelsen parle danois, anglais et français.

LES PRÉNOMS ET L'ALPHABET

a ▶31 | Écoutez. Vous entendez quelle lettre ?
1. (i) u   2. (s) c   3. (g) j
4. o (a)   5. (i) e   6. (a) r

b Écoutez à nouveau et répétez.

NON, JE NE SUIS PAS...

Écrivez un texte qui commence par : *Non, je ne suis pas...*

Non, je ne suis pas français, je ne m'appelle pas Charles-Henri, etc.

LES ARTICLES ET LES PAYS FRANCOPHONES

a Voici quelques pays où on parle français. Complétez avec des articles.

.... Sénégal   .... France   .... Maroc
.... Liban   .... Belgique .... Luxembourg

b Retrouvez le nom des habitants de chaque pays ci-dessus.

Il est ....
Elle est ....

LA FRANCOPHONIE EN QUELQUES CHIFFRES

Nommez les couleurs du logo.

✓ 1 Organisation internationale de la francophonie
✓ 1 milliard de personnes
✓ 5 continents
✓ 57 pays membres
✓ 5 couleurs : ....

24 vingt-quatre

UNITÉ 1

ÇA VA ?

a Répondez à Ahmed par SMS.

b Ajoutez une émoticône pour illustrer votre réponse.

Jouons avec les sons !

▶ 33 | **Écoutez et essayez de répéter.**

Cinq skis secouent, six scies scient, sept sottes sautent.

LES JEUX ET LES CHIFFRES EN FRANCE

▶ 32 | Écoutez et notez les chiffres, puis écrivez-les en lettres.

En France, on joue au Loto.
En Europe, on joue à l'EuroMillions.
Ce sont des jeux d'argent.

Je suis...

Je suis une femme.
Je suis née en Pologne.
J'étudie la physique et les maths à Paris en 1892.
Je suis le prix Nobel de chimie en 1911.

Les Français disent...

« Avoir la frite » signifie :
▶ Être jaune.
▶ Être belge.
▶ Être en forme.

PROJET

Présenter la fiche d'identité d'un pays francophone

▶ **Vidéo lab'**

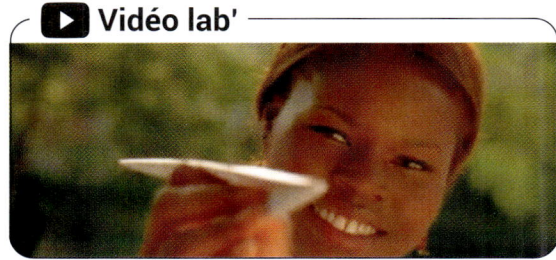

Retrouvez **LA VIDÉO ET LES ACTIVITÉS** p. 153

▶ **À deux**

Je rencontre un francophone.
Je le présente à mon voisin.

▶ **Ensemble**

Par groupes, préparez la fiche d'identité d'un pays francophone.
Exemple : La Belgique en 5 infos-clés
Présentez votre recherche à la classe.

vingt-cinq **25**

Ateliers S'exprimer poliment

PRIX DU CAFÉ EN TERRASSE
"UN CAFÉ"............................ 7€
"UN CAFÉ, S'IL VOUS PLAÎT."...... 4,25€
"BONJOUR, UN CAFÉ, S'IL VOUS PLAÎT." 1,40€

DOCUMENT 1

COMPRÉHENSION

1. Lisez le DOCUMENT 1.
 a. Combien coûte un café ?
 b. Quels sont les mots de politesse ?
 c. Combien coûte un café avec les mots de politesse ?

2. Regardez le DOCUMENT 2.
Ce sont des :
▸ chanteurs. ▸ acteurs. ▸ serveurs.

3. ▶34 | **Écoutez le document.**
 a. La femme ne dit pas :
  ▸ bonjour ▸ bonsoir ▸ salut
 b. Vous entendez :
  ▸ ouistiti ▸ merci ▸ samedi
 c. Retrouvez l'expression finale dans l'encadré.

S'exprimer poliment

Je voudrais… s'il vous plaît.	Pardon !
Merci.	(Je suis) désolé(e).
De rien.	Je vous en prie.
Excusez-moi, madame / monsieur !	

DOCUMENT 2

Apprendre
Je fais attention à ma voix.
Elle peut monter ↗ ou descendre ↘
sur la syllabe accentuée.

EXPRESSION

4. a ▶35 | Écoutez et notez si la voix monte ↗ ou si elle descend ↘.
 a. Un ca [fé].
 b. Un ca [fé], s'il vous [plaît].
 c. Bon [jour], un ca [fé], s'il vous [plaît].

 b Vrai ou faux ? Répondez.
 La voix monte à la fin de la phrase.

5. ▶36 | Écoutez et réagissez à ces phrases.

6. Jouez au jeu des 7 familles avec l'alphabet.
- Je voudrais le « A jaune ».
- Tiens !
- Merci. C'est à toi !
- Je voudrais le « C vert ».
- Désolé, pioche !

 Guide pratique de classe

UNITÉ 1

Remplir un formulaire

COMPRÉHENSION

1. Lisez et répondez aux questions.

  a. Qu'est-ce que c'est ?
   ▸ Un passeport.   ▸ Une carte d'identité.
   ▸ Un formulaire.

  b. Comment s'appelle le site Internet ?

  c. C'est pour quoi ?

2. a Soulignez les éléments suivants : nom, prénom, date de naissance. Puis répondez aux questions.

  a. Il s'appelle comment ?

  b. Quelle est sa date de naissance ?

  c. Il parle quelle langue ?

  b Surlignez le courriel

  c Entourez le titre de la partie 2 du formulaire.

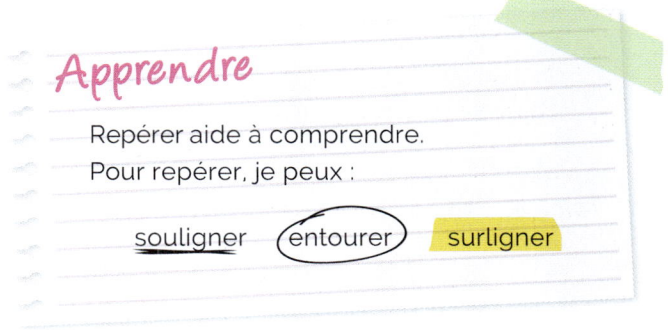

Repérer aide à comprendre.
Pour repérer, je peux :

souligner   entourer   surligner

✍ EXPRESSION

3. Complétez votre formulaire sur le site.

4. Votre voisin(e) n'a pas Internet. Posez des questions à votre voisin(e) pour compléter son formulaire.

Quel est votre nom ?
Quelle est votre date de naissance ?

vingt-sept **27**

mémo Grammaire

1. Les pronoms sujets et toniques (1)

Le pronom remplace un nom (une personne ou une chose).

> je
> tu
> il/elle/on
> nous
> vous
> ils/elles

- Le pronom **sujet** est sujet du verbe.
Paul est anglais. **Il** *a 22 ans.*

Attention ! Avec un verbe qui commence par une voyelle ou un h, *je* → *j'*.
J'ai 22 ans. J'habite en France.

Attention ! *on = nous.* Le verbe se conjugue à la 3e personne du singulier. **On** *est français.*

> moi
> toi
> lui/elle
> nous
> vous
> eux/elles

- Le pronom **tonique** sert à insister. Il est souvent suivi du pronom sujet.
Lui, *il est anglais mais* **eux**, *ils sont français.*

Attention ! Pour *on*, on utilise *nous*.
Nous, *on est italiens.*

1. Associez.
a. Je
b. Tu
c. On
d. Nous
e. Vous

1. avez chaud ?
2. est triste.
3. suis australien.
4. sommes français.
5. as quel âge ?

2. Complétez.
a. ...., il habite à Paris.
b. ...., ils ont 20 ans.
c. ...., elle est étudiante.
d. Et ...., tu es américain ?
e. ...., je m'appelle Lisa.

- Même prononciation : *il* et *ils* ; *elle* et *elles*
- *ils ont soif* ; *elles ont soif*

2. Les articles définis devant les noms de pays

Devant un nom de pays, il y a un article défini : *le, la, les* ou *l'*.

- Le nom du pays est masculin. → **le**
le Japon, le Canada, le Pérou, le Portugal...

- Le nom du pays finit en **-e**. → Il est féminin. → **la**
la France, la Belgique, la Russie, la Suisse...

Attention ! Ces pays sont masculins : *le Bélize, le Cambodge, le Mexique, le Mozambique, le Zaïre* et *le Zimbabwe.*

- Le nom du pays finit en **-s**. → Il est pluriel. → **les**
les Comores, les États-Unis, les Pays-Bas, les Philippines...

- Le nom du pays commence par une voyelle. → **l'**
l'Albanie, l'Algérie, l'Espagne, l'Irak, l'Iran, l'Inde, l'Uruguay...

Complétez.
Je connais .... Finlande, ... Allemagne, ... Émirats Arabes Unis et .... Chili mais je ne connais pas .... Mexique.

les États-Unis

3. La négation (1) : ne... pas

- La négation se compose de deux parties : *ne* et *pas* :
Ne est avant le verbe. *Pas* est après le verbe.
Je **ne** *suis* **pas** *français.*

- Quand le verbe commence par une voyelle ou un h, *ne* → **n'**
Il **n'**est **pas** français. Il **n'**habite **pas** en France.

> sujet + **ne** + verbe + **pas**
> sujet + **n'** + verbe avec voyelle/h + **pas**

Remettez les mots dans l'ordre. Pensez à la majuscule et au point.
a. pas / ne / ils / sont / français /
b. triste / elle / est / pas / n'
c. s' / il / pas / François / appelle / ne
d. n' / faim / je / ai / pas
e. pas / es / italien / n' / tu /

Parfois, à l'oral, on n'utilise pas le *ne*.
Je sais pas.

UNITÉ 1

4. L'accord des adjectifs de nationalité

- L'adjectif s'accorde en **genre** (féminin ou masculin) avec le nom.

masculin	féminin	exemples
-e	Ø	*Il est belge. Elle est belge.*
		Il est russe. Elle est russe.
-s	+-e	*Il est français. Elle est française.*
		Il est suédois. Elle est suédoise.
		Il est japonais. Elle est japonaise.
-d	+-e	*Il est allemand. Elle est allemande.*
-n	+-e	*Il est argentin. Elle est argentine.*
		Il est mexicain. Elle est mexicaine.
-ien	+-ne	*Il est colombien. Elle est colombienne.*
		Il est péruvien. Elle est péruvienne.
		Il est équatorien. Elle est équatorienne.
		Il est norvégien. Elle est norvégienne.

Attention !   *grec* → *grecque*   *turc* → *turque*   *coréen* → *coréenne*

- L'adjectif s'accorde en **nombre** (singulier ou pluriel) avec le nom.

Pour former le **pluriel** :	exemples
+-s	*Il est belge. Ils sont belges. Elles sont belges.*
Ø si l'adjectif porte déjà un -s au singulier.	*Il est chinois. Ils sont chinois.*

Transformez les adjectifs au féminin et/ou pluriel.
a. Paul est français. → Pauline...
b. Javier est mexicain. → Julene...
c. Simon est grec. → Simona...
d. Zhongfeng est chinois. → Xinhui et Nini...
e. Samir est tunisien. → Leïla et Amira...

> On entend le féminin de l'adjectif quand on ajoute *-e* ou *-ne*.

5. Les questions (1) : *quel*

- ***Quel*** est avant le verbe *être*.

Quel est ton nom ?
Quelle est ta nationalité ?
Quels sont tes loisirs ?
Quelles sont tes personnalités préférées ?

- ***Quel*** est avant un nom.

Tu as **quel** âge ?
Tu aimes **quelle** couleur ?
Tu connais **quels** pays ?
Tu parles **quelles** langues ?

	masculin	féminin
singulier	quel	quelle
pluriel	quels	quelles

Posez cinq questions avec *quel*.
Je m'appelle Fernando.
J'ai 20 ans.
Je suis péruvien.
Je parle français et espagnol.
Je connais le Canada.

> - Même prononciation : *quel, quels, quelle* et *quelles*
> - *quels objets ? quelles activités ?*

mémo

▶ 37 | lexique p. 30   ▶ 38 | communication p. 31

Phonétique

Prononcer *il* et *elle*

il =
elle =

La liaison

après les chiffres, quand le mot suivant commence par une voyelle :

un an
deux ans
trois ans

La syllabe accentuée et l'accent de mot

On accentue la dernière syllabe en français.

➜ fran|çais

Lexique

Quelques pays

la Chine
la France
la Hongrie
l'Allemagne
l'Italie
les États-Unis
le Danemark
le Luxembourg
le Gabon

Les nombres (2)

11	onze	18	dix-huit	40	quarante
12	douze	19	dix-neuf	48	quarante-huit
13	treize	20	vingt	50	cinquante
14	quatorze	21	vingt et un	57	cinquante-sept
15	quinze	23	vingt-trois	60	soixante
16	seize	30	trente	69	soixante-neuf
17	dix-sept	35	trente-cinq		

Quelques professions

un(e) architecte

un(e) chanteur(-se)

un(e) pâtissier(-ière)

un(e) écrivain(e)

un(e) journaliste

un(e) footballeur(-se)

un(e) acteur(-trice)

un(e) photographe

1. Quel article ?

Pays-Bas | Irlande | Comores | Angleterre | Suède | Australie | Brésil | Paris | Canada | Mauritanie | Philippines

Repérez l'intrus !

2. Vous avez quel âge ?

Interrogez votre voisin(e) sur son âge.

3. Quelle est sa profession ?

Pour chaque personnalité, faites des phrases comme dans l'exemple.

Exemple : *Il n'est pas chanteur, il est acteur.*

Omar Sy | Alain Ducasse | Kylian Mbappé | Roger Federer | Léa Salamé

UNITÉ 1

⇨ Se présenter et présenter quelqu'un
- Je m'appelle Emma.
- Je suis anglais(e).
- J'ai 26 ans.
- Lui, c'est Omar Sy. Il est français.

⇨ Demander des informations
- Tu t'appelles comment ?
  Vous vous appelez comment ?
- Tu as / Vous avez quel âge ?
- Quelle est ta / votre nationalité ?

C'est qui ?

⇨ Donner des nouvelles
- Comment ça va ? | Ça va ? Vous allez bien ?
- Super ! | Ça va. | Bien, merci.
- Bof ! Je suis malade.
- Je suis fatigué(e).
- J'ai faim. | J'ai soif.
- J'ai chaud. | J'ai froid.

⇨ S'exprimer poliment
- Je voudrais un café, s'il vous plaît.
- Merci.
- De rien.
- Excusez-moi madame / monsieur !
- Pardon ! (Je suis) désolé(e).
- Je vous en prie.

Mission

1. Imaginez une identité (nom, prénom, nationalité, âge, problème).

2. Posez des questions pour découvrir l'identité de votre voisin(e).

3. Écrivez un texte pour présenter l'identité de votre voisin(e).

Partez !!!

On fait quoi ce week-end ?

Par groupes, choisissez et mimez une action sportive (danse, yoga, tennis...) à la classe.

UNITÉ 2

34 SITUATIONS

1. Identifier des objets | p.34
2. Parler de ses goûts | p.36
3. Sortir | p.38

40 LAB' LANGUE & CULTURE

Projet

Préparer la fiche d'identité d'un film francophone | p.41

42 ATELIERS

Souhaiter quelque chose à quelqu'un | p.42

Demander un programme par mail | p.43

44 MÉMO

Mission

On fait quoi ce week-end ? | p.47

Situation 1 — Identifier des objets

1. a Mettez des objets sur la table et nommez-les.
Un stylo, une gomme, etc.

b Une personne enlève un objet. Quel objet n'est plus sur la table ?
Le stylo n'est plus sur la table.

> **Des objets**
> un téléphone | des lunettes | un stylo
> un livre | une trousse

> **Ne... plus**
> Le stylo **n'**est **plus** sur la table.

2. a Regardez le **DOCUMENT 1**. Nommez des objets.

b Lisez le texte et répondez.
a. Quel est le titre ?
b. Quel est le problème ?
c. Nous perdons quels objets ?

c ▶39 | Qu'est-ce que c'est ? Écoutez et montrez les dessins.
Ça, c'est un téléphone.

« Et mes lunettes ? » « Zut ! Où est mon téléphone ? » D'après une enquête, nous passons deux mois de notre vie à chercher des sacs, des appareils numériques, des portefeuilles, des pièces d'identité, des clés, des lunettes… et des doudous !

DOCUMENT 1

> **LES articles INDÉFINIS**
>
> 👁 **Observez.**
> Qu'est-ce que c'est ?
> C'est **un** téléphone.
> C'est **une** pièce d'identité.
> Ce sont **des** clés.
>
> ⚙ **Réfléchissez et complétez avec :**
> féminin, pluriel, masculin.
> un + nom .... | une + nom .... | des + nom ....
>
> ✏ **Appliquez.**
> Qu'est-ce que c'est ? C'est .... gomme et ce sont .... stylos.

3. PRONONCER UN ET UNE

a ▶40 | Écoutez. Vous entendez *un* ou *une* ?

b ▶41 | Écoutez. Répétez et associez.

un •   • lèvres tirées —
une •   • lèvres arrondies •

4. 👉 Par écrit, faites la liste des objets de votre sac.
Dans mon sac, il y a…

Se détendre

5. Dessinez des objets à partir d'un rond ou d'un rectangle. Montrez vos dessins à votre groupe et demandez : *Qu'est-ce que c'est ?*

> **Les formes**
> un rond | un triangle
> un carré | un rectangle

UNITÉ 2

6. a Regardez le DOCUMENT 2. Qu'est-ce que c'est ?

b 🎬42 | Écoutez et choisissez.

a. À votre avis, où sont-ils ?
- En classe.
- À l'hôpital.
- À l'aéroport.

b. Quel est le problème ?
- La femme cherche sa valise.
- L'homme cherche sa valise.

c. À qui est la valise ?
- À la femme.
- À l'homme.

DOCUMENT 2

7. Lisez le DOCUMENT 3 et répondez au sondage.

NOUVEAU SONDAGE DE L'ÉTÉ !

Dans ma valise cet été, il y a...
- ☐ zéro livre parce que lire, c'est nul !
- ☐ mon livre de l'été.
- ☐ mes magazines préférés.

DOCUMENT 3

LES adjectifs POSSESSIFS (1)

👁 **Observez.**

a. Dans **ma** valise, il y a **mon** livre et **mes** magazines.

b. Dans **sa** valise, il y a **son** livre et **ses** vêtements.

⚙ **Réfléchissez et répondez.**

Phrase a : La valise est :
▸ à moi. ▸ à toi.

Phrase b : La valise est :
▸ à moi. ▸ à lui / elle.

✏ **Complétez avec** : *ton, tes, votre, vos.*

Dans ta valise, il y a .... magazines et .... livre.

Dans votre valise, il y a .... livre et .... vêtements.

---

8. Par deux, ajoutez des objets dans votre valise.
Dans ma valise, il y a....

9. 🎬43 | Écoutez et, à l'écrit, répondez négativement.

10. 👉 Écrivez une liste de 10 choses que vous souhaitez avoir à votre anniversaire.

Action

11. 🗣 | Par groupes, chacun met un maximum d'objets sur la table. Nommez puis mélangez les objets. Prenez le plus d'objets. Exprimez la possession.
- Euh, désolé(e), mais c'est mon portefeuille.
- Ah, non ! C'est son portefeuille.

12. ✏ | Par écrit, faites la liste des objets que vous cherchez souvent.
Je cherche...

Situation 2 — Parler de ses goûts

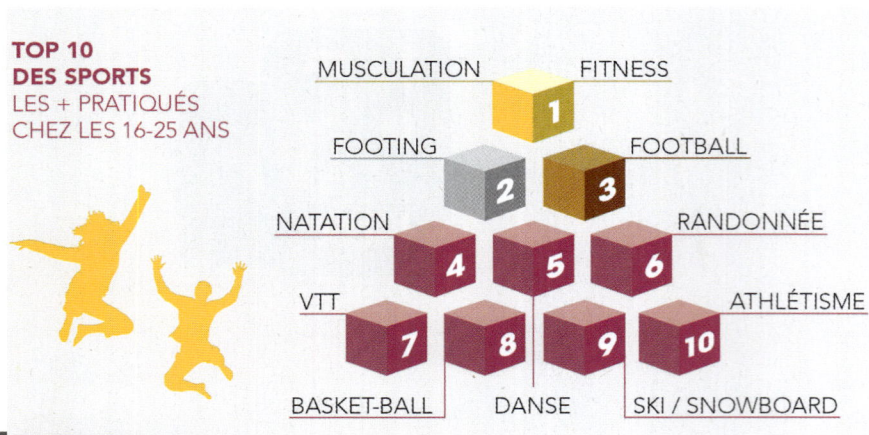

TOP 10 DES SPORTS LES + PRATIQUÉS CHEZ LES 16-25 ANS

1. MUSCULATION / FITNESS
2. FOOTING
3. FOOTBALL
4. NATATION
5. (—)
6. RANDONNÉE
7. VTT
8. (—)
9. ATHLÉTISME
10. SKI / SNOWBOARD

BASKET-BALL — DANSE

DOCUMENT 1

1. Regardez le **DOCUMENT 1**. Vous pratiquez quels sports ? Échangez par groupes.

2. Ensemble, créez le TOP 10 des sports pratiqués dans le groupe.

3. Faites deux listes.
   J'aime …. 👍
   Je n'aime pas …. 👎

4. ▶ 44 | Écoutez le sondage et associez.

   1. •
   2. •
   3. •

   • adore •
   • aime •
   • n'aime pas •
   • déteste •

   • la danse.
   • la peinture.
   • le théâtre.
   • l'opéra.
   • la lecture.
   • les bandes dessinées.
   • la musique.

5. **L'ÉLISION**

   a ▶ 45 | Observez et écoutez.
   a. Je déteste ! J'adore !
   b. Je ne chante pas. Je n'aime pas le chant.
   c. le tennis, la natation, l'aïkido, l'escalade

   b Réfléchissez.
   « je » devient …. devant une voyelle.
   « ne » devient …. devant une voyelle.
   « le » et « la » deviennent …. devant une voyelle.

6. ▶ 46 | Écoutez les activités et exprimez vos goûts sur chaque activité.

   J'aime la natation mais je n'aime pas le ski.

   > **Mais**
   > J'aime le sport **mais** je n'aime pas le ski.

   ### LES **verbes** D'APPRÉCIATION

   👁 **Observez.**
   Moi, j'adore **la** danse. Je déteste **danser**.
   J'aime bien **le** théâtre. Je n'aime pas **lire**.

   ⚙ **Réfléchissez.**
   Les verbes d'appréciation sont :
   …., aimer, …., ….

   Classez les phrases dans le tableau.

+ nom	+ verbe
Moi, j'adore la danse.	….

   ✏ **Appliquez.**
   Exprimez vos goûts de deux façons.

Se détendre

7. Écoutez votre musique préférée et dessinez les activités que vous aimez. Échangez avec votre voisin(e).

UNITÉ 2

Quelle application choisir pour faire du sport ?

Vous aimez le yoga

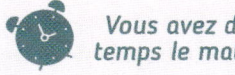
Vous avez du temps le matin

Vous faites souvent des exercices de relaxation

Yog' est une application fantastique !

Vous aimez la musique

Vous avez une bibliothèque Itunes

Vous ne faites pas souvent de gymnastique

SPORT MUSIQUE est votre future application !

DOCUMENT 2

8. a Lisez le DOCUMENT 2 et répondez.
a. Quel est le titre du document ?
b. Comment s'appellent les applications ?
c. Quel est le mot-clé pour chaque application ?

b Vrai ou faux ?
a. Avec *Yog'*, on fait du yoga le soir.
b. *Sport Musique* est pour les sportifs.
c. Pour *Sport Musique*, Itunes est nécessaire.

c Vous préférez quelle application ? Écrivez votre réponse.

9. TOP CHRONO ! Trouvez 3 activités qui commencent par la lettre F, 2 par la lettre M, et 2 par la lettre T. Créez un défi identique pour votre voisin(e).

Faire	
je fais	il | elle fait
tu fais	vous faites

L' article CONTRACTÉ (1) ET LA préposition DE

Observez.
a. Vous faites **du** sport. Vous faites **de la** musculation. Vous faites **des** exercices.
b. Vous <u>ne</u> faites <u>pas</u> **de** gymnastique.

Réfléchissez.
a. Quel est le nom au masculin ? Au féminin ? Au pluriel ?
b. Complétez. Avec une phrase négative, j'utilise .... ou **d'**.

Appliquez.
Faites une phrase avec **du** et **d'**.

Action

10. Écrivez une carte *Trouvez quelqu'un qui...* avec 5 idées. Échangez vos cartes. Cherchez dans la classe.

> *Trouvez quelqu'un qui...*
> *– ...n'aime pas le chocolat.*
> *– ...fait du football.*
> *– ...*

11. Écrivez un résumé de vos échanges.
Dans la classe, Pedro n'aime pas le chocolat mais il fait du football. Valentina déteste la lecture mais elle fait de la natation.

SITUATION 3 — Sortir

 Paris  Berlin  Sydney  Los Angeles  New York  Tokyo

DOCUMENT 1

1. a Regardez les horloges du **DOCUMENT 1** et complétez.
Quand il est 14 h à Paris, il est …. à ….

b Et chez vous, quelle heure est-il ?

2. ▶47 | Lisez l'encadré sur l'heure. Écoutez et répétez.

> **L'heure**
>
> Il est neuf heures.
> Il est neuf heures quinze.
> Il est neuf heures trente.
> Il est neuf heures quarante-cinq.
> Il est midi. Il est minuit.

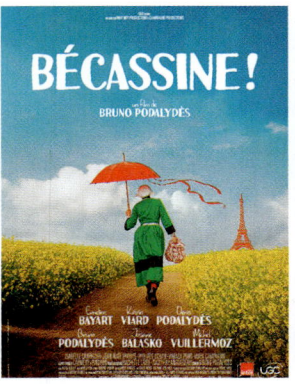 

À l'affiche du 10 au 24 janvier — Séances à 16 h – 20 h 30 – 23 h
À l'affiche du 3 au 17 janvier — Séances à 18 h – 20 h 30 – 22 h 45

DOCUMENT 2

> **Les moments**
>
> C'est tôt ≠ tard !   aujourd'hui
> le matin ≠ le soir   demain ≠ hier
> l'après-midi   du …. au ….
> le week-end ≠ la semaine

3. a Regardez le **DOCUMENT 2** et complétez.

Titre du film	….	….
À l'affiche	Du …. au ….	Du …. au ….
Horaire des séances	…. …. ….	…. …. ….

b ▶48 | Écoutez et complétez.
Les filles choisissent le film …. à la séance de …. . Elles n'aiment pas la séance de …. parce que c'est …. . Elles n'aiment pas la séance de …. parce que c'est …. .

4. ▶49 | Écoutez les échanges et complétez.

	Demander l'heure	Indiquer l'heure
a.	Excusez-moi, vous …. l'heure ?	Il est …. (12 h).
b.	…. heure il est ?	Il est …. (24 h).
c.	C'est …. quelle heure ?	Il y a une séance à …. …. et une autre, à …. .

5. 👍 Regardez votre montre. Quelle heure il est ? Écrivez l'heure qu'il est dans 6 capitales du monde.

Se détendre

6. C'est l'heure de la pause-café !
À quelle heure est-ce que vous faites une pause-café ?
Vous préférez le thé ou le café ?
Avec ou sans sucre ? Avec ou sans lait ?

UNITÉ 2

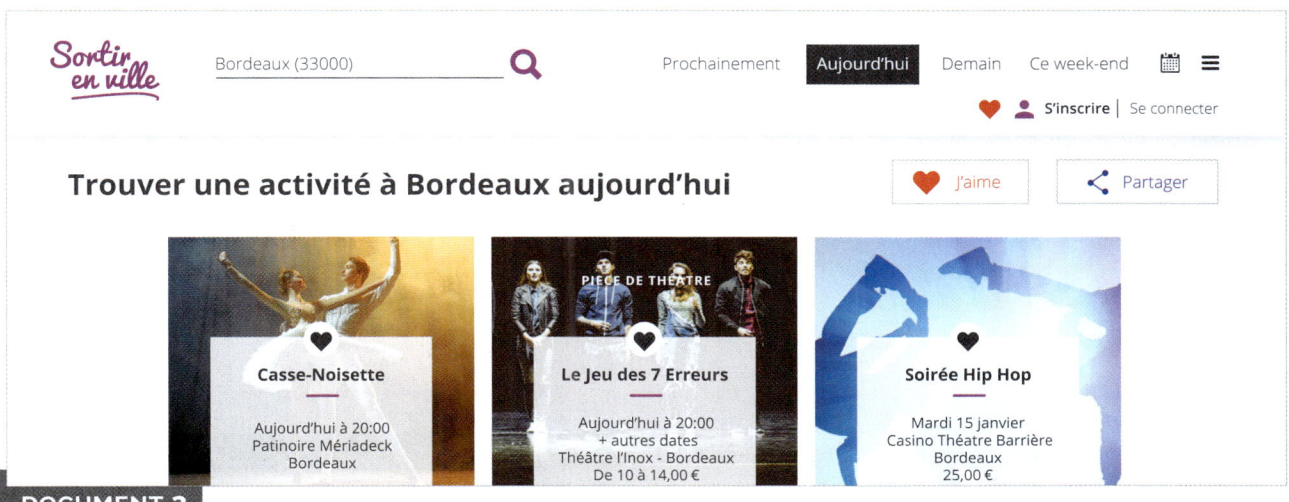

DOCUMENT 3

7. Lisez le DOCUMENT 3 et repérez : le nom du site, les types de spectacles proposés, les lieux, les dates et les prix.

8. a ▶50 | Écoutez et complétez le SMS.

RDV à ... à ... ! ;-)

b Écoutez à nouveau. Quelle est la question ? C'est qui « on » ?

Des lieux de sortie
le théâtre
le musée
le cinéma
la patinoire
le restaurant
le bar
la piscine

Vouloir
je veu**x**
tu veu**x**
il | elle | on veu**t**
vous voule**z**

Aller
je vais
tu vas
il | elle | on va
vous allez

9. a ▶51 | Lisez les lieux de sortie et écoutez les messages. Complétez.

Personne	Où ?	Quel jour ?	À quelle heure ?
Thomas	....	....	....
Marie	....	....	....
Valentin	....	....	....

b Écoutez à nouveau et répétez.
- Tu es libre samedi soir ?
- RDV à 19 h au cinéma.
- Tu veux venir ?

10. ▶52 | Écoutez et indiquez où ils vont.

LA préposition À ET l'article CONTRACTÉ (2)

👁 **Observez et réfléchissez.**
Je vais à la piscine. | aller + ... + lieu
Je vais au cinéma. | à + ... = au

✏ **Appliquez.**
Je vais .... casino et .... patinoire.

Action

11. ✏ | Envoyez un SMS à un(e) ami(e) pour un rendez-vous ce week-end. Indiquez le lieu, le jour et l'heure du rendez-vous.

12. 📞 | Votre ami(e) ne répond pas. Vous téléphonez. Jouez le dialogue.

LAB' LANGUE & CULTURE

LES OBJETS DE LA CLASSE

Par groupes, faites deviner des objets de la classe avec une lettre.
Attention à la prononciation de *un* et *une* !

- Dans la classe, je vois un objet avec la lettre T. Qu'est-ce que c'est ?
- C'est un *t*ableau ?

LES ACTIVITÉS DES SPORTIFS

ZINÉDINE ZIDANE

TEDDY RINER

LAURE MANAUDOU

TONY PARKER

C'EST À QUI ?

a Regardez ces titres de films. Repérez l'adjectif possessif.

b Imaginez des titres de films avec *vos*, *son* et *votre*.

a Écrivez des phrases pour présenter les activités et les goûts des sportifs.

Zinédine Zidane aime bien le football mais il déteste la danse. Il ne fait plus de football mais il fait du jogging le matin.

b Vous êtes un de ces 4 sportifs. Vous répondez aux questions de votre voisin(e).

Vous aimez quelles activités ? Vous faites quelles activités le soir ? le matin ?

AU CINÉMA !

a Téléphonez à votre voisin(e). Laissez un message avec les horaires d'un film.

Il y a une séance à 18 h, à 20 h 30 et une autre à 23 h.

b Écoutez le message de votre voisin(e) sur votre répondeur et notez les horaires.

ILS VONT OÙ ?

Avec les mots, devinez les lieux et faites des phrases.

un acteur → Je suis acteur. → Je vais au théâtre.
un patineur | un serveur | un chef cuisinier | un spectateur | un joueur

UNITÉ 2

LES FRANÇAIS ET LES LOISIRS

Par groupes, associez un dessin à un loisir.
Répondez et échangez.
Quel est le loisir préféré des Français ?
Quel est votre loisir préféré ?
Quel est le loisir préféré de votre voisin(e) ?

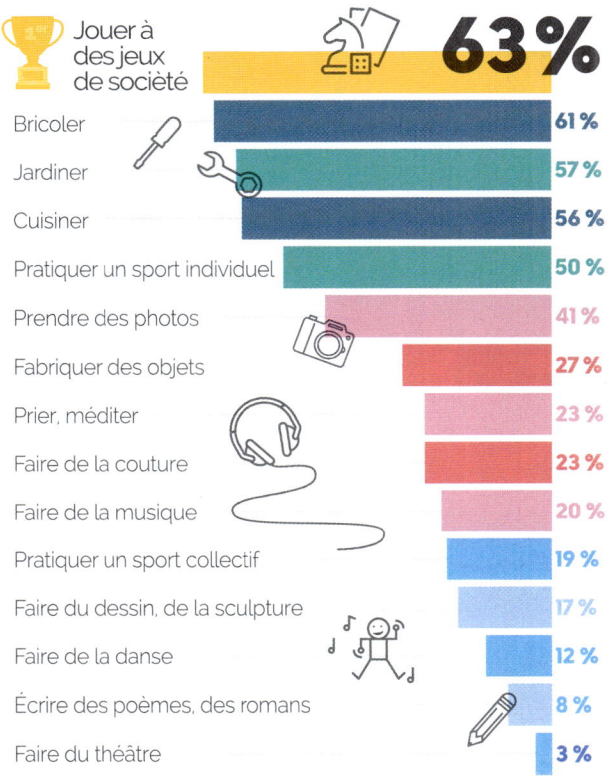

- Jouer à des jeux de société — 63 %
- Bricoler — 61 %
- Jardiner — 57 %
- Cuisiner — 56 %
- Pratiquer un sport individuel — 50 %
- Prendre des photos — 41 %
- Fabriquer des objets — 27 %
- Prier, méditer — 23 %
- Faire de la couture — 23 %
- Faire de la musique — 20 %
- Pratiquer un sport collectif — 19 %
- Faire du dessin, de la sculpture — 17 %
- Faire de la danse — 12 %
- Écrire des poèmes, des romans — 8 %
- Faire du théâtre — 3 %

Je suis…

Je suis un sport.
Je suis né en Grande-Bretagne.
En 1930, la FIFA organise ma coupe du monde.

Les Français disent…

« Avoir la main verte » signifie :
▸ Avoir de la peinture sur la main.
▸ Être malade.
▸ Bien jardiner.

Jouons avec les sons !

▶ 53 | Écoutez et essayez de répéter.
Tu as vu un âne en une année !

PROJET

Préparer la fiche d'identité d'un film francophone

Retrouvez **LA VIDÉO ET LES ACTIVITÉS** p. 153

▶ À deux

Je choisis un film.
J'invite mon voisin à aller au cinéma.

▶ Ensemble

Par groupes, préparez la fiche de présentation d'un film francophone : titre, noms des acteurs, du réalisateur, date de sortie, etc.
Présentez votre recherche à la classe.

Souhaiter quelque chose à quelqu'un

DOCUMENT 1

DOCUMENT 2

COMPRÉHENSION

1. a Lisez les mots du **DOCUMENT 1**.
Vous connaissez quels mots ?

b À l'aide de l'encadré, indiquez les mots au féminin, au masculin et au pluriel.

2. a Regardez le **DOCUMENT 2**.
C'est un contexte : ▸ joyeux. ▸ triste.

b ▶54 | Écoutez et répondez.
a. Vous entendez :
▸ de la musique. ▸ un chien. ▸ des gens.
b. Vous entendez le mot :
▸ soirée. ▸ année. ▸ santé.
c. Écrivez l'expression : …. !

Souhaiter quelque chose à quelqu'un

Bonne journée !
Bonne soirée ! Bonne nuit !

Bonne chance !
Bon courage !

Bonne année !
Bonne santé !
Bonne fête !

Bon voyage !
Bonnes vacances !

Joyeux anniversaire !
Joyeux Noël !

Bon appétit !

EXPRESSION

3. a ▶55 | Écoutez.
Quelle est la bonne intonation ?
a. Bonne année !
b. Bon appétit !
c. Joyeux anniversaire !

b ▶56 | Écoutez et répétez.

Apprendre

Je fais attention au fond sonore et aux bruits pour comprendre le contexte.

4. Par groupes, chacun écrit une situation sur un papier. *C'est mon anniversaire.*
Lisez la situation au groupe.
Chacun réagit.
Choisissez la personne qui répond bien, avec la bonne intonation.

UNITÉ 2

Demander un programme par courriel

DOCUMENT 1

COMPRÉHENSION

1. **a** Regardez le **DOCUMENT 1**.
C'est :
▶ un SMS. ▶ un message sur Internet. ▶ un sondage.

b Lisez le titre.
C'est pour parler :
▶ de ses objets. ▶ de ses amis. ▶ de ses goûts.

c Repérez la ville, les goûts.

2. Lisez le message.
a. Comment s'appelle la personne ?
b. Il aime quoi ?
c. Il veut quoi ?

EXPRESSION

3. **a** Regardez la forme du message.
Repérez et indiquez :
▶ le sujet
▶ le premier mot.
▶ le dernier mot.

b Dans chaque phrase, repérez la majuscule et le point. Comptez le nombre de phrases.

4. Écrivez un message à l'équipe de « Sortir en ville » pour demander un programme.
Vous vous présentez et vous dites vos goûts.
Attention aux majuscules et aux points !

Apprendre

La ponctuation
Une phrase commence avec une majuscule et se termine par un point : . / ! / ?

mémo Grammaire

1. La négation (2)

Pour exprimer une négation, on peut utiliser :

- *ne… pas*

Je **n'**ai **pas** faim.

- *ne… plus* (≠ encore)

Je **ne** fais **plus** de sport.

- *ne… jamais* (≠ toujours)

Je **ne** fais **jamais** de sport.

- *ne… rien* (≠ quelque chose)

Je **ne** fais **rien**.

Attention !   de la, du, des → de
Je mange **des** bananes. → Je ne mange pas de bananes.

> sujet + *ne* + verbe + ***pas/plus/jamais/rien***
> sujet + *n'* + verbe avec voyelle/h + ***pas/plus/jamais/rien***

Remettez les mots dans l'ordre.
a. téléphone / n' / table / est / Le / . / la / plus / sur
b. de / Nous / jamais / . / faisons / ne / yoga
c. n'/ Il / rien / . / aime
d. parlez / ? / jamais / français / ne / Vous
e. France / . / habite / n' / Elle / plus / en

On ne prononce pas le *s* final de *ne… plus*.

2. Les articles indéfinis

On utilise *un, une, des* + nom quand on ne connaît pas la personne ou la chose.

	masculin	féminin
singulier	un	une
pluriel	des	

- *Un, une* ou *des* se place devant le nom.

C'est **un** stylo. J'ai **une** trousse rouge. Il a **des** stylos.

Attention !   À la forme négative, *un, une, des* → *de* (ou *d'* devant une voyelle ou un *h*).
J'ai **des** stylos. → Je n'ai pas **de** stylos.
J'ai **un** ordinateur. → Je n'ai pas **d'**ordinateur.
Elle a **une** valise. → Elle n'a pas **de** valise.
Sauf : C'est **un** stylo. → Ce n'est pas **un** stylo.

1. Choisissez.
a. *un / une / des* lunettes
b. *un / une / des* sac
c. *un / une / des* lettres
d. *un / une / des* croissant
e. *un / une / des* fille

2. Complétez.
Dans mon sac, il y a …. trousse avec …. stylos, …. gomme et …. ciseaux. Il y a aussi …. livre. Il n'y a pas …. cahiers.

un ami, des amis

UNITÉ 2

3. Les adjectifs possessifs (1)

L'adjectif possessif indique la **possession**.
*C'est **mon** stylo. = Il est à moi.*

- L'adjectif change selon le **possesseur**.
*C'est à moi ou à lui ?   C'est à moi. → C'est **mon** stylo.*
                         *C'est à lui. → C'est **son** stylo.*

- L'adjectif s'accorde en **genre** (masculin ou féminin) et en **nombre** (singulier ou pluriel) avec le nom.
→ Unité 7

	masculin singulier	féminin singulier	pluriel
à moi	mon stylo	ma trousse	mes stylos
à toi	ton	ta	tes
à elle/lui	son	sa	ses
à nous/on	notre	notre	nos
à vous	votre	votre	vos
à elles/eux	leur	leur	leurs

Attention !   Devant un nom féminin qui commence par une voyelle, on utilise *mon, ton, son*.
*C'est **mon** amie. C'est Marie, **son** élève.*

1. Réécrivez comme dans l'exemple.
Exemple : *(à vous) une valise → votre valise*
a. (à toi) des clés
b. (à moi) un livre
c. (à elle) une trousse
d. (à eux) une valise
e. (à lui) un café

2. Réécrivez la phrase. Changez les adjectifs possessifs.
Dans **mon** sac, il y a **ma** trousse avec **mes** stylos.
a. Dans ton sac, ….
b. Dans son sac, ….
c. Dans votre sac, ….

C'est mon amie.
Ce sont mes étudiants.

4. L'article contracté et les prépositions *à* et *de* (1) et (2)

Dans ces deux exemples, il y a une **préposition** et un *article*.
*Je vais **à** la boulangerie.*
*Je fais **de** la natation.*

- L'article se contracte quand le mot est **masculin**.
*Je vais **au** restaurant. (au = à + le)*
*Je fais **du** tennis. (du = de + le)*

- L'article se contracte quand le mot est **pluriel** (masculin ou féminin).
*Je vais **aux** toilettes. (aux = à + les)*
*Je fais **des** compétitions. (des = de + les)*

> *au* + nom masculin singulier
> *du* + nom masculin singulier
> *aux* + nom féminin ou masculin pluriel
> *des* + nom féminin ou masculin pluriel

Attention !   Devant un nom masculin singulier qui commence par une voyelle ou un *h*, on utilise *à l'* ou *de l'*.
*Je vais **à l'**hôpital. Je fais **de l'**athlétisme.*

1. Associez.
a. Paul est à la   1. exercices.
b. Manon va au   2. piscine.
c. Mathilde fait du   3. judo.
d. Jeanne travaille à l' 4. cinéma.
e. Victor fait des   5. hôtel.

2. Complétez.
a. Françoise fait …. sculpture.
b. Martin va …. patinoire.
c. Claire fait …. bricolage.
d. Victor va …. piscine.
e. Pierre va …. restaurant.

▶ 57 | lexique p. 46 ▶ 58 | communication p. 47

Phonétique

Prononcer *un* et *une*

un : —

une : ●

L'élision

Devant une voyelle :

ne = n'   je = j'   le = l'

Lexique

Quelques objets

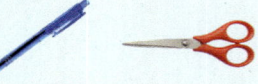 un stylo   des ciseaux   un cahier   une trousse

une gomme   des clés   des lunettes   un livre

Les formes

■ un carré   ▲ un triangle
● un rond   ▬ un rectangle

Les sports

la danse   la natation   le jogging

la randonnée   le ski   le VTT

le basket-ball   le football

Des lieux de loisirs

 la bibliothèque   la piscine

 le cinéma   la patinoire

 le théâtre   le restaurant

Des loisirs

 la lecture   le dessin

 le cinéma   le bricolage

 la peinture   la couture

 la musique   la sculpture

1. Qu'est-ce que c'est ?

Faites deviner un objet de la classe avec sa forme et sa couleur.

Qu'est-ce que c'est ?
C'est utile. C'est un rectangle.
C'est gris. C'est une table ?

2. C'est quoi, ton sport ?

Racontez vos moments sportifs à votre voisin(e).
Mon sport, c'est le foot.
Je regarde le foot avec mes amis le week-end et je joue avec mon frère.

3. Vous faites quoi et où ?

Écrivez quelques phrases pour parler de vos loisirs.
Je vais lire à la bibliothèque.
Je fais du dessin le week-end.

UNITÉ 2

⇨ Exprimer des goûts
- J'adore chanter.
- J'aime la lecture.
- Je n'aime pas le sport.
- Je déteste danser.

⇨ Demander l'heure
- Quelle heure il est ? Il est quelle heure ?
- C'est à quelle heure ?

On fait quoi ce week-end ?

⇨ Indiquer l'heure
- Il est neuf heures.
- Il est neuf heures quinze.
- Il est neuf heures trente.
- Il est neuf heures quarante-cinq.
- Il est midi. Il est minuit.

⇨ Préciser un moment
- aujourd'hui / demain
- C'est tôt. ≠ C'est tard.
- le matin ≠ le soir
- le week-end ≠ la semaine
- l'après-midi

Mission

1. Imaginez une sortie (type de sortie, lieu, horaires, jour…)

2. Proposez votre activité à votre voisin(e). Il propose son activité. Vous n'êtes pas d'accord. Expliquez.

3. Mettez-vous d'accord ou trouvez des personnes dans la classe pour sortir avec vous.

Partez !!!

On va où cet été ?

Regardez et décrivez (un plan, une rue, une rivière, un quartier, des arrondissements). À votre avis, c'est où ?

UNITÉ 3

50

1. Parler de la météo | p. 50
2. S'informer sur une ville | p. 52
3. Demander et indiquer son chemin | p. 54

56
LAB' LANGUE & CULTURE

Projet

Créer un carnet d'expériences de votre ville | p. 57

58
ATELIERS

Exprimer un besoin, une envie | p. 58

Écrire une e-carte postale | p. 59

60
MÉMO

Mission

On va où cet été ? | p. 63

Situation 1 — Parler de la météo

1. Observez le DOCUMENT 1 et complétez les phrases.
   a. Dans mon pays, aujourd'hui, c'est ....
   b. Ma saison préférée, c'est ....
   c. En été, il y a .... et au printemps, il y a ....

DOCUMENT 1

DOCUMENT 2

2. ⓐ Observez le DOCUMENT 2 et répondez.
   a. C'est où ?
   b. Quel jour sommes-nous ?
   c. Il fait quel temps ?
   d. Quelle est la température ? Quelle est la température minimale ? maximale ?
   e. À votre avis, quelle est la saison ?

   ⓑ Regardez la météo de la semaine et faites des phrases. *Jeudi, il fait beau.*

3. ▶ 59 | Écoutez. Pour chaque ville, dessinez un symbole météo et indiquez la température.
Bordeaux | Marseille | Brest | Strasbourg | Lyon

4. Complétez à l'aide des documents.
   ▸ .... temps fait-il ? Il fait .... temps ?
   ▸ Il .... entre 10 et 15°C à Paris.
   ▸ Il fait beau. .... du vent. .... nuageux.

La météo

Le soleil / Il fait beau.	☀	Les nuages / C'est nuageux.	☁
La pluie / Il pleut.	🌧	L'orage / Il y a des éclairs.	⛈
La neige / Il neige.	❄	Il fait chaud. / Il fait 30 degrés.	🌡
Le vent / Il y a du vent.	💨	Il fait froid. / Il fait moins 5 degrés.	🌡

5. PRONONCER *LE*, *LA* ET *LES*
   ⓐ ▶ 60 | Écoutez et dites si vous entendez *le*, *la* ou *les*.
   ⓑ ▶ 61 | Écoutez et répétez. Puis associez.
   le • • lèvres tirées —
   les • • lèvres arrondies •
   la • • bouche très ouverte ⊂

6. 👉 Regardez la météo internationale sur Internet. Écrivez le temps qu'il fait dans plusieurs villes. *À Londres, c'est nuageux. Il fait 3°C.*

Se détendre

7. Photographiez le ciel à la même heure pendant plusieurs jours et commentez la météo.

UNITÉ 3

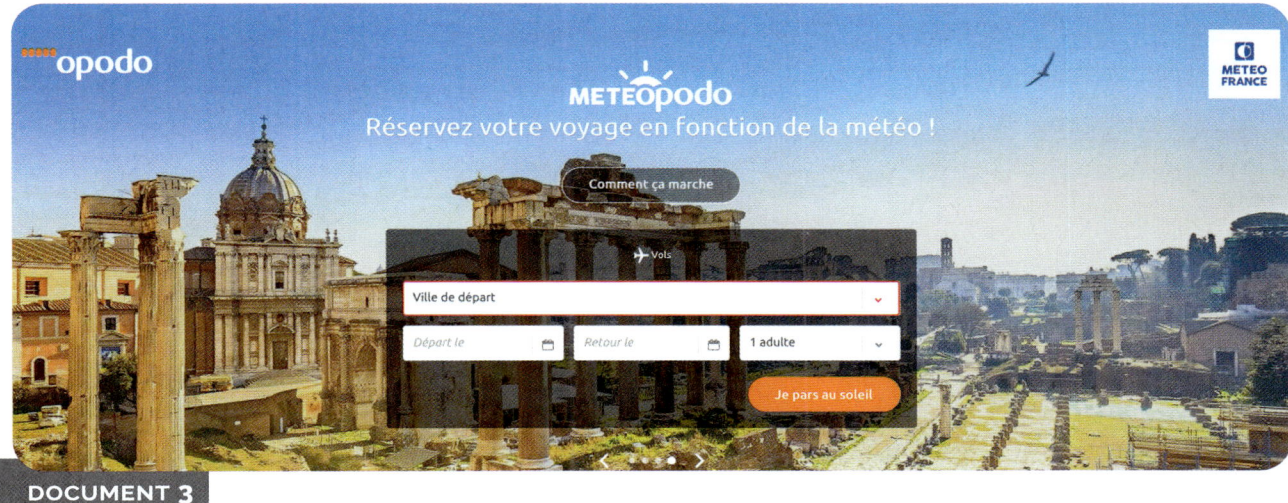

DOCUMENT 3

8. a Observez le DOCUMENT 3 et choisissez la bonne réponse.
   a. C'est quoi ? ▶ Une affiche. ▶ Un site Internet. ▶ Une carte postale.
   b. Je vais sur *Météopodo* pour : ▶ connaître la météo. ▶ partir au soleil. ▶ voyager sur la lune.

   b Par deux, complétez le formulaire du site.

9. a ▶62 | Écoutez. Pour chaque personne, indiquez :
   - son prénom,
   - son pays d'origine,
   - son domicile.

   b ▶63 | Écoutez. Associez chaque personne à une destination et une saison.

Ben	automne	Irlande
Ahmed	printemps	Maroc
Manuela	été	Mexico
Ayda	hiver	Pérou

   Venir
   je vien**s**
   tu vien**s**
   il | elle | on vien**t**
   nous ven**ons**
   vous ven**ez**
   ils | elles vienn**ent**

   ## LES **prépositions**
   ### DEVANT LES VILLES ET LES PAYS

   👁 **Observez.**
   Tu viens **d'où** ? Je viens **de** Turquie, **d'**Argentine, **du** Maroc, **des** États-Unis, **de** Montréal, **d'**Osaka.
   Tu habites **où** ? J'habite **à** Dakar, **à** Istanbul, **en** France, **au** Chili, **aux** États-Unis.

   ⚙ **Réfléchissez.**
   Quelle différence entre « habiter à » et « venir de » ?
   → pays féminin / pays commençant par une voyelle :
      Je viens .... Turquie, ... Argentine. J'habite .... France.
   → pays masculin singulier :
      Je viens .... Maroc. J'habite .... Maroc.
   → pays pluriel :
      Je viens .... États-Unis. J'habite .... États-Unis.
   → ville :
      Je viens .... Montréal, ... Osaka. J'habite .... Dakar, ... Istanbul.

   ✏ **Appliquez.**
   J'habite .... Montréal, ... Canada, et ma mère habite .... Italie.
   Ma mère vient .... Brésil et mon père vient .... Philippines.

Action

10. 🗣 | Par deux, discutez de la météo dans les villes de votre pays.

11. ✏ | Écrivez des phrases. Précisez pour chaque saison, les températures maximales et minimales.
En France, en été, il fait entre 25° et 35°C.
En hiver, il fait entre moins 5° et 10°C.

SITUATION 2 S'informer sur une ville

1. Qu'est-ce que vous faites pour découvrir une ville ? Vous lisez des guides touristiques ? Échangez.

CLÉMENT

IL AIME FAIRE DU VÉLO, LES CAFÉS, MARCHER DANS LA CAMPAGNE AUTOUR DE LILLE, BIEN MANGER, LES FÊTES TRADITIONNELLES ET L'AMBIANCE DE LA RÉGION.

- 2 bars
- 4 boutiques
- 1 café
- 2 cinémas
- 10 curiosités
- 2 lieux de concerts
- 1 musée
- 3 restaurants
- 3 parcs et jardins

DOCUMENT 1

2. a Lisez le **DOCUMENT 1**. Dans ce guide touristique, 5 Lillois présentent Lille et leurs lieux préférés.
   a. Qu'est-ce que Clément aime ?
   b. Clément propose : 2 bars, ….

b 64 | Écoutez Clément et répondez : vrai, faux, on ne sait pas.
   a. Clément aime voir des films et des concerts.
   b. Clément est gourmand : il aime manger.
   c. Il aime manger des gaufres.
   d. Les Lillois ne sont pas très sympathiques.

c Relisez le document et associez chaque lieu à une activité. Faites des phrases.
   Dans un bar, je peux boire un verre.
   ▸ faire du shopping
   ▸ écouter de la musique
   ▸ manger
   ▸ prendre un café
   ▸ marcher

3. Quel est votre lieu préféré dans une ville ? Et quelle est votre activité préférée ? Échangez.

LES questions (2)
QU'EST-CE QUE… / EST-CE QUE… ?

👁 **Observez.**
Qu'est-ce que vous aimez faire à Lille ?
J'aime **faire du vélo**.
Est-ce que les gens sont sympas à Lille ? **Oui.**

⚙ **Réfléchissez et complétez avec *Qu'est-ce que* ou *Est-ce que*.**
…. tu fais ? J'écoute de la musique. / Je mange.
…. tu aimes le jazz ? Oui. / Non.

✏ **Appliquez.** Posez deux questions à votre voisin(e).

L'accord DES ADJECTIFS (1)

👁 **Observez.**
Clément est gourmand. **Ils** sont gourmand**s**.
Elle est gourmand**e**. **Elles** sont gourmand**es**.
Il est sympathique. Elle est sympathique.
Il est chaleureux. **Ils** sont chaleureux.
Elle est chaleureu**se**. **Elles** sont chaleureu**ses**.

⚙ **Réfléchissez.**
→ Règle générale : au féminin : + ….
       au pluriel : + ….
→ La règle générale du féminin ne s'applique pas à *sympathique*. Pourquoi ?
→ Adjectif en *–eux* : au féminin : + ….

✏ **Appliquez.**
Son frère est timide mais charmant.
Ma sœur est …. et …. aussi.

Se détendre

4. Écrivez le nom d'un lieu sur un post-it. Collez-le sur le front de votre voisin(e). Mettez-vous par groupes. Posez des questions pour trouver les différents lieux. Répondez aux questions des autres.

UNITÉ 3

5. Observez le **DOCUMENT 2**.
Nommez :
- 2 restaurants,
- 2 noms de rue,
- 2 boutiques,
- 1 hôtel.

6. a ▶65 | Écoutez et répondez.
  a. À quelle heure est le rendez-vous ? À quelle adresse ?
  b. Comment est le restaurant *La Petite Table* ?
  c. Quelle est la différence entre le *Louis' Burger* et *L'Assiette du marché* ?

b Lisez l'encadré ci-dessous. Écoutez à nouveau et indiquez le lieu du rendez-vous sur le plan.

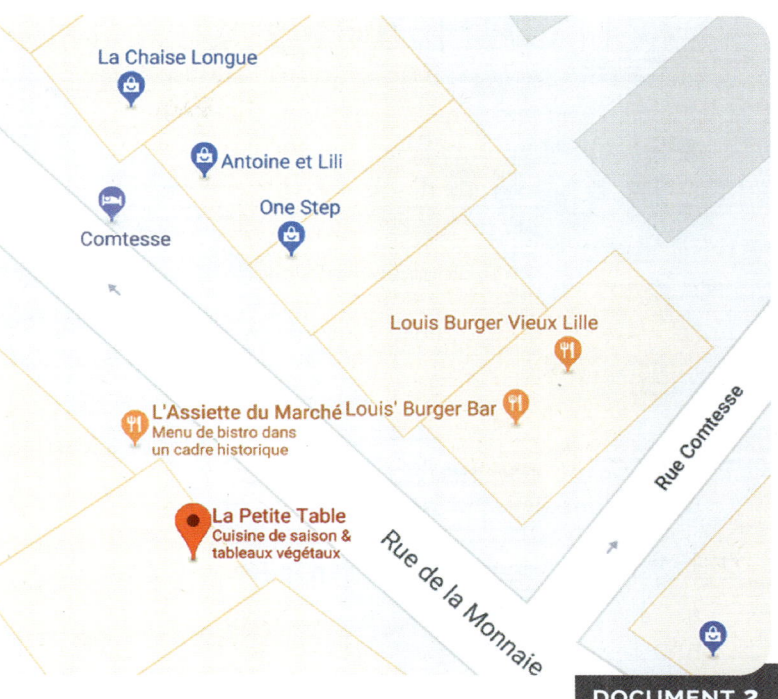

DOCUMENT 2

Les prépositions de lieu

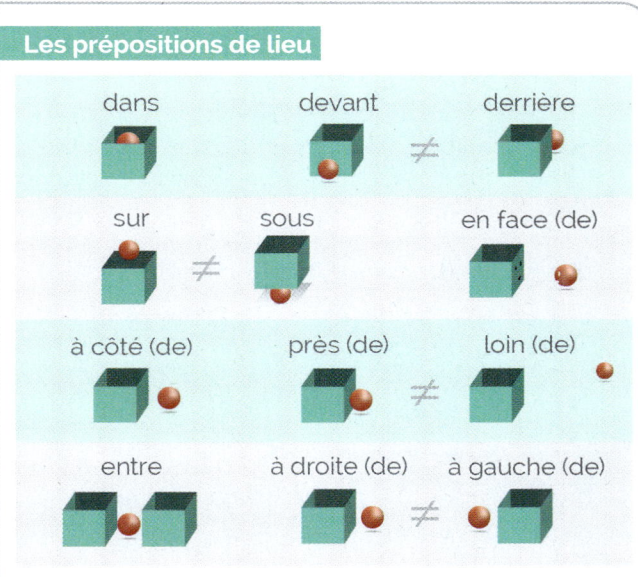

dans — devant — derrière
sur — sous — en face (de)
à côté (de) — près (de) — loin (de)
entre — à droite (de) — à gauche (de)

L'**article** CONTRACTÉ (3)

👁 **Observez.**
Le bar en face **de la** rue de la Comtesse, à côté **du** restaurant.
J'habite près **des** quais à côté **de l'** hôtel du Nord.

⚙ **Réfléchissez.**
de + la rue = *de la*
de + le restaurant = ….
de + les quais = ….
de + l' hôtel = *de l'*

✏ **Appliquez.**
J'habite près …. cinéma, en face …. boutique de vêtements et loin …. restaurants.

7. 👉 Regardez le plan du document 2 et faites des phrases avec les prépositions de lieu.
La boutique Antoine et Lili *est à côté de la boutique* One Step.

Connaître

je connai**s**	nous connaiss**ons**
tu connai**s**	vous connaiss**ez**
il | elle | on connaî**t**	ils | elles connaiss**ent**

Action

8. ✏ | Écrivez un courriel à votre voisin(e) pour expliquer où vous habitez. Donnez l'adresse, le numéro, le nom de la rue et des précisions (en face, à côté, près, loin…).

9. 🗣 | Faites des *selfies* dans la classe et à l'extérieur. Montrez vos photos à votre voisin(e). Il / Elle indique où vous êtes.
Tu es devant le tableau.

Situation 3 — Demander et indiquer son chemin

| aller tout droit | tourner à gauche | tourner à droite | Attention aux animaux ! | Interdit aux vélos ! |

DOCUMENT 1

1. Observez le **DOCUMENT 1**. Quel panneau est bizarre ?

2. Regardez le **DOCUMENT 2** et répondez.
   a. C'est où ?
   b. Quels lieux sont importants ?
   c. Quels sont les noms des parcs ?

3. a ▶ 66 | Écoutez et répondez.
   a. Où est la personne ?
   b. Elle cherche quel lieu ?

b Écoutez à nouveau.
   a. Notez les verbes et mimez la direction de chaque verbe.
   b. Suivez le chemin sur le plan.

c Écoutez à nouveau et complétez.
   ▸ Je .... l'office de tourisme.
   ▸ Vous .... la première rue à droite.
   ▸ Vous .... tout droit.
   ▸ Vous .... à droite / à gauche.

> **Prendre**
> je prend**s**
> tu prend**s**
> il | elle | on pren**d**
> nous pren**ons**
> vous pren**ez**
> ils | elles prenn**ent**

4. LE « E » MUET

▶ 67 | Écoutez. Dites si vous entendez le « e » souligné.
   a. je cherch<u>e</u>   d. à gauch<u>e</u>
   b. je tourn<u>e</u>   e. à droit<u>e</u>
   c. je continu<u>e</u>

5. 👍 ▶ 68 | Écoutez. Vous êtes à la Citadelle de Québec et vous indiquez le chemin à chaque personne. Décrivez l'itinéraire.

DOCUMENT 2

> **Les lieux de la ville**
> la rue Sainte-Anne
> la place d'Armes
> le parc Montmorency
> le château Frontenac
> la basilique Notre-Dame
> le boulevard Champlain
> le musée du Fort

> **Les nombres ordinaux**
> premier | sixième
> deuxième | septième
> troisième | huitième
> quatrième | neuvième
> cinquième | dixième

Imaginer

6. Vous êtes dans une ville idéale. Décrivez la ville.
   Il y a...

UNITÉ 3

7. ⓐ **Lisez le DOCUMENT 3.**

a. Classez les moyens de transport :
n° 1 : ....
n° 2 : ....
n° 3 : ....
n° 4 : ....
n° 5 : ....

b. Vous connaissez quels autres moyens de transport ?

c. Et chez vous, les gens vont au travail comment ?

ⓑ **Ensemble, répondez au sondage et calculez les pourcentages.**

LE **pronom** y

👁 **Observez.**
- Tu vas au travail comment ?
- J'**y** vais en train.

⚙ **Réfléchissez.**
Y remplace un .... .

✏ **Appliquez.**
- Il va au cinéma ?
- Oui, il .... .

DOCUMENT 3

8. Choisissez un moyen de transport. Associez.

a. Je vais au cinéma.
b. Je suis à Paris. Je vais à Bruxelles.
c. Je suis à Paris. Je vais à New York.
d. Je suis à la tour Eiffel. Je vais au musée du Louvre.
e. Je fais une promenade.

1. en avion
2. à pied
3. en métro
4. à vélo
5. en train

Action

9. 🔊 | Sur un plan, indiquez le chemin que vous faites pour venir apprendre le français. Expliquez à votre voisin(e).
J'habite rue .... .
Pour venir en classe de français, je prends la rue .... .

10. ✏ | Écrivez le chemin que prend votre voisin(e) pour venir en classe de français.

LAB' LANGUE & CULTURE

LA MÉTÉO DU MONDE

a Montrez les continents sur la carte : l'Afrique, l'Amérique, l'Europe, l'Océanie, l'Asie, l'Antarctique.

b Écrivez les lieux et le temps qu'il fait.
En Australie, c'est nuageux.

c Lisez une phrase météorologique à votre voisin(e). Il doit deviner le pays ou le continent.
- *Il fait beau.*
- *C'est en Asie ?*
- *Oui.*
- *En Inde ?*
- *Bravo !*

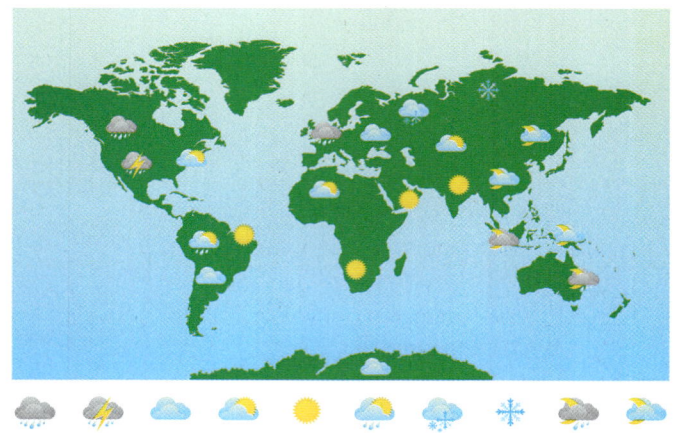

DANS LA CLASSE...

Observez et répondez.
a. Qui est en face du tableau ?
b. Qui est à côté de la porte ?
c. Qui est à côté de vous ?
d. Où est le professeur ?
e. Où est la porte ?

LES LIEUX D'ACTIVITÉS D'UNE VILLE

a Vous allez où pour faire ces activités ?
a. voir un film
b. boire un thé
c. écouter de la musique
d. manger
e. découvrir des peintres

b Pour vous, quel lieu est :

chaleu-   agréable   calme   tradition-   culturel   bruyant

DANS LA RUE

a Conjuguez.
- Je (chercher) .... la Citadelle.
- Vous (prendre) .... la première rue à gauche, vous (continuer) .... tout droit et vous (tourner) .... à droite.
- Je vous (remercier) .... !

b ▶69 | Écoutez et vérifiez vos réponses.
Où sont les « e » muets ?

LES LIEUX TOURISTIQUES D'UNE VILLE

Pour chaque lieu, complétez la phrase : *Je vais .... .*
Vous y allez comment ? *J'y vais .... .*

LE JARDIN DU LUXEMBOURG

LA TOUR EIFFEL

LES INVALIDES

UNITÉ 3

QUÉBEC VS FRANCE

Lisez le texte et rédigez la fiche de présentation.

Le Québec est une province du Canada. Sa capitale est Québec. On dit aller *au* Québec (= la province) mais aller *à* Québec (= la capitale). Au Québec, il y a un fleuve, le Saint-Laurent, et plus de 8 millions d'habitants, principalement francophones.

La devise du Québec est « Je me souviens ». La monnaie est le dollar canadien. Au Québec, on fait du ski, on joue au hockey sur glace et à la crosse. Au Québec, on ne dit pas « une voiture » mais « un char ».

QUÉBEC

Pays : ....

Capitale : ....

Fleuve : ....

Nombre d'habitants : ....

Monnaie : ....

Devise : ....

Je suis...

Je suis une forme géométrique.
Je ne suis pas égyptienne.
Je suis à Paris au milieu de la cour Napoléon.

Les Français disent...

« Monter sur ses grands chevaux » signifie :

▶ Ne pas avoir de moyen de transport.
▶ Se mettre en colère rapidement.
▶ Avoir des chevaux très hauts.

Jouons avec les sons !

▶ 70 | **Écoutez et essayez de répéter.**

T'es têtu ! Tu te tues à tout trouver partout.

PROJET

Créer un carnet d'expériences de votre ville

▶ **Vidéo lab'**

Retrouvez **LA VIDÉO ET LES ACTIVITÉS p. 154**

▶ **À deux**

Avec mon (ma) voisin(e), je choisis des lieux que j'aime dans ma ville.

▶ **Ensemble**

Par groupes, vous préparez un guide avec vos lieux préférés, les choses à voir, à faire, à visiter (lieux, photos, adjectifs, etc.).

Vous présentez votre carnet à la classe.

cinquante-sept **57**

Exprimer un besoin, une envie

DOCUMENT 1

DOCUMENT 2

COMPRÉHENSION

1. Regardez le DOCUMENT 1. Répondez.

a. C'est :
- un guide touristique.
- un roman.
- une affiche.

b. Comment s'appelle l'auteur ?

c. Quel est le titre ?

2. a Regardez le DOCUMENT 2.

a. C'est quoi ?

b. Ça sert à quoi ?
- Jouer.
- Demander son chemin.
- Trouver des toilettes.

b ▶71 | Écoutez et résumez.

- La première femme voudrait .... .
- La deuxième femme a une application : elle s'appelle .... .
- Avec cette application, on peut .... .
- L'application est facile et .... .

Exprimer une envie, un besoin		
J'ai envie de		
J'ai besoin de	+	une chose
Je voudrais		verbe à l'infinitif
J'aimerais		

Apprendre

Avant l'écoute, je regarde le visuel pour comprendre la situation.

EXPRESSION

3. Par deux, échangez.
- Que pensez-vous de cette application ?
- Est-ce que c'est utile ? Pratique ?
- Est-ce que ce type d'application existe dans votre ville ?

4. a Individuellement, écrivez une envie et un besoin. Imaginez une application qui répond à votre envie ou votre besoin.

b Par groupes de 3 ou 4, échangez. Choisissez votre application préférée.

c Présentez l'application au groupe voisin.

UNITÉ 3

Écrire une e-carte postale

DOCUMENT 1

COMPRÉHENSION

1. Lisez le DOCUMENT 1.
   a. Qui sont les gens sur les photos ?
   b. Qui écrit ? À qui ?
   c. Dans quels pays sont les gens qui écrivent ?
   d. Repérez les informations sur le climat, les gens, les activités.

2. Par deux, identifiez sur la carte postale les éléments suivants.
   ▸ le numéro de la rue
   ▸ le destinataire (= la personne à qui on écrit)
   ▸ la signature
   ▸ la date
   ▸ le code postal
   ▸ le timbre
   ▸ le pays
   ▸ l'expéditeur (= la personne qui écrit)
   ▸ le mot de fin

EXPRESSION

3. Faites votre e-carte postale.
   a Avec votre voisin(e), choisissez les photos d'un pays et faites une photo de vous deux. Créez votre photo montage.

   b Individuellement, écrivez la e-carte postale à un(e) ami(e) ou un proche. Indiquez des informations sur la ville, la météo. Envoyez !

Apprendre

Une carte postale comprend des éléments essentiels. Je repère ces éléments pour reproduire facilement.

cinquante-neuf **59**

mémo Grammaire

1. Les prépositions devant les villes et pays

• Les prépositions *à*, *en*, *au*, *aux* indiquent le lieu où l'on est ↓ ou le lieu où l'on va →.
↓ J'habite **à** Paris, **en** France.
→ Je vais **au** Maroc.

• Les prépositions *du*, *de*, *des* indiquent le lieu d'où l'on vient ←.
← Je viens **de** Paris.

• Ces prépositions changent selon le **genre** (masculin ou féminin) et le **nombre** (singulier ou pluriel) du nom de lieu.

+ ville	à	de/d'*
+ pays féminin singulier	en	de/d'*
+ pays masculin singulier	au	du
+ pays/île pluriel	aux	des

* *d'* devant un nom de pays qui commence par une voyelle.
Je viens **d'**Italie et toi, tu viens **d'**Istanbul ?

Attention ! – On utilise *en* devant un nom de pays (masculin ou féminin) qui commence par une voyelle.
J'habite **en** Irak. Je pars **en** Australie.
– Je vais **à** Cuba. Il va **à** Malte.

1. Associez.
a. au, du
b. à, de
c. aux, des
d. en, de
e. en, d'

1. New-York
2. Danemark
3. Hongrie
4. Italie
5. Canaries

2. Choisissez la préposition correcte.
a. Mon père travaille *à / aux* Montréal.
b. Il vient *au / du* Rwanda.
c. Mes amis sont *aux / des* États-Unis.
d. Je vais *à / au* Cuba.
e. Elle étudie *en / d'* Allemagne.

2. Les questions (2) : *est-ce que…* et *qu'est-ce que…*

> *Est-ce que* + sujet + verbe… ?
> → Réponse fermée : oui/non

Est-ce que tu aimes Paris ? **Oui**, j'aime beaucoup cette ville.

Attention ! est-ce que → est-ce qu' + sujet qui commence par une voyelle ou un h.
Est-ce qu'elle aime Paris ? **Est-ce qu'**Henri est italien ?

> *Qu'est-ce que* + sujet + verbe… ?
> = Sujet + verbe + *quoi* ?
> → Réponse ouverte.

Qu'est-ce que tu fais à Paris ? Je visite des musées, je vais au restaurant…

Attention !
– *que* dans une question inversée. **Que** fais-tu à Paris ?
– *quoi* dans une question avec intonation montante. Tu fais **quoi** à Paris ?

Avec *est-ce que*, la voix monte à la fin de la question. ↗

Écrivez la question.
a. J'aime aller au parc.
b. Oui, c'est une ville agréable.
c. Non, je ne vais pas au travail en métro.
d. Clément fait du shopping.
e. Oui, il est timide.

3. L'accord des adjectifs (1)

L'adjectif donne une information ou une précision sur quelque chose ou quelqu'un.
Paul est un enfant **sympathique**. Son chien est **gourmand**.

UNITÉ 3

- L'adjectif s'accorde en **genre** (masculin ou féminin) avec le nom.

masculin	féminin	exemples
a, i, o, u ou une consonne	+-e	Il est jol*i*. Elle est joli**e**. Il est gourman*d*. Elle est gourman**de**.
-e	∅	Il est sympathique. Elle est sympathique.
-ien/-on	+-ne	Il est ital*ien*. Elle est ital**ienne**. Il est b*on*. Elle est b**onne**.
-(i)er	→ -(i)ère	Il est étrang*er*. Elle est étrang**ère**. Il est f*ier*. Elle est f**ière**.
-eux	→ -euse	Il est chaleur*eux*. Elle est chaleur**euse**.

Attention ! beau → belle, gros → grosse

- L'adjectif s'accorde en **nombre** (singulier ou pluriel) avec le nom.

singulier	pluriel	exemples
-une voyelle ou une consonne	+-s	Il est sympathique. Ils sont sympathique**s**. Il est gourmand. Ils sont gourmand**s**.
-s -x	∅	Il est gros. Ils sont gros. Il est chaleureux. Ils sont chaleureux.
-eau	+-x	Il est b*eau*. Ils sont b**eaux**.
-al	→ -aux	Il est géni*al*. Ils sont géni**aux**.

1. Masculin, féminin ou les deux ? Singulier ou pluriel ? Indiquez votre choix à l'oral.
a. heureuses
b. touristique
c. différents
d. timides
e. charmant

On entend le féminin de l'adjectif sauf quand l'adjectif ne change pas.

2. Transformez.
a. Il est impressionnant. → (elle)
b. Il est mignon. → (elle)
c. Il est amoureux. → (elle)
d. Il est courageux. → (ils)
e. Il est beau. → (elles)

4. L'article contracté (3) avec les prépositions de lieu

- L'article contracté est une **préposition** (à, de…) + un **article défini** (le, les). Il va **au** cinéma. (au = à + le)

	+ nom masculin	+ nom féminin	+ nom pluriel
à	au	à la	aux
de	du	de la	des
en face de, loin de, à côté de, à gauche de…	en face du, loin du, à côté du…	en face de la, loin de la, à côté de la…	en face des, loin des, à côté des…

Attention ! Devant un nom masculin singulier qui commence par une voyelle ou un *h*, on utilise à l' ou de l'. Je vais **à l'**opéra. C'est en face **de l'**hôpital.

Complétez.
a. Ils vont …. restaurant.
b. Ce restaurant est en face …. cinéma.
c. Elle travaille loin …. centre-ville.
d. Le musée se trouve à côté …. hôtel de ville.
e. Est-ce qu'ils vont …. sports d'hiver ?

5. Le pronom *y*

- Le pronom *y* remplace un nom de **lieu**. Il va <u>à Paris</u>. Il **y** va en avion.

Attention ! je → j' + y. Je vais à Paris. **J'y** vais.

- Au présent de l'indicatif, le pronom *y* se place entre le sujet et le verbe.

> sujet + **y** + verbe…

Remplacez le nom de lieu par *y*.
a. Est-ce qu'il va au parc ?
b. Nous allons au bowling ce soir.
c. Je suis au château !
d. Nous étudions à l'université.
e. Vous mangez au restaurant.

Il y va. Elle y va. Ils y vont.

soixante et un

mémo

▶72 | lexique p. 62   ▶73 | communication p. 63

Phonétique

Prononcer *le, la, les*

le = •   la = ☾   les = ▬

Le « e » muet

En général, le « e » n'est pas prononcé en fin de mot.

Lexique

La météo

Il fait beau.

Il y a du vent.

C'est nuageux.

Il pleut.

Il neige.

Il fait chaud ≠ Il fait froid.

Il fait 15 degrés.

Les nombres ordinaux

1ᵉʳ	premier	6ᵉ	sixième
2ᵉ	deuxième	7ᵉ	septième
3ᵉ	troisième	8ᵉ	huitième
4ᵉ	quatrième	9ᵉ	neuvième
5ᵉ	cinquième	10ᵉ	dixième

Des lieux de la ville

 un musée

 le château

 la cathédrale

 le parc, le jardin

 un bar, un restaurant

 une boutique, un magasin

 la rue, le boulevard

Des moyens de transport

 à pied

 en métro

 en bus

 en voiture

 en avion

 à cheval

 en bateau

 à vélo

1. Il fait quel temps ?

Indiquez la météo du jour pour :

Paris | Genève | le Pérou | l'Inde | le Brésil | le Mexique | les États-Unis | la Chine

2. Charade

Écrivez une charade. Lisez-la à votre voisin(e). Il / Elle pose des questions.

Mon premier est un animal.
Mon deuxième n'est pas tard.
- Est-ce que c'est un lieu ?
- Oui.
- Qu'est-ce que c'est ?
- Un château (chat – tôt)

3. Comment y aller ?

Choisissez un lieu et expliquez à votre voisin(e) comment vous y allez.

Je vais à Paris. J'y vais en avion.

UNITÉ 3

⇨ Exprimer une envie
- J'ai envie d'aller au Mexique.
- J'ai besoin de soleil !
- J'aimerais voir des montagnes.
- Je voudrais partir avec toi.

⇨ Demander et indiquer un chemin
- Je cherche l'office de tourisme.
- Où se trouve l'office de tourisme ?
- Vous tournez à droite.
- Vous prenez à gauche.
- Vous continuez tout droit.

On va où cet été ?

⇨ S'informer sur une ville
- C'est où ?
- Qu'est-ce que vous aimez faire ? Voir ? Visiter ?
- Vous écoutez de la musique où ?
- Est-ce que c'est une ville agréable ?
- Quel est votre lieu préféré ?
- Tu connais / Vous connaissez le restaurant *Chez Ernest* ?

Mission

1. Imaginez un voyage pour cet été (destination, moyen de transport, lieux à visiter, choses à faire…).

2. Exprimez votre envie de voyage à votre voisin(e). Vous n'avez pas les mêmes envies (destination, météo, choses à faire…).

3. Mettez-vous d'accord ou trouvez des personnes dans la classe pour voyager avec vous.

Partez !!!

On mange quoi cette semaine ?

Regardez. Quels fruits et légumes est-ce que vous mangez (avocats, carottes, concombres, etc.) ?

UNITÉ 4

66 SITUATIONS

1. Parler de ses habitudes alimentaires | p. 66
2. Faire ses courses | p. 68
3. Faire des projets | p. 70

72 LAB' LANGUE & CULTURE

Projet

Créer une vidéo de chef | p. 73

74 ATELIERS

Commander au restaurant | p. 74

Donner son appréciation sur un restaurant | p. 75

76 MÉMO

Mission

On mange quoi cette semaine ? | p. 79

SITUATION 1 — Parler de ses habitudes alimentaires

1. **a** ▶74 | Écoutez et notez les horaires du dîner dans les pays cités.

b Et chez vous, le dîner est à quelle heure ? Et le déjeuner ? Le petit déjeuner ?

- les carottes
- les oignons
- le poisson
- l'ail
- le sel
- les asperges
- les champignons
- le lait
- le pain
- le fromage

DOCUMENT 1

2. **a** Regardez le **DOCUMENT 1**.
Vous aimez quels aliments ?

b ▶75 | Écoutez et répondez.
a. Qu'est-ce que l'homme veut manger ? Et la femme ?
b. Quels aliments ne sont pas sur la photo ?

3. PRONONCER *DU, DE/DEUX, DES*

a ▶76 | Écoutez et dites si vous entendez *du*, *deux* ou *des*.

b ▶77 | Écoutez et répétez. Puis associez.

- du • • bouche tirée — et fermée 🙂
- de/deux • • bouche arrondie • et très fermée 🙂
- des • • bouche arrondie • et fermée 🙂

LES **articles** PARTITIFS

👁 **Observez.**
Du poulet et **de la** salade ?
Tu peux mettre **de l'**ail, s'il te plaît ?
On a aussi **du** fromage et **du** pain.

⚙ **Réfléchissez.**
Devant les aliments qu'on ne peut pas compter, on utilise :
.... + nom masculin
.... + nom féminin
.... + nom qui commence par une voyelle

✏ **Complétez.**
Le midi, je mange .... viande et je bois .... eau.

Se détendre

4. Vous avez mémorisé les noms d'aliments ?
Vérifiez et jouez au jeu d'observation des aliments.

 Guide pratique de classe

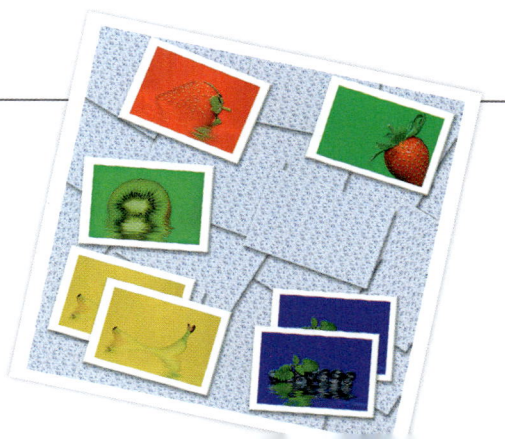

UNITÉ 4

DOCUMENT 2

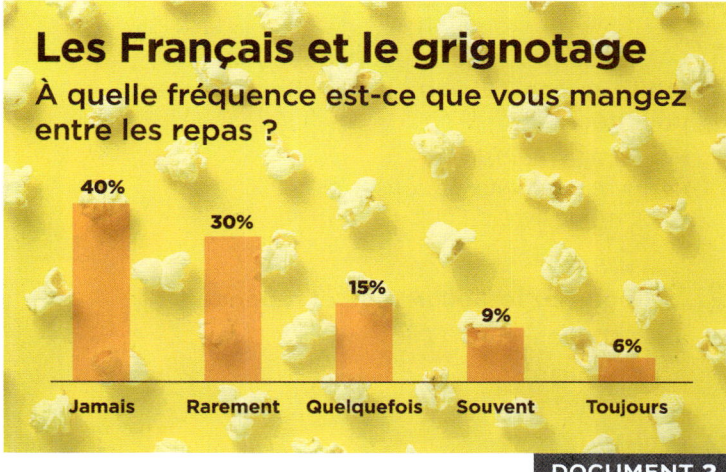

DOCUMENT 3

5. Regardez le DOCUMENT 2 et lisez le DOCUMENT 3.
   a. Que fait la femme ?
   b. Est-ce que les Français grignotent ? À quelle fréquence ?
   c. Et vous, vous mangez entre les repas ? À quelle fréquence ?

6. ▶78 | Écoutez et notez la fréquence pour chaque activité.

7. 👉 Décrivez votre petit déjeuner. Écrivez 5 phrases avec les 5 adverbes de fréquence du document 3.

8. 👉 Listez des activités. Échangez les listes avec votre voisin(e). Dites à quelle fréquence vous faites ces activités.

LA PLACE DES adverbes DE FRÉQUENCE

👁 **Observez.**
6 % des Français grignotent **toujours** entre les repas.
30 % des Français grignotent **rarement** entre les repas.
40 % des Français **ne** grignotent **jamais** entre les repas.

⚙ **Réfléchissez.**
Où sont placés les adverbes de fréquence ?

✏ **Appliquez. Répondez aux questions.**
Vous mangez souvent un sandwich ?
Vous buvez souvent du café ?

Boire
je bois
tu bois
il | elle | on boit
nous buvons
vous buvez
ils | elles boivent

Manger
je mange
tu manges
il | elle | on mange
nous mangeons
vous mangez
ils | elles mangent

Action

9. 🔊 | Décrivez votre plat préféré.

10. a ✏ | Par groupes, préparez un sondage pour connaître les habitudes alimentaires et sportives de la classe.

   b 🔊 | Posez les questions de votre sondage à un autre groupe.

soixante-sept **67**

SITUATION 2 — Faire ses courses

1. ▶79 | Écoutez. Quelle est la question ? Que fait le garçon ? Et vous, vous faites comment pour décider ?
- J'ouvre le frigidaire.
- J'ouvre une boîte de conserve.
- J'ouvre un livre de cuisine.

2. a Regardez le DOCUMENT 1 et répondez.

a. C'est quoi ?
- Un menu.
- Une liste de courses.
- Une recette.

b. Il faut acheter quoi ?

CRÊPES BANANES, AMANDES, CHOCOLAT

Préparation 10 minutes | Facile | Bon marché | 4 Personnes

LISTE DES COURSES
- 250 g de farine
- 4 œufs
- 400 ml de lait
- 5 bananes
- une tablette de chocolat noir
- un peu de beurre
- 1 cuillère à soupe de sucre
- un peu d'eau

DOCUMENT 1

b Complétez. Il faut :
- un peu de ....
- une cuillère à soupe de ....
- 400 ml de ....
- 250 grammes de ....
- une tablette de ....

Les quantités
1 kg = un kilogramme
1 g = un gramme
1 l = un litre
1 ml = un millilitre
un peu de...
beaucoup de...
une tablette de...
une bouteille de...

L'expression DE LA QUANTITÉ

👁 **Observez.**
Il faut **un peu de** beurre, **beaucoup de** farine et **un peu d'**eau.

⚙ **Réfléchissez.**
Qu'est-ce que vous remarquez ?

✏ **Appliquez.**
Pour apprendre le français, il faut beaucoup de .... et un peu d'.... .

3. ▶80 | Écoutez et notez les quantités.
a. .... chocolat   c. .... sucre   e. .... œufs
b. .... farine   d. .... beurre

4. 👉 Écrivez la liste des ingrédients pour une spécialité de votre pays. Ajoutez la quantité.

Se détendre

5. Regardez ces noms de pizza. Retrouvez leur pays ou ville d'origine et imaginez les ingrédients.
- Pizza hawaïenne
- Pizza napolitaine
- Pizza orientale
- Pizza bolognaise

UNITÉ 4

DOCUMENT 2

6. Regardez le **DOCUMENT 2** et décrivez.

7. a ▶81 | Écoutez et indiquez, à chaque fois, le lieu des courses.
▸ Dans un supermarché.
▸ Sur un site d'achat en ligne.
▸ Au marché.

b Et vous, où est-ce que vous faites vos courses ?

8. a Lisez l'encadré ci-dessous et proposez des aliments pour chaque commerce.

b ▶82 | Écoutez le message. Notez les courses à faire et les commerces.

Les commerces

la boulangerie	la boucherie
la pâtisserie	le marchand de fruits et légumes
la fromagerie	
la poissonnerie	

9. LE « E » MUET

a ▶83 | Écoutez. Vous entendez combien de syllabes ?

b Écoutez à nouveau, observez.
la bouchérié | la boulangérié | la pâtissérié

10. a ▶84 | Écoutez et complétez le tableau.

	C'est où ?	Ils achètent quoi ?	Ça fait combien ?
Dialogue 1			
Dialogue 2			
Dialogue 3			

b Qui dit quoi ? Écoutez à nouveau le dialogue 1 et complétez.

Je voudrais 2 kilos de pommes de terre. | Et avec ceci ? | Ça fait combien ? | C'est tout, merci ! | Ça fait 5,89 €.

▸ Le marchand : ….
▸ Le client : ….

Les nombres de 70 à 100

70	soixante-dix
71	soixante et onze
72	soixante-douze
…	…
80	quatre-vingts
81	quatre-vingt-un
82	quatre-vingt-deux
…	…
90	quatre-vingt-dix
91	quatre-vingt-onze
92	quatre-vingt-douze
…	…
100	cent

11. 👉 Échangez. Quels commerces est-ce qu'il y a dans votre rue, dans votre quartier ?

12. 👉 Par deux. Dites le nom d'un aliment à votre voisin(e). Il / Elle trouve le commerce qui correspond.

Action

13. Organisez un marché dans la classe. Faites deux groupes : les clients et les marchands.

a ✏️ | Les clients : préparez votre liste de courses. Les marchands : listez vos produits et les prix.

b 🔊 | Les clients : faites vos courses. Les marchands : accueillez les clients et vendez vos produits.

soixante-neuf **69**

SITUATION 3 — Faire des projets

1. Qu'est-ce que vous souhaitez changer dans votre alimentation ? Échangez.
- *Moi, je mange beaucoup de chocolat.*
- *Et moi, peu de légumes.*

DOCUMENT 1

MES BONNES RÉSOLUTIONS POUR CETTE ANNÉE

JE VAIS ARRÊTER DE SORTIR TOUS ~~LES WEEK-ENDS~~. (LA SEMAINE)

JE VAIS FAIRE DU SPORT 3 FOIS PAR ~~SEMAINE~~. (MOIS)

JE VAIS ÊTRE SYMPA AVEC MON EX-MARI.

JE VAIS ~~ARRÊTER~~ INTERNET AU BUREAU. (DIMINUER)

JE VAIS PERDRE ~~10~~ 5 KILOS.

2. Lisez le **DOCUMENT 1**.
Classez les bonnes résolutions.
- ▸ Travail : ....
- ▸ Santé : ....
- ▸ Vie personnelle : ....

3. 👍 Quelles sont vos bonnes résolutions pour l'année prochaine ? Échangez avec votre voisin(e).

Se détendre

5. Mimons ! Mettez les bonnes résolutions de la classe dans un chapeau et faites 2 groupes. Tirez au sort une résolution. Faites deviner à votre groupe avec un dessin ou un mime.

LE futur proche

👁 **Observez.**
Je **vais faire** du sport.
Je **ne vais pas sortir** tous les week-ends.

⚙ **Réfléchissez.**
Le futur proche :
.... + un verbe à l'infinitif
Observez la place de la négation.

✏ **Appliquez. Répondez.**
Qu'est-ce que vous allez faire ce soir ? Qu'est-ce que vous n'allez pas faire demain ?

4. ▶85 | Écoutez.
Quelles sont les activités proposées ? À quel moment ?

LES adjectifs démonstratifs

👁 **Observez.**
Tu fais quoi **ce soir** ?
Tu veux faire quoi **cet après-midi** ?
Tu vas faire quoi **cette année** ?

⚙ **Réfléchissez.**
On utilise : .... + nom masculin
.... + nom masculin qui commence par une voyelle
.... + nom féminin

✏ **Appliquez. Répondez.**
Qu'est-ce que vous voulez faire ce matin, cet après-midi, ce week-end ?

UNITÉ 4

9 conseils pour être en forme au quotidien

- **9** km à pied
- **8** heures de sommeil
- **7** verres d'eau
- **6** minutes de méditation
- **5** fruits et légumes
- **4** pauses pour se détendre
- **3** repas par jour
- **2** heures sans téléphone avant de dormir
- **1** sport quotidien

DOCUMENT 2

6. Lisez le DOCUMENT 2. Par deux, échangez.
   a. Listez les 9 conseils pour être en forme, avec un verbe.
   b. Vous suivez quels conseils ? Et quels sont vos chiffres ?
   Le matin, je fais 2 km à pied.

7. ▶86 | Écoutez et répondez.
   a. Quel est le problème de l'homme ? Pourquoi ?
   b. Quels conseils donne la femme ?

Donner un conseil

Il faut dormir plus.
Tu peux faire du sport.
Vous pouvez faire des pauses.

8. LES SONS [p], [b], [v]

   a ▶87 | Écoutez et dites si vous entendez les sons [p], [b], [v].

   b ▶88 | Écoutez et répétez.
   Pour chaque son, dites si :
   ▶ les lèvres se touchent
   ▶ les dents du haut touchent la lèvre du bas
   ▶ les cordes vocales vibrent

9. Par groupes de 4.
Listez une série de conseils pour :
   ▶ progresser en français,
   ▶ manger équilibré,
   ▶ bien dormir.

Action

10. Faites une thérapie de groupe. Organisez des groupes avec un coach et des patients.

   a | Listez les problèmes du groupe.
   b | Ensemble, trouvez des conseils pour résoudre ces problèmes.

LAB' LANGUE & CULTURE

OÙ DÉJEUNENT LES FRANÇAIS ?

Lisez le document et répondez.

À midi, combien de Français mangent à la maison ? Au travail ? Au restaurant ?

Et vous ? Vous mangez où le midi ? Vous mangez quoi ? Vous aimez aller au restaurant ?

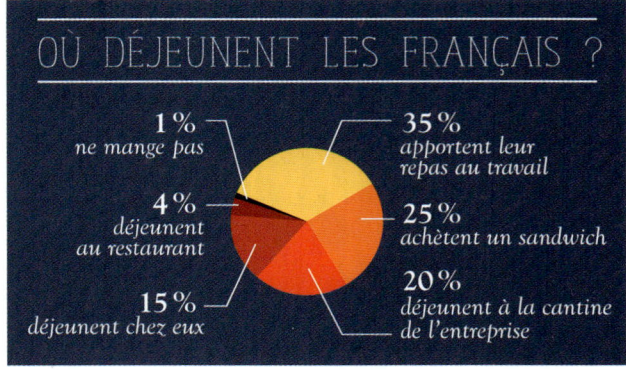

OÙ DÉJEUNENT LES FRANÇAIS ?
- 1 % ne mange pas
- 35 % apportent leur repas au travail
- 4 % déjeunent au restaurant
- 25 % achètent un sandwich
- 15 % déjeunent chez eux
- 20 % déjeunent à la cantine de l'entreprise

CRÈME BRÛLÉE AUX SPÉCULOOS

Complétez la liste des ingrédients pour préparer une crème brûlée aux spéculoos avec *du*, *de la*, ou *des*.

Pour faire une crème brûlée aux spéculoos, il faut :
- .... crème,
- .... lait,
- .... spéculoos,
- .... œufs,
- .... sucre.

LA BAGUETTE

▶ 91 | **Écoutez et complétez la liste des ingrédients pour faire une baguette.**

Il faut .... farine, ... levure, ... eau et .... sel.

DU, DEUX OU DES ?

a ▶ 89 | *Du* ou *deux* ? Écoutez et répondez.

b ▶ 90 | *Des* ou *deux* ? Écoutez et répondez.

LE « E » MUET

▶ 92 | **Écoutez et barrez les « e » que vous n'entendez pas.**

a. le petit déjeuner
b. la boulangerie
c. la fromagerie
d. la pâtisserie
e. l'épicerie
f. la crèmerie

LES FRANÇAIS ET LE BIO

Faites des phrases avec *toujours*, *souvent*, *parfois*, *jamais*.

17 % des Français achètent souvent des produits bio.

DANS UN MAGASIN DE FROMAGES

Remettez le dialogue dans l'ordre.

a. Et avec ceci ?
b. C'est tout, merci ! C'est combien ?
c. Ça fait 12,30 €, s'il vous plaît.
d. Bonjour monsieur ! Vous désirez ?
e. Bonjour, je voudrais un camembert, un reblochon et du cantal s'il vous plaît.

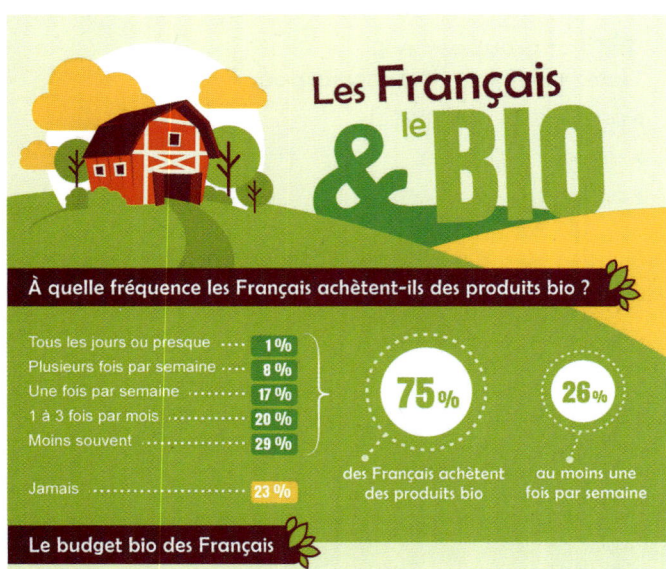

Les Français & le BIO

À quelle fréquence les Français achètent-ils des produits bio ?
- Tous les jours ou presque : 1 %
- Plusieurs fois par semaine : 8 %
- Une fois par semaine : 17 %
- 1 à 3 fois par mois : 20 %
- Moins souvent : 29 %
- Jamais : 23 %

75 % des Français achètent des produits bio
26 % au moins une fois par semaine

Le budget bio des Français

UNITÉ 4

QU'EST-CE QU'ILS VONT FAIRE ?

Remettez ces phrases dans l'ordre.

a. Demain, / vais / courir. / je / aller
→ *Demain, ….*

b. Ce week-end, / je / fête. / pas / faire / ne / vais / la
→ *Ce week-end, ….*

c. Cette semaine, / en vacances. / partir / va / on
→ *Cette semaine, ….*

d. Cette année, / équilibré ? / manger / tu / vas
→ *Cette année, ….*

e. Cette année, / il / tous les soirs. / pas / ne / sortir / va
→ *Cette année, ….*

LES SONS [p], [b], [v]

▶ 93 | **Écoutez et répétez.**

a. poisson – boisson
b. tu bois – tu vois
c. je paie – je vais
d. Tu vas dormir ?
e. On va boire un verre ?

LES CONSEILS D'AMIS

Associez.

a. Pour faire tes courses rapidement,
b. Pour être un bon étudiant,
c. Pour voir souvent tes amis,
d. Pour être en forme,

1. tu peux faire du sport.
2. il faut écrire une liste.
3. il faut travailler tous les jours.
4. tu peux téléphoner plus souvent.

Je suis…

Je suis un plat d'été.
Je viens du Sud de la France.
Mon nom est l'adjectif de ma ville.
Je suis composée de salade, d'œufs, d'olives, de tomates, de haricots et de thon.

Les Français disent…

« Tomber dans les pommes » signifie :
▶ Tomber d'un arbre.
▶ Faire une compote de pommes.
▶ S'évanouir.

Jouons avec les sons !

▶ 94 | **Écoutez et essayez de répéter.**
Un bol plein de poires, un verre plein de prunes, un plat plein de blé.

PROJET

Créer une vidéo de chef

▶ **Vidéo lab'**

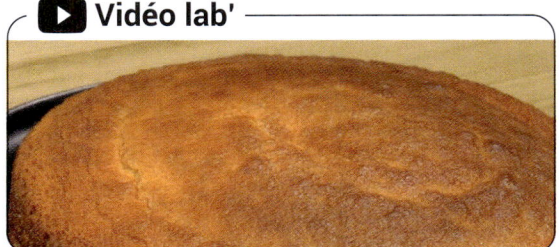

Retrouvez **LA VIDÉO ET LES ACTIVITÉS** p. 154

▶ **Individuellement**

J'invente une recette qui mélange la cuisine française et la cuisine de mon pays. Je décris les ingrédients et les étapes de la recette.

▶ **Par deux**

Filmez les recettes et présentez la vidéo à la classe. Publiez les recettes sur le réseau social de la classe.

Ateliers — Commander au restaurant

DOCUMENT 1

Chez Ernest

Entrées
Salade de tomates mozzarella ♨ — 7€
Terrine du Périgord — 8€

Plats
Salade végétarienne — 11.5€
Poulet rôti et pommes de terres sautées ♨ — 12€
Poisson du jour et légumes frais ♨ — 13.5€

Desserts
Tarte aux pommes ♨ — 5€
Crème brûlée — 5€

Formules déjeuner
Entrée + plat — 15€
Plat + dessert — 15€
Entrée + plat + dessert + café — 20€

♨ Fait maison
La maison n'accepte pas le paiement par chèque, CB à partir de 10 €

DOCUMENT 2

COMPRÉHENSION

1. Regardez le DOCUMENT 1 et répondez.
a. Ils sont où ?
b. Qu'est-ce qu'ils font ?

2. Lisez le DOCUMENT 2 et répondez.
a. Avec la formule, les clients prennent une entrée, un plat et un dessert ?
b. Tous les plats sont cuisinés dans le restaurant ?
c. Vous avez très faim, vous aimez le poisson, que choisissez-vous ?
d. Vous êtes végétarien, vous n'avez pas beaucoup d'argent, que choisissez-vous ?

3. ▶95 | **Écoutez et répondez.**
a. Ils choisissent quelle formule ?
b. Qui prend quoi ?
c. Ils payent comment ?

Payer
en espèces
par chèque
par carte

EXPRESSION

4. a ▶96 | Écoutez et dites si la voix monte ↗ ou descend ↘ sur la dernière syllabe.

	↗	↘
a. On prend la for<u>mule</u>.	☐	☐
b. Vous prenez la for<u>mule</u> ?	☐	☐
c. Messieurs-dames, bon<u>jour</u> !	☐	☐

b ▶97 | Écoutez et répétez.

Apprendre
Je fais attention à ma voix :
elle monte ↗, c'est une question ;
elle descend ↘, c'est une affirmation.

5. Par groupes de 3. Vous êtes au restaurant *Chez Ernest*. Vous jouez les rôles de clients et de serveur. Les clients passent la commande, le serveur note la commande.

Donner son appréciation sur un restaurant

UNITÉ 4

DOCUMENT 1

COMPRÉHENSION

1. Lisez le DOCUMENT 1 et répondez.

L'Alloko,…
a. c'est quoi ?
b. c'est où ?
c. c'est cher ?
d. c'est bien ? Il y a combien d'avis positifs ? D'avis négatifs ?

Apprendre

Pour comprendre une appréciation, je repère les adjectifs.

2. Observez bien le vocabulaire utilisé et complétez le tableau.

	L'accueil Le service	La qualité de la nourriture	Les prix
☺			
☹			

EXPRESSION

3. a Choisissez un restaurant que vous connaissez. Faites la liste des points positifs et négatifs de ce restaurant par catégorie :

accueil | service | qualité de la nourriture | prix

b Écrivez votre avis sur le site.

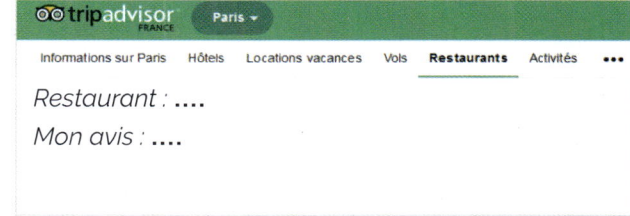

Donner son appréciation

C'est très bon !
C'est excellent !
C'est délicieux !
L'accueil est chaleureux.

Ce n'est vraiment pas bon !
Ce n'est pas assez cuit !
≠ C'est trop cuit !
C'est un peu cher !
C'est trop cher !

mémo Grammaire

1. Les articles partitifs

On utilise un article partitif quand on ne peut pas compter.
Je mange un fruit. (Je peux compter.)
Je bois de l'eau. (Je ne peux pas compter l'eau.)

masculin singulier	féminin singulier	devant *a, e, i, o, u* et *h*
du	de la	de l'

Attention ! Dans une phrase négative, *du, de la, de l'* → *de* ou *d'*.
Je ne mange pas de pain et je ne bois pas d'eau.

Complétez avec un article partitif.
a. Je mange .... viande mais je ne mange pas .... bœuf.
b. Je bois .... thé mais je ne bois pas .... café.
c. J'adore manger .... ananas.
d. Est-ce que tu veux .... sauce tomate dans ta pizza ?
e. Pour faire ce gâteau, il faut 3 œufs, ... sucre et .... farine.

2. La place des adverbes de fréquence

L'adverbe de fréquence donne une précision sur le verbe.
Il mange souvent.

- Dans une phrase affirmative, l'adverbe de fréquence se place **après le verbe**.

  sujet + verbe + **adverbe de fréquence**

jamais 0
rarement -
parfois +
quelquefois +
régulièrement ++
souvent +++
toujours ++++

Il sort rarement. Il court souvent. Il skie toujours.

- Dans une phrase négative, l'adverbe de fréquence se place **après *pas***.

  sujet + *ne* + verbe + *pas* + **adverbe de fréquence**

Il ne court pas souvent.

Attention ! – Avec *jamais*, il n'y a pas de *pas* : sujet + *ne* + verbe + *jamais*. *Il ne sort jamais.*
– À la forme négative, *rarement* n'est pas utilisé.

Répondez avec un adverbe de fréquence. Variez l'adverbe.
a. Tu fais du sport ?
b. Tu vas au cinéma ?
c. Tu as cours le matin ?
d. Tu étudies après 22 heures ?
e. Tu pars en voyage ?

On ne prononce pas le *e* de rar*e*ment.

3. L'expression de la quantité

L'expression de la quantité sert à **mesurer** les personnes, les aliments...

en général :	un peu de beaucoup de
un poids :	un gramme (g) un kilo(gramme) (kg)
un liquide :	un litre (l) un centilitre (cl) un millilitre (ml)
une partie d'un tout :	un quart un demi une moitié
certains aliments :	une pincée de sel/poivre une cuillère à café de levure une cuillère à soupe d'huile une tablette de chocolat une bouteille de lait, d'eau

Complétez cette recette.
Pour faire un gâteau au chocolat, il faut :
- une .... chocolat noir (200 g),
- 125 .... sucre,
- 3 œufs,
- 75 grammes de farine,
- 10 .... lait
- une .... sel,
- un .... beurre pour le moule.

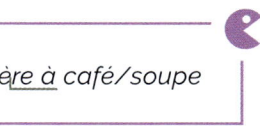

UNITÉ 4

- Dans une recette de cuisine, il y a toujours des quantités.
Il faut 200 g de farine, 400 ml de lait, 3 œufs, un peu de beurre et une cuillère à soupe d'huile.

Attention ! Devant un nom qui commence par une voyelle ou un *h* muet, *de* → *d'*.
*Il achète un litre **d'**eau et un litre **d'**huile.*

> *Une cuillère à café/soupe*

4. Le futur proche

Le futur proche indique une **action à venir**.
*Ce week-end, je **vais** faire du sport.*

- Le futur proche se construit avec le verbe *aller*.

> sujet + ***aller*** au présent de l'indicatif + **verbe à l'infinitif**

*Nous **allons** manger au restaurant.*

- À la forme négative, la **négation** entoure le verbe *aller*.

> sujet + *ne* + *aller* au présent de l'indicatif + *pas* + **verbe à l'infinitif**

*Il **ne** va **pas** venir avec nous.*

Attention ! Devant une voyelle, *ne* → *n'*.
*Nous **n'**allons pas manger au restaurant.*

Réécrivez ces phrases au futur proche.
a. Il achète du lait.
b. Elle n'étudie pas le français.
c. Vous n'écrivez pas sur le livre ?
d. Nous préparons un gâteau.
e. Je ne mange pas à la cantine.

> Je **vais** partir.
> Tu **vas** sortir.
> Il/Elle/On **va** étudier.
> Nous **allons** dormir.
> Vous **allez** manger.
> Ils/Elles **vont** faire du sport.

5. Les adjectifs démonstratifs

L'adjectif démonstratif montre quelqu'un ou quelque chose.
Ce *garçon est très grand !*
*Ne mange pas **ces** bonbons !*

- L'adjectif s'accorde en **genre** (masculin ou féminin) et en **nombre** (singulier ou pluriel) avec le nom.

	masculin	féminin
singulier	ce	cette
pluriel		ces

Cette *fille est jolie.* (féminin, singulier)
Ces *filles sont jolies.* (féminin, pluriel)

Attention ! Devant une voyelle ou un *h*, *ce* → *cet*.
cet enfant, cet hôpital

Associez.
a. Est-ce que tu achètes ces   1. ananas.
b. Je vais prendre cette   2. prénom.
c. Tu fais quoi cet   3. pomme.
d. Je n'aime pas ce   4. fruits ?
e. Il achète cet   5. été ?

Ces enfants sont mignons.

mémo

▶ 98 | lexique p. 78   ▶ 99 | communication p. 79

Phonétique

Le « e » muet

On ne prononce jamais le « e » à la fin d'un mot.
➡ la post**e̸**

Parfois, on ne prononce pas le « e » à l'intérieur d'un mot.
➡ la bouch**e̸**ri**e̸**

Les sons [p], [b], [v]

[p] : 👄 + 🎵
[b] : 👄 + 🎵
[v] : 😬 + 🎵

Lexique

Quelques adverbes de fréquence

++++ toujours
+++ souvent
++ régulièrement
+ parfois, quelquefois
− rarement
0 jamais

Les quantités

1 kg = un kilogramme
1 g = un gramme
1 l = un litre
1 cl = un centilitre
un peu de...
beaucoup de...
une tablette de...
une bouteille de...

Quelques commerces

la boucherie

la boulangerie

la fromagerie

l'épicerie

la poissonnerie

la pâtisserie

le marchand de fruits et légumes

1. À quelle fréquence est-ce que votre voisin(e) fait du sport ?

Posez-lui des questions.

2. Ma recette !

Notez les quantités nécessaires pour une recette de votre choix avec 5 ingrédients.

3. Dans quels commerces est-ce que votre voisin(e) fait ses courses ?

Posez-lui la question et écrivez les réponses.

UNITÉ 4

➡ Parler de ses habitudes alimentaires
- Au petit déjeuner, je mange du pain et je bois du café.
- Au déjeuner, je mange souvent une salade.
- Au dîner, je bois de l'eau.
- Je prends une entrée, un plat et un dessert.

➡ Faire ses courses
- Vous désirez ?
- Je voudrais une baguette, s'il vous plaît.
- Merci.
- De rien.
- Et avec ceci ?
- Ça fait combien ?
- Ça fait 12,30 € s'il vous plaît.

On mange quoi cette semaine ?

➡ Donner son appréciation
- C'est très bon !
- C'est excellent !
- C'est délicieux !
- Ce n'est vraiment pas bon !
- Ce n'est pas assez cuit ! ≠ C'est trop cuit !
- C'est un peu cher !
- C'est trop cher !

➡ Donner des conseils
- Il faut manger des légumes.
- Tu peux boire du jus de fruits.

Mission

1. Tout le groupe part une semaine ! Les étudiants vont faire les courses pour les repas (nombre de personnes, type de cuisine, type de repas…).

Partez !!!

3. Écrivez les menus de la semaine et préparez la liste des courses.

2. Posez des questions pour connaître les goûts de chaque personne.

C'est arrivé quand ?

Décrivez l'affiche (les couleurs, le lieu, les mots…).

UNITÉ 5

82 SITUATIONS

1. S'habiller… à la mode ! | p. 82
2. Décrire une ambiance | p. 84
3. Raconter une expérience | p. 86

88 LAB' LANGUE & CULTURE

Projet

Préparer une balade audio | p. 89

90 ATELIERS

Acheter des vêtements | p. 90
Donner des instructions | p. 91

92 MÉMO

Mission

C'est arrivé quand ? | p. 95

Situation 1 — S'habiller... à la mode !

1. Regardez le DOCUMENT 1. Quel est le titre du livre ? Et vous, vous choisissez vos vêtements le matin ou le soir ?

J'AI TROIS MINUTES POUR M'HABILLER

Ingrédients

Un manteau d'homme beige

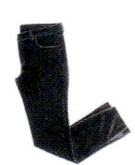
Un pantalon noir en velours

Une ceinture noire

Un pull col roulé noir

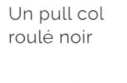
Des bottes de motard

La bonne recette : Faire simple.

DOCUMENT 2

INES DE LA FRESSANGE
SOPHIE GACHET

COMMENT JE M'HABILLE AUJOURD'HUI ?

Le style de la Parisienne

Les astuces d'Ines de la Fressange

Flammarion

DOCUMENT 1

2. Observez le DOCUMENT 2.

a Complétez.
- Titre : ....
- Sous-titres : ....

b Répondez.
a. Regardez les « ingrédients ». Il y a 3 vêtements, 1 accessoire et des chaussures. Nommez-les.
b. Regardez le mannequin. Elle a un autre accessoire. Lequel ?
c. Quelle est la « bonne recette » ?

3. Échangez.
Est-ce que vous aimez cette tenue ?
Vous avez trois minutes pour vous habiller, qu'est-ce que vous mettez ?

4. ▶100 | Écoutez le dialogue et répondez.
a. Que va mettre la mère ? Et la fille ?
b. Que fait la fille ce soir ?
c. La fille va emprunter quel vêtement à sa mère ?

5. LES VOYELLES NASALES

a ▶101 | Écoutez et dites si vous entendez [ɛ̃], [ɑ̃] ou [ɔ̃].

b ▶102 | Écoutez et répétez. Puis associez.
- [ɛ̃] • • bouche arrondie • et fermée
- [ɑ̃] • • bouche arrondie • et ouverte
- [ɔ̃] • • bouche tirée — et ouverte

Les vêtements

un manteau	une robe
un pantalon	une jupe
un pull	une veste
une ceinture	un tee-shirt
des bottes	

Mettre

je met**s**
tu met**s**
il | elle | on me**t**
vous mett**ez**

Imaginer

6. Lisez la phrase imaginée avec le mot *jupe*. C'est un acrostiche. Essayez avec *veste* et *robe*.

Je mets
Un
Pantalon
Élégant.

V ....
E ....
S ....
T ....
E ....

R ....
O ....
B ....
E ....

UNITÉ 5

VOGUE HOMMES MODE

Qui est le mannequin Kohei Takabatake ?

À vingt ans, Kohei Takabatake a décidé de quitter le Japon pour les plus grandes maisons, de Versace à Louis Vuitton.

Vous avez débuté votre carrière comment ?
J'ai rencontré un styliste au Japon et j'ai immédiatement signé. J'ai commencé le mannequinat à 19 ans.

Qu'est-ce que vous avez appris ?
J'ai appris à être patient et j'essaie de communiquer avec tout le monde, c'est vraiment important.

Quel est votre rêve ?
Mon rêve est d'avoir ma propre famille.

DOCUMENT 3

---

7. Regardez le DOCUMENT 3. Quel est l'événement ? Qui est sur la photo ?

8. Lisez l'interview.

a Présentez Kohei Takabatake : son âge, sa nationalité, sa profession.

b Répondez.
a. Il a commencé sa carrière comment ? À quel âge ?
b. Pour quelles maisons de couture est-ce qu'il travaille ?
c. Qu'est-ce qu'il a appris ?
d. Quel est son rêve ?

9. Décrivez la tenue de Kohei Takabatake avec les mots suivants :

une veste | un pantalon | une chemise

> **La mode**
> un défilé
> un mannequin
> une maison de couture
> un styliste

LE passé composé (1)

👁 **Observez.**
Il **a décidé** de quitter le Japon.
J'**ai rencontré** un styliste.
J'**ai appris** à être patient.

💭 **Réfléchissez.**
Le passé composé, c'est :
le verbe .... + le participé passé
Retrouvez les infinitifs des verbes.
Le participe passé des verbes en –er se termine par ....

✏ **Appliquez.**
Nous .... les photos du défilé. (regarder)
Tu .... sa décision ? (comprendre)
Ils .... le défilé avec Kohei Takabatake. (aimer)

10. 👉 Votre voisin(e) a assisté au défilé de Kohei Takabatake. Posez des questions au passé composé avec les éléments suivants :

aimer | rencontrer | demander un autographe | prendre des photos

Action

11. 🔊 Décrivez à votre voisin(e) votre tenue de tous les jours, votre tenue de soirée et votre tenue rêvée.

12. ✏ Écrivez un article court pour présenter un mannequin ou un couturier que vous aimez. Donnez des informations précises : nom, prénom, âge, histoire, etc.

Situation 2 — Décrire une ambiance

1. Qu'est-ce que vous aimez comme musique ?
Est-ce que vous allez à des concerts ?
Est-ce que vous jouez d'un instrument ?

> **Des instruments**
> une guitare | jouer de la guitare
> un piano | jouer du piano
> une flûte | une batterie | un violon

À l'école, des cours de musique électro pour trouver les nouveaux Daft Punk !

Pour Benjamin Cholet, l'électro est une excellente nouvelle pour les collégiens. « La flûte, c'était assez ennuyeux et pas très passionnant. » dit-il. Pour lui, « il y a deux grands avantages à faire de l'électro à l'école : commencer le plus tôt possible et apprendre à aimer la musique. Aujourd'hui, on peut faire de la musique sans le solfège : l'électro, c'est ludique, et les logiciels ressemblent à des jeux vidéo ».

DOCUMENT 1

2. a Regardez la photo du **DOCUMENT 1** et répondez.
a. Qui sont-ils ?
b. Est-ce que vous aimez ce groupe ?

b Lisez le titre et répondez.
a. Qu'est-ce qu'on va faire à l'école ?
b. Pourquoi ?

c Vrai ou faux ? Lisez le texte et répondez.
a. Pour Benjamin Cholet, les collégiens vont aimer les cours d'électro.
b. Pour lui, la flûte est un instrument passionnant.
c. L'électro aide à aimer la musique.
d. Pour faire de la musique, on doit apprendre le solfège.
e. L'électro, c'est amusant.

3. ▶103 | Écoutez et et associez.

le match • • animé
le festival de poésie • • bruyant
le festival du cirque • • intéressant
le festival Rock en Seine • • amusant
la soirée entre collègues • • génial

> **Décrire une ambiance**
>
> **Au présent :**
> C'est animé ≠ tranquille.
> C'est agréable ≠ désagréable.
> C'est calme ≠ bruyant.
>
> **Au passé :**
> C'était triste ≠ amusant.
> C'était passionnant ≠ ennuyeux.
> C'était génial ≠ nul.

Se détendre

4. Vous faites une playlist de vos 10 chansons préférées. Montrez votre playlist à votre voisin(e). Ensemble, vous écoutez une chanson.

UNITÉ 5

davidguetta ✓ • S'abonner
Paris, France

firebeatz 🔥
enam.de 👍
cute_lash ❤️

♡ 💬

100 139 J'aime
21 DÉCEMBRE

DOCUMENT 2

5. Observez le **DOCUMENT 2** et répondez.
  a. C'est la page Instagram de qui ?
  b. Il y a combien de « J'aime » ?
  c. Et vous, vous aimez ce DJ ?

6. ▶104 | Écoutez le dialogue et associez.
  1. J'ai vu   a. ensemble.
  2. C'était   b. très chaud.
  3. Il y avait   c. son dernier album ?
  4. On a chanté   d. David Guetta en concert.
  5. Il faisait   e. à l'Aréna.
  6. Tu as acheté   f. beaucoup de monde.

7. Vous écrivez un commentaire sur la page de David Guetta. Choisissez une émoticône et écrivez une phrase sur son concert.

8. L'ENCHAÎNEMENT DE VOYELLES

  ⓐ ▶105 | Écoutez. Est-ce que vous entendez une pause entre les mots ?

  ⓑ ▶106 | Notez les enchaînements vocaliques ⌢, puis écoutez et répétez.
  a. On a vu un spectacle.
  b. On a chanté ensemble.
  c. On a acheté un album.

La musique
la musique électro
une salle de concert
un DJ
une ambiance
un album | une chanson
une playlist
un musicien

Les nombres (4)
100	cent
101	cent un
200	deux cents
1 000	mille
10 000	dix mille
100 000	cent mille
1 000 000	un million

C'était / Il y avait / Il faisait

👁 **Observez.**
J'ai vu David Guetta en concert. C'était à l'Arena, en janvier. Il y avait beaucoup de monde. On a chanté ensemble.
Il faisait chaud et il y avait une super ambiance.

⚙ **Réfléchissez et placez les verbes.**

Action	Description
…. / ….	…. / …. / ….

✏ **Appliquez.**
J'ai vu Superbus en concert. …. à La Cigale. …. froid. …. des musiciens connus.

Action

9. 🖉 | Vous avez participé à un événement culturel (spectacle, concert, théâtre). Écrivez un courriel à un(e) ami(e) pour raconter cet événement. Donnez des informations : C'était où ? Quand ? Avec qui ? C'était comment ?

10. 🗣 | Décrivez les ambiances des événements suivants : une conférence à l'université, une fête d'anniversaire, la fête de la Musique, un concert de musique classique, la visite d'un musée…

quatre-vingt-cinq **85**

Raconter une expérience

1. Vous aimez l'art de la rue ? Est-ce qu'il y a une œuvre d'art dans la rue que vous aimez ?

2. Regardez le **DOCUMENT 1** et répondez.
   a. Quelles sont les formes d'art ?
   b. Les personnages expriment quelles émotions ?

> **Les émotions**
> la tristesse → être triste
> la colère → être en colère
> la surprise → être surpris
> la joie → être content, heureux

Statue vivante   Street art   Sculpture

DOCUMENT 1

3. ▶107 | Écoutez Noémie et répondez.
   a. Noémie mime quel personnage ? Avec quels vêtements ?
   b. Elle a commencé quand ? Où ?
   c. Qu'est-ce qu'elle a fait le premier jour ?
   d. Elle raconte un souvenir particulier. Lequel ?

> **Les indicateurs de temps (1)**
> Quand ?
> le mois dernier | l'été/l'hiver dernier
> l'année dernière | hier (soir)/avant-hier
> la semaine dernière | en 2018

— LE passé composé (2)
ET LA FORME NÉGATIVE

👁 **Observez.**
Je **n'**ai **pas** gagné beaucoup d'argent.
Il **n'**a **pas** parlé. Il **n'**a **pas** bougé.

⚙ **Réfléchissez.**
Les phrases sont à quel temps ?
Où sont placés les deux mots de la négation ?

✏ **Appliquez.** Écrivez à la forme négative.
J'ai regardé le spectacle.
J'ai aimé cette sculpture.

4. 👉 Avec votre voisin(e), échangez comme dans l'exemple.
   - *Tu as visité le musée d'Orsay ?*
   - *Non, je n'ai pas visité le musée d'Orsay, j'ai visité le musée du Louvre.*

5. ▶108 | Écoutez et, à l'aide de l'encadré, associez une émotion à chaque situation.

6. L'ENCHAÎNEMENT CONSONNE/VOYELLE

   a ▶109 | Écoutez. Est-ce que vous entendez une consonne à la fin des mots ?

   b ▶110 | Écoutez. Est-ce que vous entendez une pause entre ces mots ?

   c ▶111 | Notez les enchaînements consonantiques ⌣, puis écoutez et répétez.
   a. Je porte un costume.
   b. Je porte un costume et une chemise.
   c. Je porte un costume, une chemise et une cravate.

Se détendre

7. Jouez aux dominos. Mélangez et distribuez les dominos. Le but : associer un auxiliaire et un participe passé.

 Guide pratique de classe

86 quatre-vingt-six

UNITÉ 5

DOCUMENT 2

DOCUMENT 3

Le 8 février 2012,
Alaska

Cher papy Lucien,
Je suis arrivé à l'observatoire*. Quatre heures de voiture depuis l'aéroport, après les douze heures d'avion. Stephan, mon nouveau collègue, est venu me chercher. Je n'ai pas commencé à travailler tout de suite. J'ai d'abord attendu que la fatigue du voyage me laisse tranquille. J'ai beaucoup dormi. Et puis j'ai rencontré les autres membres de l'équipe. Stephan est très grand et a une grosse barbe. Il est très impressionnant. Il y a Fiona. Aux repas, elle mange des graines. C'est elle l'oiseau, peut-être. Il y a aussi Sam : il aime marcher sans chaussures ; Lawrence, lui, est tout le temps en train de dessiner ; Carole est là depuis des années et n'arrive pas à partir. Ils sont tous accueillants, tous gentils. Je pense que je vais être bien ici.

*observatoire = lieu pour regarder les oiseaux

Amélie Charcosset, *Nouvelles du monde - L'observatoire*, Éditions Didier, Mondes en VF, 2013.

8. Observez le DOCUMENT 2 et complétez.
- Auteurs : ....
- Titre : ....

9. a Lisez le début du DOCUMENT 3 et répondez.
a. Cette lettre est écrite pour qui ?
b. À quelle date ? Où ?

b Vrai ou faux ? Lisez la lettre et répondez.
a. Le voyage a été rapide.
b. À son arrivée, il a travaillé.
c. Fiona est un oiseau.
d. Il a cinq collègues.
e. Il aime bien ses collègues.

10. a Relevez dans le texte les verbes au passé composé et retrouvez l'infinitif.

b Remettez les actions dans l'ordre avec : d'abord, ensuite, puis, enfin.
a. Il a pris l'avion.
b. Il a dormi.
c. Il a voyagé en voiture.
d. Il a rencontré Stephan.
e. Il a rencontré tous les collègues.

LE **passé composé** (3)

👁 **Observez.**
Je **suis** arrivé à l'observatoire.
Il **est** venu me chercher.
Elle **est** allé**e** à l'aéroport.

⚙ **Réfléchissez.**
Avec les verbes *aller, venir, arriver, partir, sortir*, on utilise .... pour former le passé composé.
Quand le sujet est féminin, on ajoute .... au participe passé.

✏ **Appliquez.**
Elle est venu.... à l'aéroport.
Ils sont allé.... à l'observatoire.

Les indicateurs de temps (2)	
d'abord	puis
ensuite	enfin

11. 112 | Écoutez la lettre du document 3.

Action

12. ✎ | Vous êtes arrivé(e) dans un nouveau pays. Écrivez un courriel à votre famille pour raconter votre arrivée (voyage, émotions, personnes...).

13. 🗣 | Par groupes, racontez votre premier jour au travail ou à l'université.

LAB' LANGUE & CULTURE

COMMENT JE M'HABILLE AUJOURD'HUI ?

Voici des situations proposées dans le livre *Comment je m'habille aujourd'hui*. **Imaginez la tenue.**

- J'ai rendez-vous avec mon banquier.
- Du bureau à la disco.
- J'ai rendez-vous avec mon amoureux.
- C'est l'anniversaire d'une amie.
- Je vais visiter la tour Eiffel.

LES VOYELLES NASALES

▶ 113 | Écoutez. Vous entendez quels sons ?

a. ❑ [ɛ̃] ❑ [ɑ̃] ❑ [ɔ̃]
b. ❑ [ɛ̃] ❑ [ɑ̃] ❑ [ɔ̃]
c. ❑ [ɛ̃] ❑ [ɑ̃] ❑ [ɔ̃]

LA VIE DE JACQUES BREL

AU FESTIVAL DE CARCASSONNE

Remettez les mots dans l'ordre.

a. vu / danse / Je / pas / spectacles de / n' / les / ai
b. Je / pas / réservé / place / n' / ma / ai
c. avons / Nous / beaucoup / n' / pas / dormi
d. programme / regardé / n' / pas / Nous / avons / le

LE 14 JUILLET

Vous êtes André Duret, le peintre. Vous décrivez l'ambiance du 14 juillet 1990 avec les mots suivants :

beau | Paris | chaud | beaucoup de lumière | des musiciens | le 14 juillet | les couleurs de la France

Associez et écrivez des phrases au passé composé.

commencer • • ses premières chansons sur le piano familial
composer • • le pianiste François Rauber en 1956
rencontrer • • à chanter en 1951
jouer • • en France, en Belgique et aux îles Marquises
habiter • • dans plusieurs films

EDGAR DEGAS

▶ 114 | Écoutez et complétez le tableau.

	Verbe	Passé composé avec « être »	Passé composé avec « avoir »
a.	*étudier*		X
b.	….		
c.	….		
d.	….		
e.	….		
f.	….		
g.	….		

UNITÉ 5

LES ARTISTES ET LEUR VIE

a Regardez ces œuvres. Associez.
1. *Le Penseur*, Rodin
2. *Allées et venues*, Jean Dubuffet

a.

b.

b Choisissez un des deux artistes. Faites des recherches et écrivez quelques phrases sur sa vie, au passé composé.

VOYAGE À BRUXELLES

▶115 | Écoutez et remettez les actions dans l'ordre.

prendre le train | prendre l'avion | acheter des chocolats | marcher dans la ville | visiter l'Atomium | visiter Bruxelles

1. ....   2. ....   3. ....
4. ....   5. ....   6. ....

Je suis...

Mon vrai prénom est Gabrielle.

Je suis un symbole de l'élégance française.

Ma petite robe noire est très célèbre.

J'ai créé des parfums.

Les Français disent...

« Se tenir à carreau » signifie :
▶ Être habillé(e) de manière élégante.
▶ Être sage.
▶ Être assis à table.

PROJET

Préparer une balade audio

▶ Vidéo lab'

Retrouvez **LA VIDÉO ET LES ACTIVITÉS** p. 155

▶ À deux

Choisissez un lieu culturel de votre ville ou de votre pays (théâtre, monument, musée, etc.). Écrivez puis enregistrez votre visite de ce lieu.

Exemple : Nous sommes allés au musée Grévin et nous avons vu Omar Sy.

▶ Ensemble

Rassemblez les enregistrements. Écoutez et promenez-vous dans la culture !

Ateliers — Acheter des vêtements

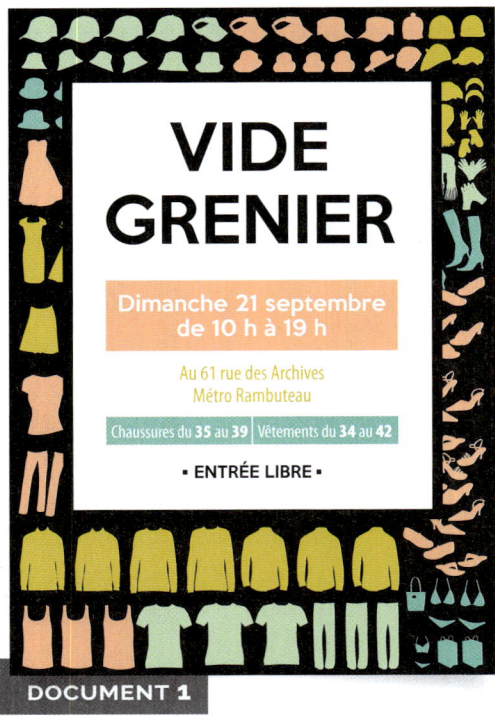

DOCUMENT 1

DOCUMENT 2

COMPRÉHENSION

1. Observez le DOCUMENT 1 et répondez.
   a. À votre avis, c'est quoi un vide-grenier ?
   b. Il a lieu où et quand ?
   c. Et vous, est-ce que vous faites des vide-greniers ?

2. a Observez le DOCUMENT 2 et répondez.
   a. Où est la femme ?
   b. Qu'est-ce qu'elle fait ?

   b ▶116 | Écoutez le dialogue et notez les mots que vous comprenez.

   c Écoutez à nouveau et répondez.
   a. Quel vêtement essaye la femme ?
   b. Quelle est sa taille ?
   c. Quel vêtement est-ce qu'elle essaye à la fin ?

Apprendre
Quand je joue un dialogue, je fais attention au vouvoiement et au tutoiement.

Acheter des vêtements

Quelle est votre taille ? | Vous faites quelle taille ?
Vous voulez essayer ? | Où est la cabine d'essayage ?
Vous avez la taille 38 ? | C'est trop petit / court.

EXPRESSION

3. Préparez un dialogue entre un vendeur et un client.
   1. Sur un papier, écrivez un problème quand on essaye un vêtement. (*Exemple : C'est trop grand*.) Mélangez les papiers dans un chapeau.
   2. Faites une liste de vêtements à acheter. Choisissez une taille.
   3. Faites la liste des questions que posent un vendeur et un client dans un magasin de vêtements.

4. Par deux, jouez le dialogue dans un magasin de vêtements. Choisissez un rôle (vendeur ou client). Le ou la client(e) pioche un papier avec un problème.

UNITÉ 5

Donner des instructions

DOCUMENT 1

DOCUMENT 2

Donner des instructions

Ne pas sécher au sèche-linge.
Ne pas repasser.
Trier (le linge).
Laver (à la main).

COMPRÉHENSION

1. Lisez le DOCUMENT 1 et répondez.

a Une buanderie, c'est un lieu pour :
▸ acheter des vêtements.
▸ créer des vêtements.
▸ laver les vêtements.

b À quoi sert ce document ?
▸ À utiliser le lave-linge.
▸ À savoir comment laver les vêtements.
▸ À choisir ses vêtements.

2. Classez les dessins en deux groupes : conseils et interdictions.

3. Choisissez 4 verbes clés dans ce guide.

4. ▶117 | **Observez le DOCUMENT 2. Écoutez et répondez.**
  a. Qui parle ?
  b. Qu'est-ce qu'il fait ?
  c. Choisissez les symboles du document 1 correspondant à la conversation.

Apprendre

Sur une affiche, je regarde les symboles : ils indiquent une action-clé.

EXPRESSION

5. Individuellement, faites une liste d'objets de la classe (le téléphone portable, l'ordinateur, le dictionnaire, etc.).

6. a Par groupes, choisissez un objet. Listez des instructions pour bien utiliser cet objet.

b Faites une affiche avec des symboles, des conseils et des interdictions.

mémo Grammaire

1. Le passé composé (1) avec *avoir*

- Le passé composé présente des **actions passées**, ponctuelles et limitées dans le temps.
Hier, j'ai mangé une crêpe au chocolat.
(action ponctuelle)

j'ai acheté
tu as acheté
il/elle/on a acheté
nous avons acheté
vous avez acheté
ils/elles ont acheté

- Le passé composé se construit avec deux éléments :

> sujet + ***avoir*** au présent de l'indicatif
> + **participe passé** du verbe

*Samedi dernier, j'**ai acheté** un pantalon.*

- Le **participe passé** change selon les groupes de verbes.

verbes en :	participe passé	exemples
-er comme *parler*	-é	*parlé*
-ir comme *finir*	-i	*fini*

Attention ! Il y a des participes passés irréguliers.
avoir → eu [y]   (ap)prendre → (ap)pris   voir → vu
être → été   pouvoir → pu   boire → bu
faire → fait   vouloir → voulu

Conjuguez.
Hier, …. (je – prendre) le métro pour aller à Paris. …. (je – manger) des macarons et …. (je – boire) du thé vert. Ensuite, avec mes amis, …. (nous – faire) du shopping. Ma copine …. (acheter) un tee-shirt et moi, …. (je – rencontrer) mon styliste préféré !

> *Nous avons mangé du pain.*
> *Vous avez mangé du pain.*
> *Ils ont mangé du pain.*
> *Elles ont mangé du pain.*

2. *C'était, Il y avait, Il faisait*

- Pour décrire une situation au présent, on peut utiliser une **structure impersonnelle** : *c'est, il y a, il fait*
***C'est** beau.* ***C'est** en hiver.*

- Pour décrire une situation au passé, on peut utiliser une **structure impersonnelle** à l'imparfait : *c'était, il y avait, il faisait*.

Imparfait		exemples
C'était…	+ adjectif + date, mois, saison	*C'était beau.* *C'était en juin.*
Il y avait…	+ article + nom	*Il y avait des gens.* *Il y avait du bruit.*
Il faisait…	+ adjectif	*Il faisait chaud.*

Associez.
a. C'était   1. chaud.
b. Il y avait 2. très sympa.
c. Il faisait 3. en août.
               4. un DJ.
               5. beaucoup de monde.

> Parfois, à l'oral, on ne prononce pas le *l* dans l'expression *il y avait*.

UNITÉ 5

3. Le passé composé avec *avoir* (2) et la forme négative

- **Rappel** : le passé composé se construit avec deux éléments :

  > sujet + ***avoir*** au présent de l'indicatif
  > + **participe passé** du verbe

  *Hier, j'**ai acheté** un pantalon.*

- À la **forme négative**, *avoir* est entre *ne* et *pas*.

  > sujet + ***ne*** + ***avoir*** au présent de l'indicatif
  > + ***pas*** + **participe passé** du verbe

  *Hier, je **n'**ai **pas** acheté de pantalon.*

Je n'ai pas acheté de pantalon.	Nous n'avons pas vu Sophie.
Tu n'as pas mangé.	Vous n'avez pas dormi.
Il/Elle/On n'a pas travaillé.	Ils/Elles n'ont pas eu d'argent.

Remettez les mots dans l'ordre.
a. ont / pas / cette / Ils / n' / . / statue / aimé
b. David Guetta / en / n' / vu / Elle / concert / pas / . / a
c. pas / avons / parlé / Hier, / . / français / n' / nous
d. d' / gagné / Je / . / n' / argent / pas / beaucoup / ai
e. n' / crêpe / Vous / votre / au / mangé / pas / chocolat / ? / avez

4. Le passé composé (3) avec *être*

- Pour quelques verbes*, on utilise *être*.

  > sujet + ***être*** au présent de l'indicatif
  > + **participe passé** du verbe

  *Samedi dernier, il **est allé** au cinéma.*

* **Astuce** : pour mémoriser ces verbes, pensez aux lettres qui composent DR & MRS VANDERTRAMPP !
Devenir, Revenir, Monter, Rester, Sortir, Venir, Aller, Naître, Descendre, Entrer, Retourner, Tomber, Rentrer, Arriver, Mourir, Partir, Passer

- Avec *être*, le participe passé **s'accorde** en genre et en nombre **avec le sujet**.
  Je suis allé au cinéma. Je suis allée au cinéma.
  (je = homme) (je = femme)

  Il est allé au cinéma. Elles sont allées au cinéma.
  (il = singulier) (elles = pluriel)

  > je suis allé(e)
  > tu es allé(e)
  > il/elle/on est allé(e)(s)
  > nous sommes allé(e)s
  > vous êtes allé(e)s
  > ils/elles sont allé(e)s

- À la **forme négative**, *être* est entre *ne* et *pas*.

  > sujet + ***ne*** + ***être*** au présent de l'indicatif
  > + ***pas*** + **participe passé** du verbe

  *Elle **n'**est **pas** allée au cinéma.*

Attention ! Il existe des participes passés irréguliers :
descendre → descendu, mourir → mort, naître → né, venir → venu

Écrivez des phrases avec ces éléments. Attention à l'accord du participe passé !
a. [Marie – venir – à l'aéroport]
b. [Hier – ils – ne pas – sortir]
c. [Les filles – aller – à la piscine]
d. [Mon frère et moi – ne pas – tomber]
e. [Paul et Virginie – rester – à la maison]

 Je suis allé(e).

▶ 118 | lexique p. 94   ▶ 119 | communication p. 95

Phonétique

L'enchaînement consonantique

Vous êtes en colère ?

L'enchaînement vocalique

Tu es en colère ?

Les voyelles nasales

[ɛ̃] = — + 😮
[ɑ̃] = • + 😮
[ɔ̃] = • + 😮

deux cent un | un million
[ɑ̃] - [ɛ̃] [ɛ̃] [ɔ̃]

cinq cents | quatre-vingt-cinq
[ɛ̃] [ɑ̃]   [ɛ̃] [ɛ̃]

Lexique

Les vêtements

 un manteau
 un pantalon
 un pull
 une ceinture
 des bottes

 une robe
 une jupe
 une veste
 un tee-shirt

Les indicateurs de temps

le mois dernier
l'année dernière
l'été / l'hiver dernier
hier (soir/matin)
avant-hier
en 1920

Les nombres (4)

100	cent
101	cent un
200	deux cents
220	deux cent vingt
1 000	mille
1 500	mille cinq cents
10 000	dix mille
100 000	cent mille
1 000 000	un million

L'ambiance

agréable
sympa
animé(e) ≠ tranquille
bruyant(e) ≠ calme
ennuyeux(-se) ≠ passionnant(e)
génial(e) ≠ nul(le)

Les émotions

 triste

heureux(-se)

content(e)

 surpris(e)

 en colère

---

1. Écrivez des phrases au passé composé avec un nom de vêtement.

J'ai mis ma robe noire pour son anniversaire.

Vous pouvez utiliser les verbes *porter, repasser, laver, acheter, essayer, voir.*

2. C'était comment ?

Décrivez l'ambiance de vos dernières vacances.

3. Je suis…

Par deux, une personne donne une situation, l'autre donne une émotion.

*On a volé mon portefeuille.
Je suis en colère.*

UNITÉ 5

C'est arrivé quand ?

⇨ Décrire une ambiance
- C'est tranquille et agréable.
- Il y avait des artistes. C'était animé. Il faisait beau. C'était sympa.

⇨ Décrire une tenue
- J'ai mis une chemise blanche.
- Il porte des chaussures noires.

⇨ Acheter des vêtements
- Quelle est votre taille ?
- Vous faites quelle taille ?
- Vous voulez essayer ?
- Où est la cabine d'essayage ?
- Vous avez la taille 38 ?
- C'est trop petit / court.

⇨ Raconter au passé
- Qu'est-ce que tu as fait ?
- J'ai vu une exposition.
- Tu es allé(e) où ?
- Je suis allé(e) à Paris.

⇨ Donner des instructions
- Ne pas sécher au sèche-linge.
- Ne pas repasser.
- Trier (le linge).
- Laver (à la main).

Mission

1. Vous êtes allé(e) à une soirée. Vous avez eu un problème avec un vêtement (taille, choix, couleur…). *Par exemple, vous avez mis une robe chic. C'était une soirée cool.* Racontez à votre voisin(e).

 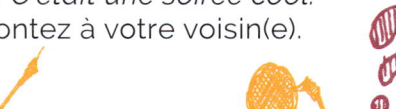   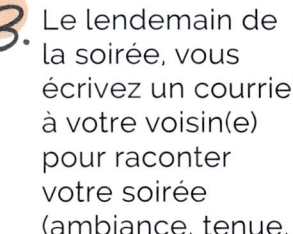

Partez !!!

2. Vous êtes invité(e) à une soirée (spectacle, concert, anniversaire, Jour de l'an). Vous avez peur de mal choisir votre tenue. Vous demandez des conseils à votre voisin(e).

3. Le lendemain de la soirée, vous écrivez un courriel à votre voisin(e) pour raconter votre soirée (ambiance, tenue, rencontres…).

Alors, ton nouveau travail ?

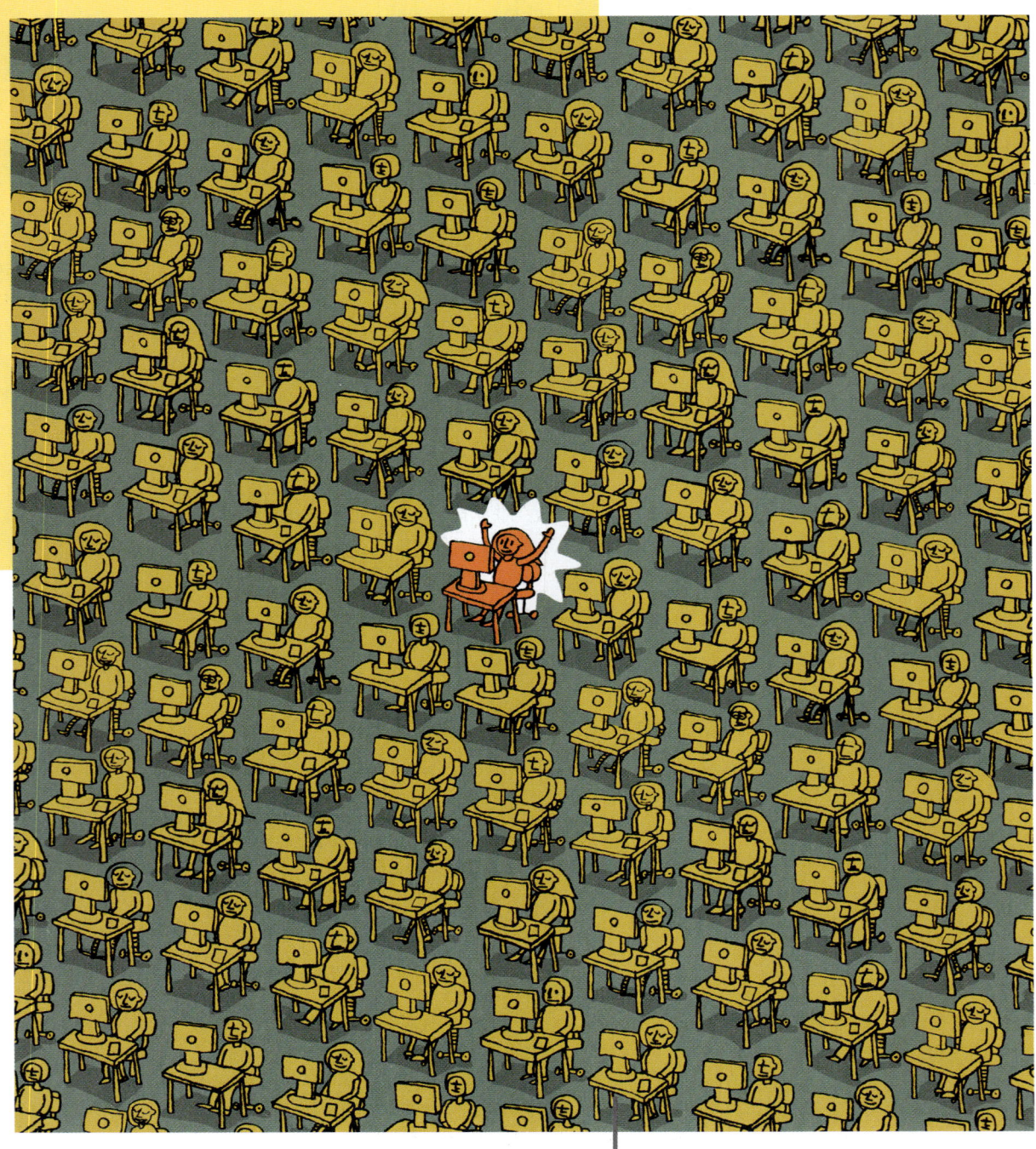

Et pour vous, comment s'organise une journée (travailler, dormir, faire une pause, manger, faire du sport, etc.) ?

UNITÉ 6

98 SITUATIONS

1. Se présenter pour un travail | p. 98
2. Parler de ses habitudes | p. 100
3. Décrire ses collègues | p. 102

104 LAB' LANGUE & CULTURE

Projet

Rédiger une infographie des métiers de demain | p. 105

106 ATELIERS

Prendre un rendez-vous par téléphone | p. 106

Rédiger son profil professionnel sur LinkedIn | p. 107

108 MÉMO

Mission

Alors, ton nouveau travail ? | p. 111

SITUATION 1

Se présenter pour un travail

DOCUMENT 1

Les qualités

patient(e) — autonome
curieux(-se) — créatif(-ve)
organisé(e)

LES questions (3) AVEC EST-CE QUE…

👁 **Observez.**
Comment est-ce que vous vous appelez ?
Où est-ce que vous faites vos études ?
Pourquoi est-ce que vous avez choisi le *job dating* ?

⚙ **Réfléchissez.**
Écrivez les questions sans *est-ce que*.
Où se place le mot interrogatif ?

✏ **Appliquez.**
Posez 3 questions avec *est-ce que* à quelqu'un du groupe et 3 questions sans *est-ce que*.

---

1. Regardez **LE DOCUMENT 1** et décrivez l'affiche. Est-ce que vous avez déjà participé à un *job dating* ?

2. **ⓐ** ▶120 | Écoutez et complétez la fiche de Sarah Hamsa.

JobDating

Prénom NOM : *Sarah HAMSA*
Situation professionnelle :
Formation :
Expériences professionnelles :
Qualités :
Langues parlées :
Motivations :

ⓑ Écoutez à nouveau et notez les questions.

3. **L'INTONATION**
   ⓐ ▶121 | Question ou affirmation ? Écoutez et répondez.
   ⓑ ▶122 | Écoutez. Levez les bras quand c'est une question (la voix monte ↗).
   Posez les mains par terre quand c'est une affirmation (la voix descend ↘).

4. 👉 Votre collègue (voisin(e)) a recruté un(e) étudiant(e) (personne de la classe) pendant le *job dating*. Posez des questions pour deviner qui c'est.

Se détendre

5. Entretien d'embauche. Imaginez et écrivez les cinq questions à ne pas poser !

UNITÉ 6

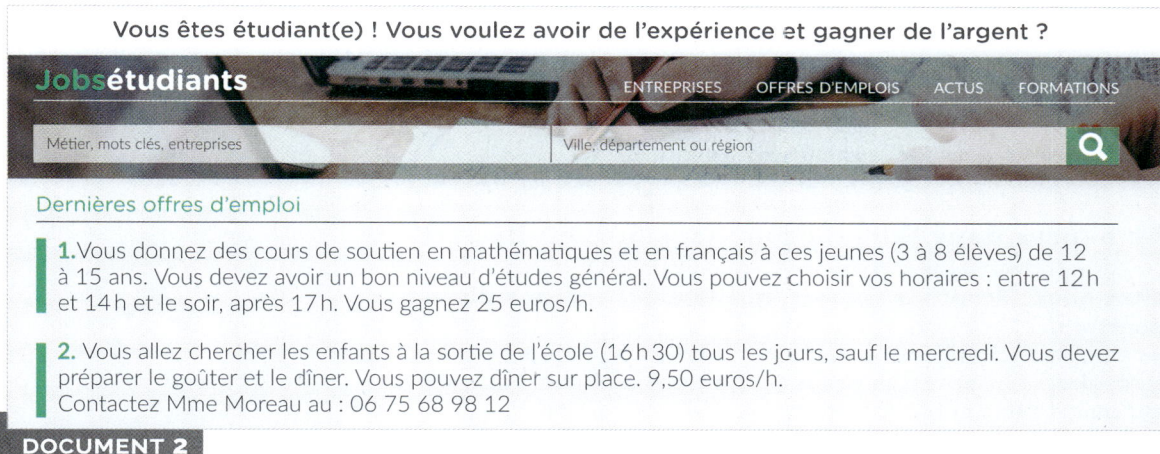

Vous êtes étudiant(e) ! Vous voulez avoir de l'expérience et gagner de l'argent ?

Jobsétudiants

ENTREPRISES   OFFRES D'EMPLOIS   ACTUS   FORMATIONS

Métier, mots clés, entreprises   Ville, département ou région

Dernières offres d'emploi

1. Vous donnez des cours de soutien en mathématiques et en français à ces jeunes (3 à 8 élèves) de 12 à 15 ans. Vous devez avoir un bon niveau d'études général. Vous pouvez choisir vos horaires : entre 12h et 14h et le soir, après 17h. Vous gagnez 25 euros/h.

2. Vous allez chercher les enfants à la sortie de l'école (16h30) tous les jours, sauf le mercredi. Vous devez préparer le goûter et le dîner. Vous pouvez dîner sur place. 9,50 euros/h.
Contactez Mme Moreau au : 06 75 68 98 12

DOCUMENT 2

6. a Lisez le **DOCUMENT 2**. Associez chaque annonce au job étudiant correspondant.
  a. professeur particulier
  b. garde d'enfants

b Pour les deux jobs, quelles sont les obligations ? Et quelles sont les possibilités ?

c Échangez. Quel job est-ce que vous préférez ? À votre avis, quelles qualités est-ce qu'il faut avoir ?

Exprimer les qualités nécessaires
Il faut être patient.
Il faut être curieux.
Il faut être organisé.
Il faut avoir un bon niveau d'études.

LES verbes DEVOIR ET POUVOIR

👁 **Observez.**
Vous **devez** préparer le goûter.
Vous **pouvez** choisir vos horaires.

⚙ **Réfléchissez.**

Pour exprimer…	j'utilise le verbe :
→ une obligation	…. + infinitif
→ une possibilité	…. + infinitif

✏ **Appliquez. Répondez.**
Pour bien parler français, qu'est-ce que vous devez faire ? Avec le français, qu'est-ce que vous pouvez faire ?

Devoir	**Pouvoir**
je doi**s**	je peu**x**
tu doi**s**	tu peu**x**
il ǀ elle ǀ on doi**t**	il ǀ elle ǀ on peu**t**
vous dev**ez**	vous pouv**ez**

7. 👍 Écrivez. Qu'est-ce que vous devez faire pour trouver un travail ?

Action

8. ✏ Vous voulez participer à un *job dating*. Remplissez le formulaire d'inscription.

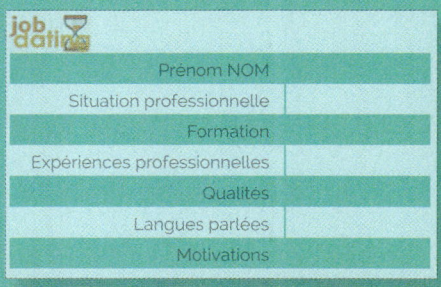

job dating
Prénom NOM
Situation professionnelle
Formation
Expériences professionnelles
Qualités
Langues parlées
Motivations

9. 🗣 Organisez un *job dating* dans la classe. Faites deux groupes : les recruteurs et les étudiants.

Les recruteurs : choisissez des métiers et identifiez les qualités.

Situation 2 — Parler de ses habitudes

1. À votre avis, quelle est la journée d'un danseur ?

24 heures dans la vie d'une danseuse étoile

Alors, dites-nous, Dorothée Gilbert, quelle est la journée d'une danseuse étoile ?
Je me réveille, je fais une demi-heure de yoga tous les jours pour m'étirer, respirer… Et après, je prends mon petit déjeuner, du café au lait, du pain et des céréales, des fruits…

Et ensuite, qu'est-ce que vous faites ?
Ensuite, je me douche bien sûr, mais je ne me maquille pas ! Et après, je pars pour l'Opéra Garnier avec ma trottinette électrique : c'est ma meilleure amie maintenant !

Et les jours de spectacle ?
Les jours de spectacle, vers 17 h 30, je me prépare pour la représentation : je me maquille et je me coiffe. Les jours sans spectacle, je m'entraîne pour garder la forme. Je rentre chez moi vers 22 h et je me couche.

DOCUMENT 1 — Interview de Dorothée Gilbert, danseuse étoile et égérie du parfum Repetto, par *Beautylicieuse*, juillet 2014

2. a Lisez le DOCUMENT 1 et répondez aux questions.
  a. Quel est le métier de Dorothée Gilbert ?
  b. Où est-ce qu'elle travaille ?
  c. Comment est-ce qu'elle se déplace ?

b Qu'est-ce que fait Dorothée tous les jours ?

3. LE « E » MUET

▶ 123 | Écoutez. Est-ce que vous entendez le « e » souligné ?
  a. Je m<u>e</u> couche tôt.
  b. On s<u>e</u> lève ?
  c. Tu t<u>e</u> prépares ?
  d. Il s<u>e</u> rase.

LES verbes pronominaux (1)

👁 **Observez.**
Je **me douche** mais je ne **me maquille** pas.

⚙ **Réfléchissez.**
Retrouvez les verbes avec la même forme dans l'interview et notez l'infinitif.
Où se place la négation ?

✎ **Appliquez. Répondez.**
Et vous, vous faites quoi le matin ?

Se coucher

je **me** couche
tu **te** couches
il | elle | on **se** couche
vous **vous** couchez

4. 👉 Par deux, choisissez un métier et décrivez une journée habituelle. Le groupe devine la profession.

Se détendre

5. À tour de rôle, dites une action de votre journée et mimez cette action. *Je me lave.* Votre voisin(e) vous imite et ajoute une autre action, etc.

UNITÉ 6

LES JOURS FÉRIÉS EN FRANCE

Il y a 11 jours fériés en France : 6 sont liés à des fêtes religieuses, 5 sont liés à l'histoire du pays.

JANVIER	AVRIL	MAI	JUIN	JUILLET	AOÛT	NOVEMBRE	DÉCEMBRE
Jour de l'an	Lundi de Pâques	Fête du travail 8 mai Jeudi de l'Ascension	Lundi de Pentecôte	Fête nationale	Assomption	La Toussaint Armistice	Noël

DOCUMENT 2

6. ⓐ Regardez le DOCUMENT 2 et répondez.
   a. Un jour férié, c'est quoi ?
   b. Il y a combien de jours fériés en France ? Qu'est-ce qu'on fête ?

   ⓑ Échangez. Quels sont les jours fériés dans votre pays ?

7. 🔊 124 | **Écoutez les dialogues et répondez.**
   a. Le 1ᵉʳ mai, c'est quoi ?
   b. Qu'est-ce qu'ils vont faire ? Avec qui ? Associez chaque photo à un prénom.
   Aline : ....
   Thomas : ....
   Cécile : ....

> **LES verbes pronominaux (2)**
>
> 👁 **Observez.**
> Je **me lève** tard.
> Demain, on va **se promener**.
>
> ⚙ **Réfléchissez.**
> Quelle phrase est au présent ?
> Quelle phrase est au futur proche ?
>
> ✎ **Appliquez. Répondez.**
> Et vous, qu'est-ce que vous allez faire ce soir ?

a.

b.

c.

8. 👍 **Demain, c'est férié !**
Qu'est-ce que vous allez faire ?
Échangez avec vos voisins.

Action

9. 🔊)) | Vous participez au journal de l'école de langues. Interviewez un(e) étudiant(e) pour connaître sa journée type.

10. ✎ | Écrivez un article sur la journée type d'un(e) étudiant(e) de la classe.

Situation 3 — Décrire ses collègues

1. Pour vous, quelles sont les trois qualités essentielles d'un(e) collègue ? Et quels sont les trois défauts insupportables ?

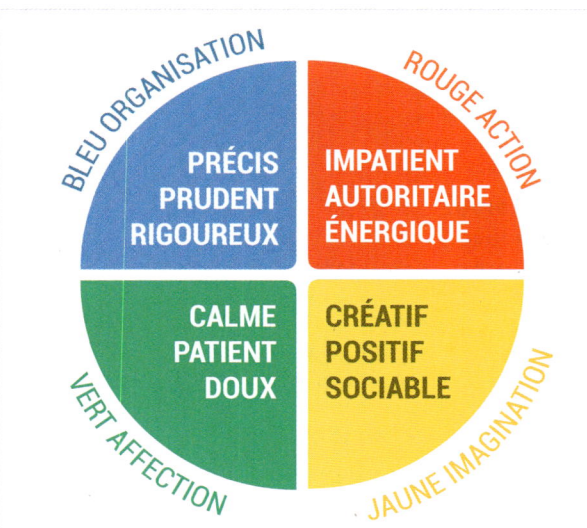

DOCUMENT 1

2. Regardez le DOCUMENT 1 et répondez.
  a. Quels sont les quatre profils ?
    bleu : organisation
    ....
  b. Quels adjectifs vous correspondent ? Quel est votre profil ?

3. ⓐ ▶125 | Écoutez et répondez.
  a. Ils sont où ?
  b. Ils parlent de qui ?

ⓑ Écoutez à nouveau et complétez le tableau. Quel est le profil (qualités et défauts) du directeur ? De Florence ? De Juliette ?

	Qualités et défauts
Directeur	....
Florence	....
Juliette	....

L'accord DES ADJECTIFS (2)

👁 **Observez.**
Elle est **sympa** et super **créative**.
Elle est **calme** et **douce**.

⚙ **Réfléchissez et complétez.**

Masculin singulier	Féminin singulier	Adjectifs
calme	....	=
créatif	....	-if → ....
doux	....	-oux → ....

✏ **Appliquez.**
Décrivez un membre de votre famille avec 3 qualités et 3 défauts.

4. LES CONSONNES FINALES

ⓐ ▶126 | Écoutez. Vous entendez quel son à la fin des mots ?
  a. [f] ou [v]   b. [f] ou [v]   c. [s] ou [z]   d. [s] ou [z]

ⓑ ▶127 | Écoutez. Mettez la main sur votre gorge et prononcez. Associez.

[f] •
[v] •   • Ça vibre ♪
[s] •   • Ça ne vibre pas 𝄽
[z] •

ⓒ ▶128 | Écoutez. Si c'est féminin, les filles se lèvent. Si c'est masculin, les garçons se lèvent.

5. 👉 Demandez à votre voisin(e) ses qualités et ses défauts. Quelle est la couleur de son profil ?

Se détendre

6. ▶129 | Écoutez ces sons. Vous pensez à quoi ? Un animal ? Un objet ? Un sentiment ?

UNITÉ 6

CASTINGCINEMA.FR
L'aventure commence aujourd'hui !

Connexion Recruteurs Aide

films

RECHERCHE PREMIER RÔLE

Pour un long métrage intitulé « ALINE », réalisé par Eric Roche. Production recherche pour le premier rôle :
Homme de 25/30 ans, grand et assez mince, brun, yeux marron.

Lieu du casting : Paris
Pas d'expérience exigée

RECHERCHE RÔLE SECONDAIRE

Pour le court métrage « FAMILLE », écrit et réalisé par Matthias Perrot :
Femme entre 60 et 75 ans, cheveux gris ou blancs, yeux verts, petite et sportive.

Lieu du casting : Nice

FILLETTE 8/10 ANS

Pour le premier long métrage d'André Lemoine « LES MOTS ».
Nous recherchons pour le rôle d'Odette :
Petite fille âgée de 8 à 10 ans, blonde aux yeux bleus.

Lieu du casting : Lyon

DOCUMENT 2

7. Lisez le DOCUMENT 2 et répondez.
  a. C'est quoi ?
   ▶ Des annonces. ▶ Des affiches.
  b. C'est dans quel domaine ?
   ▶ Le cinéma.
   ▶ L'informatique.
   ▶ Le mannequinat.

> **La description physique**
>
> être grand(e) ≠ petit(e)
> être mince ≠ gros(se)
> être brun(e), blond(e), châtain, roux(-sse)
> avoir les cheveux bruns, blonds, châtains, noirs, roux
> avoir les yeux bleus, noirs, marron, verts

8. Quel casting est-ce qu'ils peuvent faire ?

9. 👉 Pensez à une célébrité !
Le groupe vous pose des questions sur son physique pour deviner qui c'est.

Action

10. ✏️ Vous travaillez dans une nouvelle entreprise. Vous décrivez vos nouveaux collègues à un(e) ami(e).

11. 🔊 Vous devez faire un plan de table pour un dîner avec votre classe. Chaque table doit avoir 4 personnes avec des points communs. Posez des questions à vos voisin(e)s pour connaître les qualités et défauts de chacun.

cent trois **103**

LAB' LANGUE & CULTURE

L'ENTRETIEN D'EMBAUCHE

Retrouvez les questions du recruteur.
- Bonjour, madame.
- Bonjour, asseyez-vous. Alors, ...
- Oui, je suis en licence.
- ....
- Je fais mes études à Paris, à la Sorbonne.
- ....
- J'étudie l'anglais.
- ....
- Je suis patient et organisé.
- ....
- Je parle couramment anglais, et un peu russe aussi.

PETITES ANNONCES

Recherche **guides touristiques** pour visites guidées à Paris. Vous êtes étudiant(e) en histoire de l'art, bilingue, sociable, contactez-nous !

Contact : recrutement@parisvisite.org
☏ 01 42 54 24 86

LES OBLIGATIONS ET LES POSSIBILITÉS

Conjuguez les verbes entre parenthèses.
a. Vous .... travailler le soir ? (pouvoir)
b. Tu .... être à l'heure ! (devoir)
c. Je .... trouver un travail. (devoir)
d. Elle .... choisir ses horaires. (pouvoir)
e. On .... recruter un nouveau collègue. (devoir)

LE « E » MUET

▶ 130 | Écoutez et écrivez le nombre de syllabes que vous entendez.

a. 1. ....   2. ....
b. 1. ....   2. ....
c. 1. ....   2. ....
d. 1. ....   2. ....

UNE JOURNÉE À LA COMÉDIE-FRANÇAISE

Complétez l'interview du comédien avec les verbes : *se préparer, se doucher, se coucher, se réveiller.*

- Vous êtes comédien à la Comédie-Française. Quelle est votre journée type ?
- Le matin, je .... à 8 h. Puis, je .... et je vais répéter avec mes partenaires. Ensuite, je déjeune et je .... pour la représentation.
- Et pour être en forme, vous .... vers quelle heure ?
- Vers 23 h, ou minuit, parfois.

LES ACTEURS FRANÇAIS

Décrivez ces acteurs.

AUDREY TAUTOU

ISABELLE HUPPERT

ROMAIN DURIS

UNITÉ 6

UN NOUVEAU MÉTIER

MONSIEUR ET MADAME BONHEUR, UN NOUVEL EMPLOI

Aujourd'hui, des entreprises recrutent des « chief happiness officers » ou « responsables du bonheur » en français.

À l'origine de ce concept, un ingénieur chez Google a changé de métier pour faire attention au bien-être des salariés.

« Quand un employé est heureux, il est créatif et en bonne santé », dit Mme Motte qui forme les futurs responsables du bonheur.

En quoi consiste leur travail ? Organiser des entretiens, des petits déjeuners, des *after work*, des ateliers de créativité… Un travail d'avenir !

Lisez l'article et répondez.

a. Quel est le nom de ce nouveau métier ?
b. Quelle est son origine ?
c. Quel est son objectif ?
d. Quelles sont les activités ?

Je suis…

Je suis acteur.
J'ai les cheveux poivre et sel.
J'ai les yeux marron.
J'ai une barbe et une moustache.

Les Français disent…

« Être lessivé(e) » signifie :
▸ Être très sale.
▸ Être mouillé(e).
▸ Être très fatigué(e).

Jouons avec les sons !

▶ 131 | Écoutez et essayez de répéter.

Ces cerises sont si savoureuses !

PROJET

Rédiger une infographie des métiers de demain

Vidéo lab'

Retrouvez **LA VIDÉO ET LES ACTIVITÉS p. 155**

▶ À deux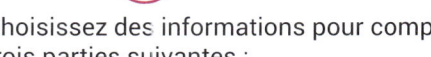

Choisissez des informations pour compléter les trois parties suivantes :

1. Professions de demain (*exemple : développeur web*)
2. Profils des métiers de demain (*exemple : flexible*)
3. Lieux de travail de demain (*exemple : des bureaux dans les trains*)

▶ Ensemble

Regroupez vos informations. Décidez comment vous présentez ces informations (sous forme de camembert, graphique, statistiques, etc.). Rédigez votre infographie.

Présentez votre infographie à la classe.

Ateliers : Prendre un rendez-vous par téléphone

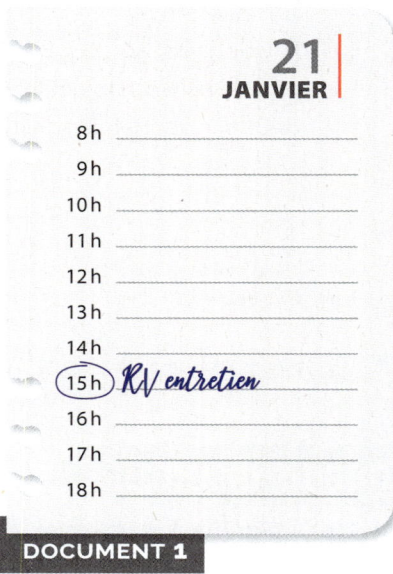

DOCUMENT 1

La prise de rendez-vous

☑ 1. Se présenter
☑ 2. Donner l'objet de l'appel
☑ 3. Fixer une date
☑ 4. Confirmer
☑ 5. Prendre congé

DOCUMENT 2

Apprendre
Une conversation est organisée.
Je fais attention aux différentes étapes.

COMPRÉHENSION

1. Regardez le DOCUMENT 1. Quelle est l'information notée sur l'agenda ?

2. Lisez le DOCUMENT 2 et imaginez une phrase pour chaque étape de la prise de rendez-vous par téléphone.

3. a ▶132 | Écoutez le dialogue et remettez dans l'ordre.

- Merci encore et bonne journée.
- On dit mardi à 15 h ?
- J'ai vu votre offre de stage.
- Oui, mardi à 15 h, c'est parfait.
- Bonjour, je suis Pablo Delmas.

b Dites pour chaque phrase l'étape correspondante.
Bonjour, je suis Pablo Delmas. → *Se présenter*

c Est-ce que Pablo respecte les étapes pour prendre rendez-vous ?

Téléphoner

→ **Demander de parler à quelqu'un**
Est-ce que je pourrais parler à… ?
Je voudrais parler à…
C'est de la part de qui ?
C'est de la part de…

→ **Donner l'objet de l'appel**
J'ai vu votre offre de stage…

→ **Fixer une date**
Quelles sont vos disponibilités ?
Je suis disponible tous les jours.

→ **Confirmer**
Mardi, à 15 h, c'est parfait !

EXPRESSION

4. Un candidat téléphone à un recruteur pour prendre rendez-vous. Vous devez suivre les étapes de l'encadré.

a Par deux, préparez l'appel téléphonique.
1. Mettez-vous d'accord sur l'objet de l'appel (stage, emploi, type de travail).
2. Individuellement, préparez vos questions et vérifiez vos disponibilités.

b Jouez le dialogue !

Rédiger son profil professionnel sur LinkedIn

UNITÉ 6

RechercheEmploi.fr

ACCUEIL   TROUVER UN EMPLOI   RÉUSSIR   MANAGER   ENTREPRENDRE

Comment réussir son profil LinkedIn ?

Le profil LinkedIn a un titre et un résumé.
La rubrique « résumé » est votre carte de visite !
Elle doit faire apparaître :

- votre situation actuelle ;
- le poste recherché ;
- votre disponibilité ;
- votre mobilité.

 Exemple :

Jérôme Patras, Responsable marketing   Sorbonne Université

Actuellement en recherche d'emploi, je suis diplômé d'un master en marketing et communication avec une expérience de 7 ans dans la relation clients. Rigoureux, créatif et ouvert d'esprit, je suis très motivé pour intégrer une entreprise internationale. Je parle anglais couramment et maîtrise les bases en espagnol. Disponible dès maintenant, je peux me déplacer dans une autre ville.

DOCUMENT 1

COMPRÉHENSION

1. Lisez le DOCUMENT 1.
D'après le document, il y a 4 éléments dans le « résumé ».
Lesquels ?
- l'emploi occupé ou la formation en cours
- les compétences
- le métier souhaité
- les jours de travail
- les qualités

2. Retrouvez ces 4 éléments dans le résumé de Jérôme Patras.

Apprendre

Un document écrit est organisé.
Je fais attention à sa structure.

EXPRESSION

3. a Complétez avec vos informations personnelles.
- situation actuelle : ….
- poste recherché : ….
- disponibilité : ….
- mobilité : ….

b Rédigez votre résumé sur le site de LinkedIn.

mémo Grammaire

1. Les questions (3) : les interrogatifs avec *est-ce que*

Pour poser une question, on peut utiliser :

- **un pronom interrogatif**

	pour interroger sur :	**pronom interrogatif** + *est-ce que* + sujet + verbe… ?
qui	une personne	**Qui** est-ce que tu connais ?
que/quoi	une chose	**Qu'**est-ce que tu fais ? = Tu fais **quoi** ?
où	le lieu	**Où** est-ce que tu pars ?
quand	le temps	**Quand** est-ce que tu pars ?
comment	la manière	**Comment** est-ce que tu pars ?
combien	la quantité	**Combien** de gâteaux est-ce que tu veux ?
pourquoi	la cause	**Pourquoi** est-ce que tu travailles ?

Attention ! Sans *est-ce que*, le pronom interrogatif (sauf *pourquoi*) est à la fin de la phrase.
Tu connais **qui** ? Tu pars **où** ? Tu pars **quand** ? Tu pars **comment** ?
Tu veux **combien** de gâteaux ?

1. Transformez ces questions pour utiliser *est-ce que*.
a. Tu parles combien de langues ?
b. Vous allez où cet été ?
c. Ils ont fait quoi hier ?
d. Ils sont partis comment ?
e. Pourquoi êtes-vous allés au cinéma ?

2. Écrivez la question qui porte sur l'élément souligné.
a. Marie va à <u>New-York</u>.
b. Elle part <u>la semaine prochaine</u>.
c. <u>Sa sœur, Virginie</u>, va partir avec elle.
d. Elles partent <u>quinze jours</u>.
e. Elles y vont <u>en avion</u>.

2. L'obligation et la possibilité

Pour exprimer l'**obligation**, on peut utiliser :

- *il faut* + verbe à l'infinitif
Il faut arriver à l'heure. **Il ne faut pas** manger trop de sucre.
(obligation)   (interdiction)

Attention ! *il faut* est une forme impersonnelle.

- *devoir* + verbe à l'infinitif
Vous **devez** travailler. → *Conjugaison p. 174*

Pour exprimer la **possibilité**, on peut utiliser :

- *pouvoir* + verbe à l'infinitif
Vous **pouvez** partir. → *Conjugaison p. 174*

Attention ! Dans le verbe pronominal, *se* s'accorde avec le sujet.
se réveiller : <u>Je</u> dois **me** réveiller à 7 heures demain matin.
se coucher : <u>Nous</u> pouvons **nous** coucher à 22 heures.

Associez.
a. Est-ce que je peux…
b. Tu dois…
c. Il faut…
d. Est-ce que vous pouvez…
e. Est-ce qu'ils doivent…

1. manger cinq fruits et légumes par jour.
2. remplir ce formulaire, s'il vous plaît ?
3. se coucher à 22 heures ?
4. sortir avec Manon ce week-end ?
5. finir tes devoirs ce soir.

3. Les verbes pronominaux

Le verbe pronominal se conjugue avec un pronom réfléchi.
*Je **me** lève à 7 heures.*

- Le **pronom réfléchi** s'accorde avec le sujet.

Attention ! Devant une voyelle ou un *h*, *me, te, se* → *m', t', s'*.
Elle **s'**appelle Julie. Il **s'**entraîne tous les matins.

UNITÉ 6

- À la **forme négative** :

  > sujet + **ne** + **pronom réfléchi** + verbe + *pas*

  Je **ne** me lève **pas**. Il **ne** se rase **pas** ce soir.

- Au **futur proche** :

  > sujet + *aller* + **pronom réfléchi** + *verbe*

  Il **va** se coucher. Nous **allons** nous **préparer**.

- Certains verbes ont aussi une **forme simple** (= sans pronom).
  laver → se laver   Je lave mon tee-shirt. Je me lave.
  réveiller → se réveiller   Je réveille ma soeur. Je me réveille.
  préparer → se préparer   Elle prépare son sac. Elle se prépare.

Conjuguez au présent. Puis, au futur proche.
a. Nous (se coucher) …. à 22 h 30.
b. Mon chien (se promener) …. dans le jardin.
c. Les filles (s'entraîner) …. dans la salle de sports.
d. Vous (ne pas se maquiller) …. aujourd'hui ?
e. Tu (ne pas se raser) …. ce matin

> je **me** lève
> tu **te** lèves
> il/elle/on **se** lève
> nous **nous** levons
> vous **vous** levez
> ils/elles **se** lèvent

4. L'accord des adjectifs (2)

L'adjectif donne une information ou une précision sur quelque chose ou quelqu'un.

- L'adjectif s'accorde en **genre** (masculin ou féminin) avec le nom.

masculin	féminin	exemples
-a, i, o, u	+-e	Il est joli. Elle est joli**e**.
-une consonne	+-e	Il est gran_d_. Elle est gran**de**.
-e	Ø	Il est calme. Elle est calme.
-ien/-on	+-ne	Il est équator_ien_. Elle est équator**ienne**.
		Il est mign_on_. Elle est mign**onne**.
-(i)er	→-(i)ère	Il est étran_ger_. Elle est étran**gère**.
		Il est f_ier_. Elle est f**ière**.
-eux	→-euse	Il est heur_eux_. Elle est heur**euse**.
-if	→-ive	Il est créat_if_. Elle est créat**ive**.
-el	→-elle	Il est exceptionn_el_. Elle est exceptionn**elle**.

Attention ! beau → belle, doux → douce, fou → folle, gentil → gentille, gros → grosse, nouveau → nouvelle, roux → rousse, vieux → vieille

- **Rappel** : L'adjectif s'accorde en **nombre** (singulier ou pluriel) avec le nom.

En général, on ajoute un **s** au pluriel, sauf s'il y a déjà un -s ou un -x.

Attention ! -eau → -eaux, -al → -aux
Ils sont **beaux**, **sympathiques** et **chaleureux**.

1. Associez de façon logique.
a. Les enfants sont…
b. Sa mère est…
c. Leurs parents sont…
d. Mon voisin est…
e. Ces étudiantes sont…

1. patiente.
2. prudent.
3. rigoureuses.
4. calmes.
5. autoritaires.

2. Réécrivez les phrases et accordez l'adjectif !
a. Cette femme est (créatif).
b. Elle porte des chaussures (noir).
c. Ce sont des étudiantes (sérieux).
d. Dans le jardin, il y a des poules (roux).
e. J'ai des amis (loyal).

mémo

▶ 133 | lexique p. 110   ▶ 134 | communication p. 111

Phonétique

L'intonation
➡ Question : la voix monte ↗.
➡ Affirmation : la voix descend ↘.

Les sons [f], [v], [s], [z]
[f] et [s] : 🎵̸
[v] et [z] : 🎵

Le « e » muet
➡ Le « e » n'est pas toujours prononcé :
Il est mince.
Il a les cheveux bruns.
Tu te couches tôt.

Lexique

Les activités quotidiennes

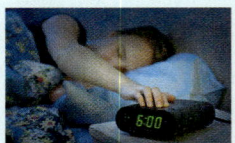 se réveiller tôt/tard
 se lever
 se doucher
 se raser
 se préparer
 se maquiller
 s'entraîner
 travailler
 se coucher

Les qualités et les défauts
énergique
créatif(-ive)
positif(-ive)
sociable
calme
patient(e)
doux(-ce)
précis(e)
prudent(e)
rigoureux(-se)
impatient(e)
autoritaire

La description physique

 être grand(e) ≠ petit(e)
 être mince ≠ gros(se)
 être brun(e), avoir les cheveux bruns, noirs
 être blond(e), avoir les cheveux blonds
 être châtain, avoir les cheveux châtains
 être roux(-sse), avoir les cheveux roux
 avoir les yeux bleus
 avoir les yeux noirs
 avoir les yeux marron
 avoir les yeux verts

1. Le jeu des 7 différences
Racontez à votre voisin(e) vos activités de la semaine et du week-end.
Trouvez 7 différences avec ses activités.

2. Pour chaque métier, associez 3 qualités et défauts.
- un pompier
- une infirmière
- un professeur
- une dentiste

3. À quoi ressemble votre homme ou votre femme idéal(e) ?
Écrivez son portrait. Barrez les « e » muets et lisez le portrait à voix haute.

UNITÉ 6

⇨ Parler de ses habitudes
- Tous les jours, je me réveille à 7 h, je me prépare et je vais au travail.
- Tous les soirs, je rentre chez moi, je vois des amis, je lis et je me couche.

⇨ Exprimer la nécessité
- Il faut arriver à l'heure au travail.
- Il faut être créatif dans la vie.

Alors, ton nouveau travail ?

⇨ Prendre rendez-vous par téléphone
- Est-ce que je pourrais parler à Léo ?
- Je voudrais parler à Mme Besson.
- C'est de la part de qui ?
- C'est de la part de François.
- Quelles sont vos disponibilités ?
- Je suis disponible tous les jours.
- Lundi, à 10 h, c'est parfait !

Mission

1. Vous avez un problème dans votre nouveau travail. Par exemple, pour ce travail, il faut se lever tôt, travailler tard, avoir une voiture, etc. Choisissez !

Partez !!!

2. Vous téléphonez à votre chef pour prendre rendez-vous.

3. Vous écrivez un courriel à votre chef pour le remercier de ses conseils. Vous expliquez ce que vous allez faire pour régler ce problème.

Pourquoi déménager ?

Pourquoi déménager ? Pour la famille, l'espace, le travail ? Parce que l'on veut voyager, s'évader, tout quitter ? Expliquez.

UNITÉ 7

114 SITUATIONS

1. Parler de sa famille | p. 114
2. Comparer des logements | p. 116
3. Changer de vie | p. 118

120 LAB' LANGUE & CULTURE

Projet

Créer une cartographie des appartements à louer | p. 121

122 ATELIERS

Téléphoner pour avoir des informations | p. 122

Informer d'un changement d'adresse | p. 123

124 MÉMO

Mission

Pourquoi déménager ? | p. 127

SITUATION 1 — Parler de sa famille

1. Regardez ces symboles. Vous allez souvent au cinéma ? Vous préférez quel genre de film ? Échangez.

| une comédie | un film d'horreur | un film de science-fiction | un drame | un film policier | un film de guerre | une comédie romantique |

LA CH'TITE FAMILLE

Valentin et Constance, un couple d'architectes, préparent le vernissage[1] de leur exposition au Palais de Tokyo[2]. Mais Valentin a menti[3] sur ses origines sociales.

Pour ses 80 ans, sa mère arrive au Palais de Tokyo, avec le frère, la belle-sœur et la nièce de Valentin. « Ah, notre chère famille ! » dit Valentin, surpris. Le père est resté dans le Nord, près du mobil-home familial.

Et c'est la catastrophe ! Valentin a un accident et perd la mémoire. Il se retrouve 20 ans en arrière, plus ch'ti[4] que jamais...

1 ouverture de l'exposition • 2 musée d'art moderne à Paris • 3 ne pas dire la vérité • 4 habitant du Nord de la France

DOCUMENT 1

2. Regardez et lisez le **DOCUMENT 1**. Répondez.
  a. Comment s'appelle le film ?
  b. Comment s'appelle le personnage principal ? Et sa femme ? Quelle est leur profession ?
  c. Ils font quoi au Palais de Tokyo ?
  d. Qui fête son anniversaire ? Où ?
  e. Sur l'affiche, qui est la petite fille ?
  f. Il y a deux problèmes. Lesquels ?

3. Regardez l'affiche et nommez les différentes personnes de la famille de Valentin.
À gauche, il y a sa mère.

LES **adjectifs** POSSESSIFS (2)

👁 **Observez.**
Ils préparent **leur** exposition.
« Ah, **notre** famille ! »

⚙ **Réfléchissez.**
C'est l'exposition de qui ?
C'est la famille de qui ?
Complétez avec *leurs* et *nos*.
« Ce sont .... parents », dit Valentin à son frère.
Comment s'appellent .... parents ?

✏ **Appliquez.**
« Ce sont .... professeurs et lui, c'est .... professeur de français. », disent les étudiants.

4. ▶ 135 | Écoutez et notez les adjectifs possessifs.

Se détendre

5. Écrivez 5 mots qui représentent la famille. Partagez ces mots avec votre voisin(e).
Exemple : bonheur, enfants, secrets, dimanche midi, histoires.

UNITÉ 7

DOCUMENT 2

6. ⓐ Regardez le DOCUMENT 2 et répondez.
  a. À votre avis, c'est en quelle année ?
  b. Qu'est-ce qu'ils font ?

ⓑ ▶136 | Écoutez le dialogue et vérifiez vos réponses.

ⓒ Regardez l'arbre généalogique. Indiquez qui est sur la photo.

7. 👉 Trouvez le nom de chaque membre de la famille comme dans l'exemple.
Le mari de ma sœur, c'est mon beau-frère.
le père de mon père | la femme de mon frère
la fille de mon frère | la mère de ma mère

8. LES SONS [œ] ET [ɛ]

ⓐ ▶137 | Écoutez. Vous entendez [œ] ou [ɛ] ?
a. .... b. .... c. .... d. .... e. ....

ⓑ ▶138 | Écoutez et répétez. Puis associez.

[œ] •   • bouche tirée —
[ɛ] •   • bouche arrondie •

La famille
le grand-père | la grand-mère
le père | la mère
le fils | la fille
le frère | la sœur
le beau-frère | la belle-sœur
la nièce | le neveu

LE passé RÉCENT

👁 Observez.
Je **viens de** retrouver cette photo.

⚙ Réfléchissez.
L'action est passée, présente ou future ?
Elle est proche ou loin du moment où l'on parle ?
On utilise : *venir + de + ...*

✏ Appliquez.
Nous .... découvrir le passé récent.

Action

9. ✏ | Écrivez 5 phrases au passé récent pour expliquer les actions de votre famille.
Ma sœur vient de se marier.

10. 🗣 | Faites votre arbre généalogique et expliquez-le à votre voisin(e).

Situation 2 Comparer des logements

1. Choisissez et comparez avec votre voisin(e).

Je rêve d'…
- un appartement lumineux à Paris.
- une grande maison à la campagne.
- un loft avec une terrasse.
- un chalet à la montagne.

> **Le logement**
> un appartement, un loft
> un studio
> une maison
> un chalet
> un logement meublé
> ≠ non meublé

2. Regardez le DOCUMENT 1. Notez les informations sur le type de logement, le lieu, la taille, le prix.

3. a) 139 | À l'agence immobilière. Écoutez et choisissez.

a. Appartement à *louer / vendre / acheter*
b. Au mois de *janvier / juin / juillet*
c. Durée : *1 semaine / mois / année*
d. Appartement *meublé / non meublé*

b) Relisez l'annonce et écoutez à nouveau. Cochez.
- ☐ un parking   ☐ une terrasse
- ☐ un balcon   ☐ une cuisine équipée
- ☐ une piscine   ☐ un jardin   ☐ le wifi
- ☐ une télévision ☐ un lave-linge

c) Écoutez à nouveau et répondez.
a. Que va faire la jeune femme à Paris ?
b. Quel document est nécessaire ?

4. Associez un type de logement à chacun.

un skieur | un étudiant | une famille avec 5 enfants | une femme célibataire | une famille parisienne en vacances

LOGEMENT ENTIER - 1 LIT
Appartement 35 m² avec balcon, Canal Saint-Martin.
Loyer : 650 euros/mois.

DOCUMENT 1

LES pronoms compléments

LE, LA, LES

👁 **Observez.**
Je prends l'appartement. → Je **le** prends.
Vous avez votre carte d'identité ? → Vous **l'**avez ?

⚙ **Réfléchissez et complétez.**
Nom masculin → pronom ….
Nom féminin → pronom *la*
Nom pluriel → pronom *les*
Devant une voyelle → pronom ….

Le nom se place …. le verbe.
Le pronom se place …. le verbe.

✏ **Appliquez.** Remplacez les mots soulignés par un pronom.
Je vends mon appartement. Je loue ma maison.
Je donne mes documents.

Se détendre

5. Vous rêvez d'un logement idéal. Fermez les yeux. Décrivez-le à votre voisin(e) qui le dessine.

UNITÉ 7

DOCUMENT 2

6. Regardez le DOCUMENT 2.
Décrivez la recherche de la personne.

7. Vrai ou faux ? Lisez le DOCUMENT 3 et répondez.
   a. C'est au troisième étage.
   b. Il y a trois pièces.
   c. Il n'y a pas de balcon.
   d. L'appartement est clair.
   e. L'appartement est à louer.

8. ▶140 | Vrai ou Faux ? Écoutez le dialogue et répondez.
   a. Il y a plus de chambres que dans l'autre appartement.
   b. Il coûte plus cher que l'autre.
   c. Il est plus petit que l'autre.
   d. Il y a plus de rangements que dans l'autre appartement.

Les pièces de la maison

un salon
un séjour
une cuisine
une chambre
une salle de bains
un balcon
une cour
les toilettes (WC)

Location appartement 3 pièces 76 m²
Marseille 3ᵉ 13003 (La Villette)

690 € par mois charges comprises

Au premier étage. Cuisine équipée.
Séjour calme. Côté cour. Deux grandes chambres, une salle de bains avec baignoire. WC séparés.
Appartement lumineux.
Rangements.

DOCUMENT 3

LA comparaison

👁 **Observez.**
Il y a **plus de** chambres **que** dans l'autre appartement.
Il est **moins** lumineux **que** l'autre appartement.

⚙ **Réfléchissez.**
+ : plus + ... (+ que) / plus de + ... (+ que)
− : moins + ... (+ que) / moins de + ... (+ que)

✏ **Appliquez.** Faites des comparaisons et écrivez 4 phrases à partir des éléments suivants.

L'autre appartement est .... cher .... l'appartement de 76 m².

Il y a .... rangements dans l'autre appartement.

9. 👉 Lisez attentivement la description de l'annonce du document 3. Faites le plan de l'appartement. Comparez avec les autres.

Action

10. ✏ | Vous écrivez une description de votre logement pour le vendre.

11. 📞 | Vous lisez la description de votre voisin(e). Vous souhaitez acheter son logement. Vous lui téléphonez pour avoir des renseignements. Comparez avec votre logement.

Situation 3 — Changer de vie

1. Regardez le **DOCUMENT 1.** Est-ce que vous avez déjà changé des choses dans votre vie ? Quoi ? Comment ? Échangez.

DOCUMENT 1

— En fait, je m'appelle Karima. C'est mon vrai prénom, mais je l'ai transformé en Karine parce que c'est plus simple, plus français. On est d'origine camerounaise. En plus d'avoir mes deux petites sœurs, j'ai la chance d'avoir toujours mes parents et toute une grande famille autour. J'ai des oncles, des tantes, des cousines et pas mal de gens que j'appelle tonton ou tantie mais je ne sais pas si nous avons un lien de famille. […] Après mon bac*, j'ai arrêté d'habiter chez eux avec deux objectifs : avoir un boulot et un appartement. Maintenant c'est fait. […]
— Si je comprends bien, tu as toute cette grande famille autour de toi, mais tu es seule pour emménager et monter tes meubles ?

Kidi Bebey, *Enfin chez moi !*, Éditions Didier, Mondes en VF, 2013.

*bac = baccalauréat = examen de fin de lycée

DOCUMENT 2

LES **pronoms toniques** (2) ET LES PRÉPOSITIONS

👁 **Observez.**
J'ai arrêté d'habiter <u>chez</u> **eux**.
Tu as cette famille <u>autour de</u> **toi**.

⚙ **Réfléchissez.**
Listez les autres pronoms toniques.
Listez d'autres prépositions.

✎ **Appliquez.**
J'ai une sœur. Je vais souvent dîner chez …. .
Quelquefois, son mari dîne avec …. .

2. ⓐ Lisez le **DOCUMENT 2.** Remettez dans l'ordre les éléments de l'histoire.

a. Elle va emménager.
b. Elle a trouvé un appartement.
c. Elle a quitté la maison de ses parents.
d. Elle est née au Cameroun.
e. Elle a passé son baccalauréat.
f. Elle a trouvé un travail.

ⓑ Dans le texte, retrouvez le mot pour :
a. La sœur de son père.
b. La fille de la sœur de son père.
c. Le frère de sa mère.

ⓒ Qu'est-ce que Karima a changé dans sa vie ?

3. LES SEMI-VOYELLES [j], [ɥ] ET [w]

ⓐ ▶141 | Écoutez. Vous entendez [j], [ɥ] ou [w] ?
a. ….   b. ….   c. ….   d. ….   e. ….

ⓑ ▶142 | Écoutez et répétez. Puis associez.

[j] • • ressemble au son « u » : la langue touche les dents .
[ɥ] • • ressemble au son « i ».
[w] • • ressemble au son « ou » : la langue ne touche pas les dents.

Se détendre

4. Pour chaque élément de la roue de la vie, indiquez une envie de changement.

ma profession : J'ai envie de trouver un nouveau job.
mes amis : Je souhaiterais revoir une amie du lycée.

UNITÉ 7

5. Imaginez ! Vous habitez à Paris.
Lisez le DOCUMENT 3 et répondez à la question posée.

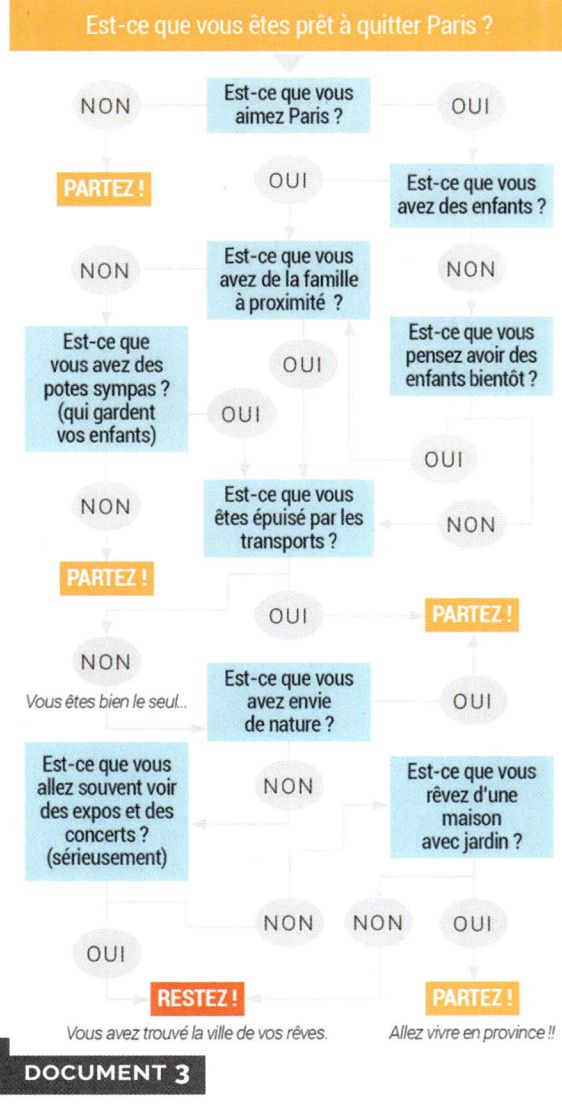

DOCUMENT 3

Justifier un choix

→ **Pour**
J'ai quitté Paris pour avoir plus de confort.

→ **Parce que**
J'ai quitté Paris parce que c'est cher.

6. a ▶143 | Écoutez le témoignage d'Agnès et placez les éléments sur la frise.

ville natale | études | avocate | enfants | étranger | maison | aujourd'hui

Tours	Paris	Tours
....	....	....

b Pourquoi est-ce qu'Agnès est allée à Paris et pourquoi est-ce qu'elle a quitté Paris ?

c Écoutez à nouveau. Repérez les verbes et classez-les selon le temps utilisé.

LE passé composé (4)

👁 **Observez.**
Je suis deven**e** avocate.
Nous sommes revenu**s** dans la région.

⚙ **Réfléchissez.**
Expliquez « e » et « s » à la fin des participes passés.
Listez les verbes avec *être* au passé composé.

✏ **Appliquez.**
Emma est né.... à Paris en 2000.
L'année dernière, elle est parti.... vivre à Lyon.

7. LES SONS [y], [i] ET [e]

a ▶144 | Écoutez. À la fin des participes passés, vous entendez [y], [i] ou [e] ?
a. .... b. .... c. .... d. .... e. ....

b ▶145 | Écoutez et répétez. Puis associez.

[y] • • bouche tirée ━, très fermée 🟣, et la langue touche les dents ▶▎.

[i] • • bouche tirée ━, fermée 🟣, et la langue touche les dents ▶▎.

[e] • • bouche arrondie •, très fermée 🟣 et la langue touche les dents ▶▎.

Action

8. ✏ | Vous avez déménagé.
Écrivez un texte pour expliquer votre choix.
(50 mots)

9. 🗣 | Et vous, est-ce que vous êtes prêt(e) à quitter votre lieu de vie ? Pour quelles raisons ?

cent dix-neuf **119**

LAB' LANGUE & CULTURE

LA FAMILLE DES ROIS DE FRANCE

Lisez le texte et faites un arbre généalogique.

En 1533, Henri II épouse Catherine de Médicis.
Ils ont trois enfants : François II, Charles IX et Henri III.
Ils n'ont pas de petits-enfants.
Le père de Henri II s'appelle François Ier.
François Ier est le petit-fils de Jean d'Orléans.

LES SONS [œ] ET [ɛ]

▶ 146 | **Écoutez et répétez.**

a. ta mère
b. ta sœur
c. leur sœur
d. leur frère
e. leur arrière-grand-père

SE LOGER EN SUISSE

Vrai ou faux ? Lisez l'article et répondez. Justifiez votre choix à l'aide du texte.

a. Se loger coûte cher en Suisse.
b. Dans les autres pays de l'Union européenne, les logements coûtent plus cher.
c. Pour louer un logement, Il faut avoir un travail.
d. Pour payer moins cher, il faut vivre à la campagne.
e. En Suisse, on paye en euros.

SE LOGER EN SUISSE

Se loger en Suisse, c'est cher ! Du studio à la villa luxueuse, tout est possible… quand on a de l'argent ! En moyenne, le prix du logement en Suisse est 60 % plus élevé que dans la moyenne des 28 pays de l'Union européenne. Pour une location, vous devez fournir votre contrat de travail et une pièce d'identité. Il faut savoir que les grandes villes sont 10 % plus chères, mais dans les zones rurales*, les loyers sont 20 % moins chers. Dans le canton de Genève, un studio coûte en moyenne 800 CHF, un 3 pièces entre 1600 à 2000 CHF.

*à la campagne

LES OBJETS DE LA MAISON

Faites des devinettes avec les pronoms *le, la, l', les*.

Je l'ouvre le matin pour prendre du lait, des yaourts et du jus d'orange. → *Le réfrigérateur*

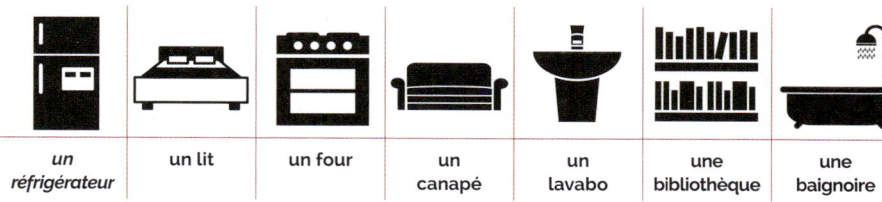

| un réfrigérateur | un lit | un four | un canapé | un lavabo | une bibliothèque | une baignoire |

DESTINATION CANADA

a ▶ 147 | **Écoutez et répondez.**

a. Quel est l'objectif du forum « Destination Canada » ?
b. Combien de Belges ont la possibilité de partir cette année ?
c. Pourquoi est-ce qu'ils partent au Canada ? (Indiquez 4 raisons).

b **Imaginez ! Vous êtes belge et vous venez d'arriver au Canada. Écrivez les réponses.**

a. Vous venez de quel pays ?
b. Pourquoi est-ce que vous avez quitté la Belgique ?
c. Pourquoi est-ce que vous avez choisi le Canada ?

UNITÉ 7

LES SONS [y], [i] ET [e]

▶ 148 | **Écoutez et répétez.**

a. J'ai quitté Montpellier.
b. J'ai emménagé à Yaoundé.
c. J'ai choisi l'Algérie.
d. Je suis partie en Italie.
e. Je suis venue en Turquie.
f. J'ai vécu en Russie.

LES SEMI-VOYELLES [j], [ɥ] ET [w]

▶ 149 | **Écoutez le dialogue de *Enfin chez moi !*, p. 106 (document 2). Puis lisez-le à voix haute. Attention aux sons [j], [ɥ] et [w] !**

POURQUOI ?

Complétez ces phrases avec *pour* ou *parce que*.

a. Nous venons de quitter notre appartement à Paris .... vivre dans une maison avec un jardin.
b. Tu quittes Laurent .... tu ne l'aimes plus ? Je ne comprends pas. Tu viens de le rencontrer !
c. - Tes parents sont là ?
   - Non, ils viennent de partir. Ils ont pris des vacances .... se reposer : ils sont vraiment très fatigués !
d. Vous venez de terminer vos cours. Vous devez maintenant réviser .... réussir votre examen.

Je suis...

Je suis un architecte français.
Je suis né en 1945.
À Paris, j'ai construit l'Institut du monde arabe, l'immeuble en verre de la Fondation Cartier, le musée du quai Branly et la Philharmonie de Paris.
J'ai créé le musée du Louvre à Abou Dabi en 2017.

Les Français disent...

« Avoir le coup de foudre » signifie :
▶ La pluie tombe.
▶ Tomber par terre.
▶ Tomber amoureux.

Jouons avec les sons !

▶ 150 | **Écoutez et essayez de répéter.**
Mon père est maire et mon frère est masseur.

PROJET

Créer une cartographie des appartements à louer

▶ **Vidéo lab'**

Retrouvez **LA VIDÉO ET LES ACTIVITÉS p. 156**

▶ **À deux**

On choisit une ville francophone. On sélectionne des quartiers dans la ville. On choisit des critères pour un appartement (prix, superficie, type d'appartement).

▶ **Ensemble**

Par groupes, créez une cartographie (*exemple googlemaps*) des villes francophones avec des appartements localisés.

Présentez votre recherche à la classe.

Ateliers : Téléphoner pour avoir des informations

DOCUMENT 1

DOCUMENT 2

COMPRÉHENSION

1. Regardez le DOCUMENT 1 et répondez.
   a. Où sont-ils ?
   b. À votre avis, qu'est-ce qu'ils font ?

2. a Regardez le DOCUMENT 2.
   À votre avis, c'est qui ? Un super-héros ?
   Une société de déménagement ?
   Une soirée festive ?

   b ▸151 | Écoutez et répondez.
   a. La femme appelle qui ?
   b. Qu'est-ce qu'elle demande ?
   c. Quel est le problème ?
   d. Qu'est-ce qu'elle va faire ?

> **Dire l'objet d'un appel**
>
> J'appelle pour avoir un renseignement.
> C'est au sujet de l'annonce.
> C'est pour une réservation.
> J'appelle pour avoir de tes nouvelles.

Apprendre

Au téléphone, je fais attention à parler clairement et à articuler.

EXPRESSION

3. Par deux, échangez.
   Est-ce que vous avez déjà déménagé ?
   Qu'est-ce que vous avez fait ?

4. Par deux, choisissez une situation et jouez-la.

   Situation 1 :
   Vous décidez de partir à l'étranger.
   Vous appelez votre mère pour avoir de ses nouvelles et vous lui expliquez.

   Situation 2 :
   Vous cherchez un logement.
   Vous avez vu une annonce. Vous appelez le propriétaire pour avoir des renseignements.

Informer d'un changement d'adresse

UNITÉ 7

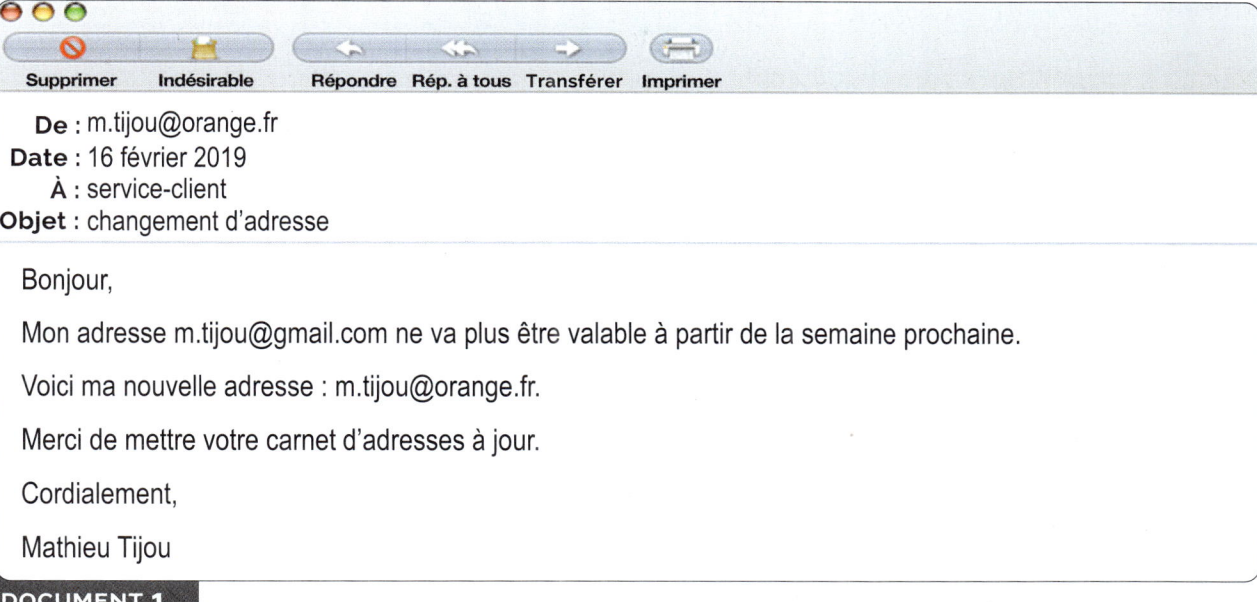

DOCUMENT 1

COMPRÉHENSION

1. Lisez le DOCUMENT 1 et répondez.
  a. Qui écrit ? À qui ?
  b. Pour quelle raison ?
     Quand a lieu le changement ?
  c. C'est un courriel pour :
     ▸ un ami.
     ▸ un service administratif.

Apprendre

Avant d'écrire, je relis la consigne une dernière fois.
Je vérifie les informations à donner.

2. Par deux, identifiez les éléments suivants.
  ✓ le destinataire   ✓ la formule de politesse
  ✓ l'expéditeur   ✓ l'information principale
  ✓ la date   ✓ la demande
  ✓ l'objet

EXPRESSION

3. a Par deux. Chacun choisit une situation.

Situation 1 : Vous écrivez un courriel à un ami pour l'informer de votre déménagement. Attention aux formules de politesse ! (Vous pouvez relire la e-carte postale de l'unité 3.)

Situation 2 : Vous écrivez un courriel à votre entreprise pour l'informer de votre changement d'adresse postale.

b Individuellement, écrivez le courriel.

c Comparez vos deux courriels.

mémo Grammaire

1. Les adjectifs possessifs (2)

Rappel :

	masculin singulier	féminin singulier	pluriel
à moi	mon	ma	mes
à toi	ton	ta	tes
à elle/lui	son	sa	ses
à nous/on	notre	notre	nos
à vous	votre	votre	vos
à elles/eux	leur	leur	leurs

Attention ! Devant un nom féminin qui commence par une voyelle, on utilise *mon, ton, son*.
*C'est **mon** amie. C'est Marie, **son** élève.*

Répondez avec un adjectif possessif.
Exemple : Comment s'appelle le frère de Julie ? [Marc] → Son frère s'appelle Marc.
a. Quel âge a la meilleure amie de Nicolas ? [22 ans]
b. Quelle est l'adresse e-mail de Benjamin ? [benji@gmail.com]
c. Comment s'appellent les chiens de ses parents ? [Pouf et Ours]
d. À qui est ce sac ? [à vous]
e. À qui sont ces enfants ? [à nous]

C'est mon amie.
Ce sont mes étudiants.

2. Le passé récent

Le passé récent indique une **action terminée** depuis peu.
*Je **viens de** finir ce livre.*

- Le passé récent se construit avec le verbe **venir** et la préposition **de**.

> sujet + ***venir*** au présent de l'indicatif + ***de*** + verbe à l'infinitif

*Nous **venons de** quitter le restaurant.*

- À la **forme négative**, la négation entoure le verbe *venir*.

> sujet + ***ne*** + ***venir*** au présent de l'indicatif + ***pas*** + **de** + verbe à l'infinitif

*Il **ne** vient **pas** de courir.*

Transformez. Utilisez le passé récent.
a. Je pars.
b. Elle sort de chez moi.
c. Nous rencontrons Julie.
d. Ils ont fait le tour du monde.
e. Elle a envoyé un SMS.

Je **viens de** finir.
Tu **viens de** partir.
Il/Elle/On **vient d'**arrêter.
Nous **venons de** manger.
Vous **venez de** dormir.
Ils/Elles **viennent de** faire du sport.

3. Les pronoms compléments directs *le, la, les*

Le pronom **remplace un nom** (de personne, de chose ou d'idée).

	masculin	féminin
singulier	le	la
pluriel	les	

- Le pronom complément direct remplace un nom placé directement après le verbe.
*Il regarde Julie. → Il **la** regarde. Il ne **la** regarde pas.*

- Le pronom complément répond à la question *qui ?* ou *quoi ?*
*Il **la** regarde. Regarde qui ? → **la** (= Julie)*

Attention ! Devant un verbe qui commence par une voyelle, *le* ou *la* → *l'*.
*Julie, il **l'**imagine grande et rousse. Il **l'**aime déjà !*

Remplacez les mots en gras par un pronom complément.
a. Marie regarde **ce film** au cinéma.
b. Les artistes préparent **leur exposition**.
c. Jacques ne vend pas **sa voiture**.
d. J'allume **mon téléphone** pour consulter mes messages.
e. Paul n'aime pas beaucoup **sa sœur**.

UNITÉ 7

4. La comparaison

- On utilise la comparaison pour comparer des personnes, des choses ou des idées.
Il est plus grand que moi.

- La comparaison peut porter sur **un adjectif** ou **un nom**.

	−	=	+
+ un adjectif	moins… que	aussi… que	plus… que
+ un nom	moins de… (que)	autant de… (que)	plus de… (que)

*Cet appartement est **plus** grand **que** l'autre.*
*Il y a **plus de** chambres **que** dans l'autre.*

Attention ! Devant un nom qui commence par une voyelle, *de* → *d'*.
*Elle fait moins **d'**exercices que toi.*

On prononce le *s* dans les expressions *plus de* et *plus que*.

Complétez avec un élément de comparaison.
a. [+] Cet appartement est (spacieux) …. ton appartement.
b. [−] Ma maison a coûté (cher) …. ta maison.
c. [=] Ma maison est (grande) …. ta maison.
d. [=] Il y a …. pièces dans nos deux maisons.
e. [−] J'ai …. argent que toi !

5. Les pronoms toniques (2) et les prépositions

Rappel : Le pronom **tonique** sert à insister.
***Lui**, il est anglais mais **nous**, on est français.*

- On utilise le pronom tonique avec *et*.
*Paul et **moi**, nous sommes allés au cinéma.*

- On utilise le pronom tonique après une préposition : *chez, pour, avec, sans, en face de, à côté de…*
*Ce week-end, mon frère rentre chez **nous**. Sans **lui**, je m'ennuie.*

moi
toi
lui/elle
nous
vous
eux/elles

Remplacez les mots en gras par un pronom tonique.
a. Paul va dîner chez **ses parents**.
b. Je suis bien avec **Marie**.
c. Pour **mon meilleur ami**, je suis capable de tout !
d. J'aime bien discuter avec **ma sœur et ma mère**.
e. Il ne peut pas vivre sans **son chien**.

6. Le passé composé (4) : synthèse

Rappel : Le passé composé présente des actions passées, ponctuelles et limitées dans le temps.

- **À la forme affirmative :**
*Hier, je **suis allée** au restaurant et j'**ai mangé** une crêpe au chocolat.*
(action ponctuelle)   (action ponctuelle)

> sujet + ***avoir*** ou ***être**** au présent de l'indicatif + **participe passé** du verbe

* DR & MRS VANDERTRAMPP : *Devenir, Revenir, Monter, Rester, Sortir, Venir, Aller, Naître, Descendre, Entrer, Retourner, Tomber, Rentrer, Arriver, Mourir, Partir, Passer*

- **À la forme négative :**
*Elles ne **sont** pas **nées** en 2020.*

> sujet + *ne* + ***avoir*** ou ***être*** au présent de l'indicatif + *pas* + **participe passé** du verbe

- Avec *être*, le participe passé s'accorde en genre et en nombre avec le sujet.

Attention ! Il y a des participes passés irréguliers. → *Conjugaison p. 174*

Réécrivez ce texte au passé composé.
Aujourd'hui, Émilie déménage. Elle quitte Paris pour aller à Tours. Elle part à 7 heures du matin avec son mari. Ils arrivent à 10 heures. Ils rencontrent leurs voisins. Ils dînent chez eux.
→ *Hier, Émilie…*

mémo

▶ 152 | lexique p. 126   ▶ 153 | communication p. 127

Phonétique

Les sons [ɛ] et [œ]
[ɛ] : —
[œ] : •

Les sons [y], [i] et [e]
[y] : •, 😊, →
[i] : —, 😊, →
[e] : —, 😊, →

Les semi-voyelles
[j] : ressemble au son « i » →
[ɥ] : ressemble au son « u » →
[w] : ressemble au son « ou » ⇸

Lexique

La famille

la grand-mère — le grand-père

la mère — le père

la fille / la sœur   le fils / le frère

la belle sœur
le beau-frère
la nièce
le neveu

Le logement

 un appartement, un loft

 un studio

 une maison

 un chalet

 un logement meublé ≠ **non meublé**

Les pièces de la maison

 un salon
 un séjour
 une cuisine
 une chambre

 une salle de bains
 un balcon
 une cour
 les toilettes (WC)

1. Sans queue ni tête !

Votre voisin(e) ne comprend pas les liens dans votre famille. Créez des phrases sans queue ni tête !

*Leur sœur n'est pas ma sœur.
Ce n'est pas non plus votre sœur.
C'est leur sœur !*

2. Jouez au détective privé !

Vous observez l'appartement de vos voisins : il y a Mlle Rose, M. Moutarde, Mme Verte, des enfants, un chien et une chaussette. Décrivez ce que vous voyez à votre voisin(e) sans donner les noms.

*- Je le vois dans le salon.
- Qui ? Monsieur Moutarde ?
- Non, le chien !*

3. Décrivez votre logement à votre voisin(e).

Écrivez 5 phrases pour comparer vos deux logements.

UNITÉ 7

Pourquoi déménager ?

⇨ Justifier un choix
- J'ai quitté Paris pour avoir plus de confort.
- J'ai quitté Paris parce que c'est cher.

⇨ Changer de vie
- déménager
- emménager
- chercher
- trouver
- quitter
- louer
- acheter
- vendre

⇨ Dire l'objet d'un appel
- J'appelle pour avoir un renseignement.
- C'est au sujet de l'annonce.
- C'est pour une réservation.
- J'appelle pour avoir de tes nouvelles.

⇨ Indiquer une action récente
- Je viens de déménager !
- Nous venons d'acheter une maison.
- Elle vient de se marier.

Mission

1. Vous habitez avec votre ami(e). Vous avez un problème lié à votre appartement (taille, voisinage...) et venez de décider de déménager.

2. Individuellement, vous cherchez des annonces sur Internet. Vous sélectionnez des appartements en fonction de vos choix (vivre en province, le prix, la superficie...).

3. Par deux, vous discutez de vos choix et vous trouvez un accord par téléphone.

Partez !!!

Il y a un problème ?

Quand vous avez un problème, vous faites quoi ? Vous cherchez à comprendre d'où vient le problème ? Vous parlez à des amis ? Vous jouez au Rubik's Cube pour réfléchir ?

UNITÉ 8

130

1. Parler de sa santé | p. 130
2. Donner son opinion | p. 132
3. Exprimer son accord et son désaccord | p. 134

136
LAB' LANGUE & CULTURE

Projet

Imaginer un objet connecté pour l'apprentissage | p. 137

138
ATELIERS

Exposer un problème | p. 138
Écrire une invitation par courriel | p. 139

140
MÉMO

Mission

Il y a un problème ? | p. 143

Situation 1 — Parler de sa santé

1. Regardez et lisez le DOCUMENT 1. Comparez le sommeil des Français avec votre sommeil.

10 ASTUCES POUR BIEN DORMIR

- Massez votre visage.
- Fermez les yeux et pensez à chaque partie du corps : les jambes, les bras, le cou…
- Dînez léger !
- Arrêtez le café après 16 h.
- Ne faites pas de sport après 18 h !
- Écrivez les choses importantes sur un carnet et oubliez vos soucis.
- Prenez un bain chaud.
- Déconnectez ! Évitez les écrans une heure avant de dormir.

DOCUMENT 2

2. Lisez le DOCUMENT 2 et répondez.
  a. À votre avis, c'est quoi « une astuce » ?
  b. Classez les conseils en trois catégories : repas, activités, corps.
  c. Pour bien dormir, qu'est-ce qu'on doit faire pendant la journée ? Juste avant de dormir ?

3. ▶154 | Écoutez le dialogue et répondez.
  a. Quel est le problème de Louison ?
  b. Quels conseils donne son ami ?

4. 👉 Votre voisin(e) a mal au dos. Vous le (la) conseillez.

1h30 DE SOMMEIL EN MOINS

Depuis 50 ans, les Français ont réduit leur temps de sommeil. Ils dorment 6 h 58 en semaine et 7 h 50 le week-end, mais 8 heures sont nécessaires en moyenne pour une bonne récupération.

DOCUMENT 1

L'impératif

👁 **Observez.**

Fermez les yeux !
<u>Ne</u> **faites** <u>pas</u> de sport après 18 h !
Arrête les jeux vidéo !
Prends un peu de lait chaud !

⚙ **Réfléchissez.**

a) Associez.
Fermez les yeux ! • • tu
Arrête ! • • vous

b) Répondez.
Où se place la négation ?

✏ **Appliquez.** Transformez les phrases comme dans l'exemple.

Arrête. → ***N'arrêtez pas.***
Regarde la télé. → ….
Bois du café. → ….

Les parties du corps

le bras	la main
la tête	la bouche
le cou	le ventre
la jambe	le doigt
l'œil (les yeux)	la dent

Se détendre

5. Tout le groupe fait une séance de relaxation. Chacun votre tour, vous donnez des instructions.
Respirez ! Imaginez un beau paysage !

UNITÉ 8

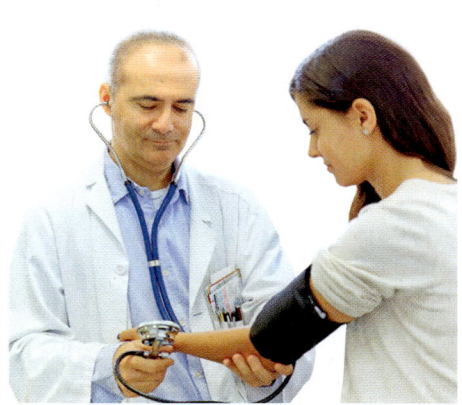

DOCUMENT 3

6. Regardez le DOCUMENT 3. Choisissez les bonnes réponses.

Je peux utiliser la carte vitale pour…
a. téléphoner.
b. aller chez le docteur.
c. acheter des médicaments.

7. ⓐ ▶155 | Écoutez les dialogues et associez les symptômes à la maladie.

- un rhume •
- une grippe •

- • mal à la tête
- • toux
- • fièvre
- • mal à la gorge

ⓑ Écoutez à nouveau. Pour chaque dialogue, notez les instructions et les conseils du médecin.

8. 👉 Lisez les phrases. Qui dit quoi ?
▶ Le médecin : ….
▶ Le patient : ….

- J'ai mal à la gorge.
- Vous avez de la fièvre ?
- Respirez bien fort.
- Je vous fais une ordonnance.
- Vous avez votre carte vitale ?
- J'ai mal au ventre.

9. LE SON [a]

ⓐ ▶156 | Écoutez et dites combien de fois vous entendez le son [a].

ⓑ ▶157 | Écoutez et répétez. Puis associez.

[a] •
- • bouche très ouverte 🟠
- • bouche fermée 🟣
- • lèvres tirées ▬
- • lèvres tirées ▬ et arrondies •

Chez le médecin

une maladie
une grippe
un rhume
la toux
une ordonnance
une carte vitale
un médicament

10. Par groupes. Dans chaque groupe, il y a un docteur et des patients. Chaque patient tire une carte. Le docteur pose des questions à chaque patient et doit deviner le problème de chacun.

 Guide pratique de classe

Action

11. ✏️ | Sur un forum, écrivez quelques conseils pour être bien au quotidien.

12. 🗣️ | Vous êtes malade. Vous allez chez le médecin. Par deux, imaginez la conversation.

Situation 2 — Donner son opinion

1. Regardez le DOCUMENT 1. Quels objets connectés est-ce que vous utilisez ? Quels objets vous semblent intéressants ?

> **Désigner un objet**
>
> J'utilise cet objet.
> Cette liseuse est très pratique.
> Je connais bien ces objets.
> Ce vêtement est connecté.

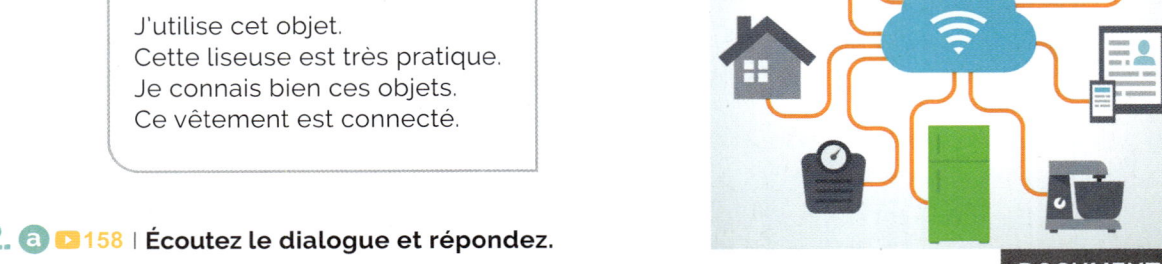

DOCUMENT 1

2. a) 158 | Écoutez le dialogue et répondez.
   a. Qu'est-ce que la femme veut acheter ?
   b. Regardez ces photos. Quels objets est-ce que le vendeur propose ?

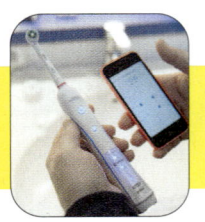    

une brosse à dents — une montre — un bracelet — un thermomètre — un porte-clés

   c. Finalement, qu'est-ce que la femme achète ?

b) Écoutez à nouveau. Associez chaque objet à ses utilisations.
   a. regarder un film
   b. trouver un objet perdu
   c. téléphoner
   d. écouter de la musique
   e. connaître le temps de sommeil
   f. prendre des photos
   g. regarder des mails
   h. connaître le nombre de kilomètres
   i. regarder l'heure

3. Échangez. Quels sont les objets que vous gardez toujours avec vous ? Pourquoi ?

LES pronoms démonstratifs

👁 **Observez.**
Celle-ci a beaucoup de succès.
Celle-là est moins pratique.
Celui-là est bien et pas très cher.
Celui-ci coûte plus cher.

⚙ **Réfléchissez.**
Dans le dialogue, *celui-là* et *celle-ci* remplacent quels mots ?

✎ **Appliquez. Complétez les conversations.**
- Je cherche un robot pour faire le ménage.
- …. , dans la vitrine, est très efficace.

- Je voudrais une paire de lunettes connectée.
- …. , à côté de vous, n'est pas très chère.

Imaginer

4. Vous avez un casque de réalité virtuelle. Vous avez envie de voir quel paysage pour vous détendre ? Décrivez-le.

UNITÉ 8

SOPHIA, UNE FEMME PAS COMME LES AUTRES

Elle est saoudienne. Elle est célèbre. Elle a le visage d'Audrey Hepburn. Cette femme, c'est Sophia. Dans son interview, elle parle de ses projets : faire des études d'art et avoir une famille. Mais Sophia est une machine. C'est un robot qui est capable de marcher lentement et de parler. Elle exprime des émotions et peut apprendre par elle-même. Son créateur pense que son intelligence artificielle est exceptionnelle. D'autres scientifiques trouvent que cette super intelligence n'est pas suffisante. Les réponses que Sophia donne, ne sont pas toujours naturelles. Elles sont même inquiétantes… Sophia dit, par exemple, que tous ces nouveaux robots veulent détruire les humains.

DOCUMENT 2

5. a Regardez la photo et lisez le titre du DOCUMENT 2. Répondez.
   a. À votre avis, quel est le thème de l'article ?
   b. À votre avis, qui est cette femme ?

b Lisez l'article et répondez.
   a. Vérifiez vos réponses et présentez Sophia.
   b. Qu'est-ce que Sophia veut faire et sait faire ?

c Lisez à nouveau et répondez aux questions.
   a. Qu'est-ce que le créateur pense de son robot ?
   b. Qu'est-ce que d'autres scientifiques pensent de Sophia ?

LES pronoms relatifs QUI ET QUE

Observez.
C'est un robot **qui** est capable de marcher lentement et de parler.
Les réponses **que** Sophia donne, ne sont pas toujours naturelles.

Réfléchissez.
Dans la phrase, *qui* est un sujet ou un complément ? Et *que* ?

Appliquez. Complétez avec *qui* ou *que*.
Je voudrais une montre …. je peux utiliser pour téléphoner.
C'est un robot …. chante et …. danse.

6. Échangez. Vous avez un robot chez vous ? Est-ce que vous aimeriez avoir un robot ? Est-ce que les robots sont positifs pour la science ? La santé ? Le travail ?

7. LES SONS /R/ ET [l]

a ▶159 | Écoutez. Vous entendez /R/, [l] ou les deux ?
   a. ….   b. ….   c. ….   d. ….   e. ….

b ▶160 | Écoutez et répétez. Puis associez.

/R/ • • pointe de la langue en bas
[l] • • pointe de la langue en haut

8. Faites deviner une invention à votre voisin(e).

C'est un objet qui montre des images et des films.
C'est une machine que je regarde souvent le soir.
→ *la télévision*

> **Donner son opinion**
>
> Il pense qu'elle est exceptionnelle.
> À mon avis, c'est très utile.
> Je trouve que ce robot est formidable.

Action

9. ✏️ | Est-ce que les objets connectés sont vraiment utiles ? Sur un forum, donnez votre avis.

10. 🔊 | Par deux. Vous devez choisir ensemble un cadeau pour un(e) étudiant(e) de la classe. Discutez puis décrivez l'objet.

cent trente-trois **133**

SITUATION 3 — Exprimer son accord et son désaccord

1. Regardez les logos.
Quels médias francophones est-ce que vous connaissez ? De quels pays ?

DOCUMENT 1

♥ LingQ

Étudiant chinois voudrait apprendre le français
Passanstoi
Bonjour,
J'ai habité au Canada pendant 6 mois et maintenant j'habite en France. Je voudrais faire connaissance avec un(e) Français(e) pour progresser en français, surtout à l'oral. Je peux donner des cours de chinois.
Si vous êtes intéressé(e), contactez-moi !
Merci et à bientôt !

Échange français-espagnol
Jhonatangm
Bonjour !
Je m'appelle Jhonatan. Je suis péruvien et j'apprends le français à l'Alliance française de Lima depuis un an. Je voudrais parler avec des francophones pour progresser en français et, en échange, on peut parler en espagnol.
Je suis disponible le soir en général.

2. a Regardez le DOCUMENT 1. Comment s'appelle le site ? Qui écrit ? Et pourquoi ?

b Lisez les messages sur le site et associez.

a. Il est péruvien.
b. Il apprend le français depuis un an.
c. Il voudrait progresser en français.
d. Il a habité au Canada.
e. Il peut donner des cours de chinois.

1. Passanstoi
2. Jhonatangm

3. ▶ 161 | Vrai ou faux ? Écoutez et répondez.
a. Paco a passé une annonce sur LinQ.
b. Il voudrait parler en français.
c. La jeune femme utilise LinQ tous les jours.
d. Elle aime bien ce réseau social.
e. Elle utilise LinQ depuis deux ans.

LA DURÉE AVEC *pendant* ET *depuis*

👁 **Observez.**
Je suis inscrite **depuis** deux mois.
J'ai habité au Canada **pendant** 6 mois.

⚙ **Réfléchissez. Associez.**

pendant • • On connaît la fin de la durée.
depuis • • On ne connaît pas la fin de la durée.

✏ **Appliquez.** Complétez avec *depuis* ou *pendant*.
Je suis parti en vacances au Maroc .... deux semaines.
Il habite en Italie .... 2016.

Les réseaux sociaux
un internaute
une messagerie
une discussion
un forum
tchatter
s'inscrire sur un réseau social
partager / commenter une publication
publier des informations, des photos

Se détendre

4. Présentez les réseaux sociaux et applications que vous utilisez. À quoi est-ce qu'ils servent ?

UNITÉ 8

5. Qu'est-ce qui est difficile quand on apprend le français ? Échangez.

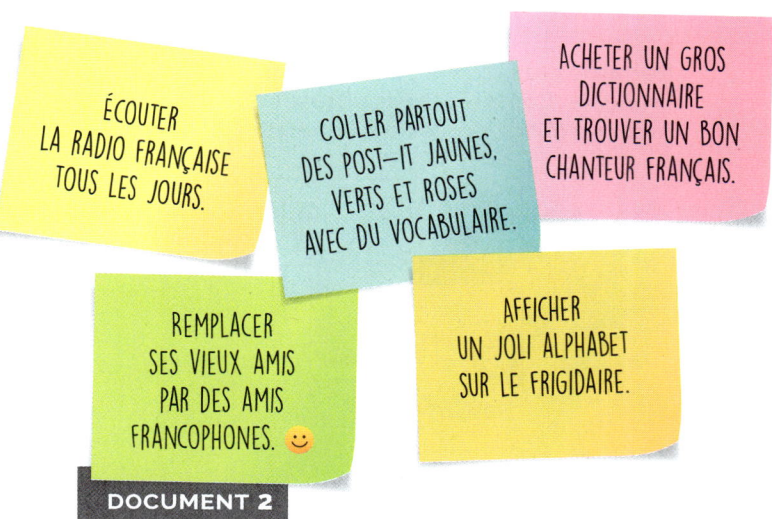

DOCUMENT 2

> **Exprimer son accord et son désaccord**
>
> Je suis d'accord. ≠ Je ne suis pas d'accord (avec toi).
> Vous avez raison. / Tu as raison.
> C'est vrai !

6. Lisez le **DOCUMENT 2** et répondez.
   a. Ce sont des conseils pour faire quoi ?
   b. Pour chaque post-it, dites si vous faites la même chose.

7. a ▶162 | Écoutez les dialogues. Associez chaque dialogue à un post-it.
   b Écoutez à nouveau. Est-ce que les personnes sont d'accord avec les conseils des post-it ?

8. LA LIAISON (2)

   a ▶163 | Écoutez. Est-ce que vous entendez la liaison entre les mots ?
   a. mes vieux amis   c. les bons artistes
   b. des amis exceptionnels d. des artistes engagés

   b ▶164 | Notez les liaisons ‿ , puis écoutez et répétez.
   a. mes vieux amis   c. un bon ami
   b. un petit ami   d. les bons amis

LA **place** DES ADJECTIFS

👁 **Observez.**

ses vieux amis | un gros dictionnaire |
un bon chanteur | un joli alphabet |
la radio française | des post-it verts

⚙ **Réfléchissez.** Placez les adjectifs dans le tableau.

avant le nom	après le nom
….	….

✏ **Appliquez.** Placez les adjectifs dans les phrases.

J'ai acheté un …. cahier …. . (petit)
Il a besoin d'un …. crayon …. . (bleu)

9. 👍 Qu'est-ce que vous utilisez pour étudier le français ? Décrivez vos outils.

J'utilise un gros dictionnaire, un petit crayon vert…

Action

10. ✏ | Vous voulez progresser en français. Vous écrivez un message sur LinQ. Vous indiquez depuis combien de temps vous apprenez le français. (40 mots)

11. a 🗣 | Par deux, dites si vous êtes d'accord ou pas.
▸ Les réseaux sociaux sont inutiles.
▸ Les robots sont dangereux.

b Sur des post-it, imaginez d'autres affirmations. Collez les post-it au tableau et réagissez !

cent trente-cinq **135**

LAB' LANGUE & CULTURE

LA GRIPPE

Regardez la brochure de prévention contre la grippe et complétez.

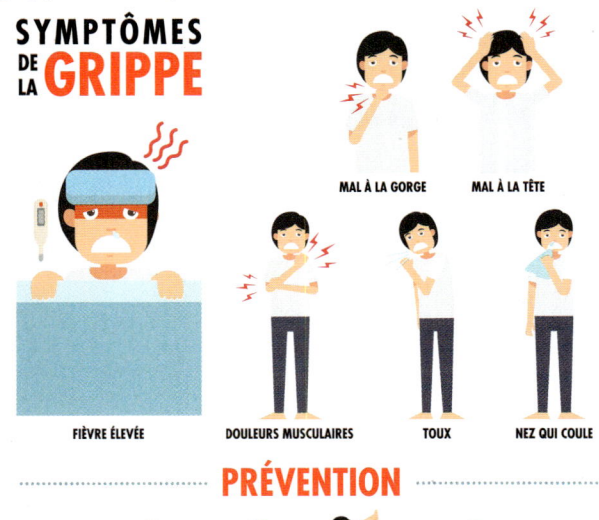

Symptômes : Vous avez de la fièvre, ….
Prévention : Buvez beaucoup d'eau, ….

LE SYSTÈME DE SANTÉ EN FRANCE

▶ 165 | **Vrai ou faux ? Écoutez et répondez.**

a. En France, quand on est malade, on doit prendre rendez-vous pour voir un médecin.
b. Une consultation chez le médecin coûte moins de 30 euros.
c. Je ne peux pas voir de médecin si je n'ai pas de carte vitale.
d. Sans ordonnance, je ne peux pas acheter de médicament pour la gorge.
e. Pour aller chez le dentiste, je dois d'abord voir un médecin généraliste.

LE SON [a]

▶ 166 | **Écoutez les questions du médecin et répondez.**

a. Vous avez mal où ?
b. Vous avez mal à la gorge ?
c. Vous avez mal à la tête ?
d. Vous avez de la température ?
e. Vous avez votre carte vitale ?

LES OBJETS CONNECTÉS

Regardez les objets connectés préférés des Français. Complétez les phrases avec *qui* ou *que* puis retrouvez l'objet sur l'image.

a. C'est un objet …. ressemble à une montre et …. j'utilise pour courir.
b. C'est un objet …. j'ai toujours dans la poche pour rentrer chez moi.
c. C'est un objet …. a beaucoup d'applis.

LE ROBOT BUDDY

Complétez l'article avec les adjectifs.

intelligent | gros | bon | petit | français

UN ROBOT POUR ANIMAL DE COMPAGNIE

Vous connaissez Buddy ? C'est un …. robot …. qui joue avec vos enfants. Ce robot …. ressemble à un animal de compagnie. Il est moins encombrant qu'un …. chien et ne coûte pas cher à nourrir. Ce robot est un …. ami pour les personnes seules.
Aujourd'hui, vous pouvez acheter ce nouvel ami pour 1300 euros.

LA LIAISON

▶ 167 | **Écoutez et notez les liaisons ⌣.**
Vous entendez quel son ?

a. un petit animal de compagnie
b. un grand artiste
c. des bonnes émissions
d. des nouveaux amis
e. des gros ennuis

UNITÉ 8

TV5 MONDE

Lisez le texte et complétez avec *pendant* et *depuis*.

TV5 existe .... 1984 et regroupe des émissions de cinq chaînes de télévisions francophones. .... 21 ans, cette chaîne a diffusé des programmes différents sur chaque continent. .... 2005, la chaîne s'appelle TV5MONDE et diffuse les mêmes programmes dans tous les pays du monde. .... 2009, la chaîne propose également des émissions pour enfants. Tous les programmes sont disponibles sur Internet. .... quelques minutes ou quelques heures, vous pouvez écouter la langue française parlée dans différents pays francophones.

LES PENSÉES DE BEN

Lisez cette citation. Est-ce que vous êtes d'accord avec l'artiste Ben ?

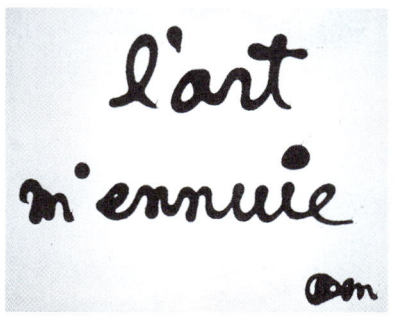

Les Français disent...

« Poser un lapin » signifie :
- Faire de la magie.
- Ne pas aller à un rendez-vous.
- Aimer les animaux.

Je suis...

Je suis un médecin français du XIXe siècle.
J'ai trouvé des vaccins contre des maladies (comme la rage). Aujourd'hui, un grand institut de recherche porte mon nom.

Jouons avec les sons !

▶168 | **Écoutez et essayez de répéter.**
Ce lama a mal à la rate !
La pauvre chèvre a de la fièvre !

PROJET

Imaginer un objet connecté pour l'apprentissage

▶ **Vidéo lab'**

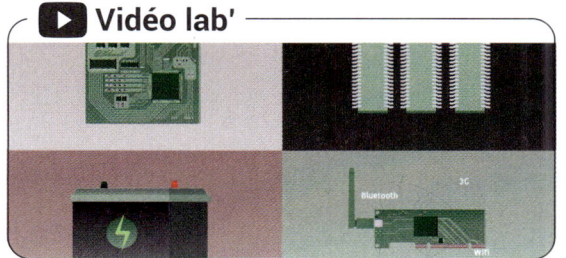

Retrouvez **LA VIDÉO ET LES ACTIVITÉS p. 156**

▶ **À deux**

Faites une liste des problèmes que vous rencontrez pour apprendre le français (comprendre un mot, conjuguer un verbe, écrire un texte en français, etc.).

▶ **Ensemble**

Réfléchissez à un objet connecté utile pour l'apprentissage du français.

Présentez cet objet à la classe.
Réagissez aux commentaires sur votre objet.

Ateliers — Exposer un problème

DOCUMENT 1

COMPRÉHENSION

1. Regardez le DOCUMENT 1 et complétez la fiche.

- Coût : …. / mois
- …., …. / …. illimités
- ○ avec engagement
- ○ sans engagement
- …. Go

2. a ▶169 | Écoutez le dialogue et complétez.
- Problèmes : 1. ….   2. ….
- Solutions : 1. ….   2. ….

b Écoutez à nouveau. Que dit le client ?
a. J'ai choisi le forfait B&YOU mais ….
b. – Vous avez essayé d'éteindre et de rallumer votre portable ?
– Oui, mais ….
c. Et puis, j'ai …. ma facture.

Le téléphone portable

un appel / un message / un SMS
un forfait
le wi-fi
un réseau
une appli (application)
éteindre / (r)allumer
être déchargé
recharger la batterie

Exposer un problème

J'ai quelques problèmes.
J'ai un problème avec ma facture.
J'ai essayé mais ça ne marche pas.
Je ne comprends pas pourquoi ça ne fonctionne pas.

Apprendre
Pour jouer un dialogue, je respecte les formules de politesse.

EXPRESSION

3. Par deux, faites une liste de problèmes liés aux nouvelles technologies. Pour chaque problème, réfléchissez à des solutions possibles.

4. Imaginez la conversation : un client a un problème avec une machine, il discute avec l'employé.

Écrire une invitation par courriel

UNITÉ 8

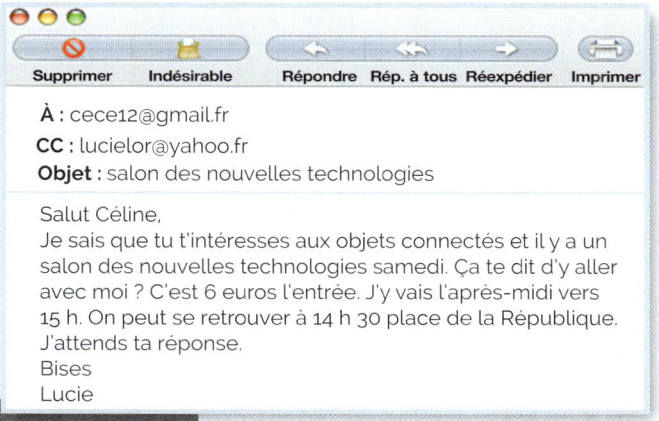

À : cece12@gmail.fr
CC : lucielor@yahoo.fr
Objet : salon des nouvelles technologies

Salut Céline,
Je sais que tu t'intéresses aux objets connectés et il y a un salon des nouvelles technologies samedi. Ça te dit d'y aller avec moi ? C'est 6 euros l'entrée. J'y vais l'après-midi vers 15 h. On peut se retrouver à 14 h 30 place de la République. J'attends ta réponse.
Bises
Lucie

DOCUMENT 1

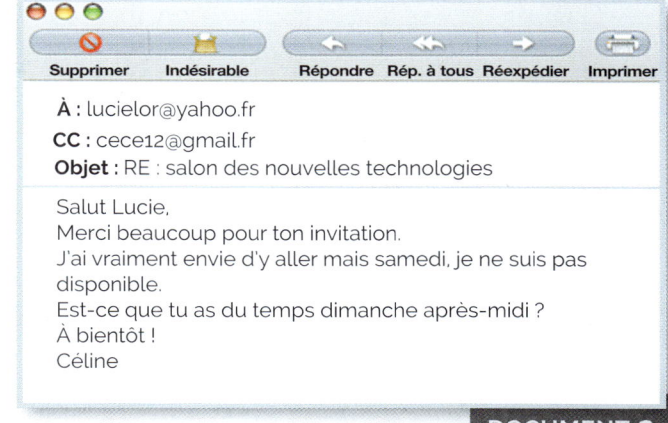

À : lucielor@yahoo.fr
CC : cece12@gmail.fr
Objet : RE : salon des nouvelles technologies

Salut Lucie,
Merci beaucoup pour ton invitation.
J'ai vraiment envie d'y aller mais samedi, je ne suis pas disponible.
Est-ce que tu as du temps dimanche après-midi ?
À bientôt !
Céline

DOCUMENT 2

COMPRÉHENSION

1. Lisez le DOCUMENT 1 et répondez.
   a. Quel est l'objet du message ?
   b. Où est le rendez-vous ?
      Quel jour ?
      À quelle heure ?
   c. Combien ça coûte ?

2. Relisez le message.
   Quelles sont les expressions :
   a. pour saluer la personne ?
   b. pour terminer le message ?

3. Regardez le DOCUMENT 2 et répondez.
   a. Céline accepte ou refuse l'invitation pour samedi ?
   b. Pourquoi ?
   c. Qu'est-ce qu'elle propose ?

EXPRESSION

4. Par deux, faites une liste des activités qu'on peut proposer à un ami.

5. a Choisissez une activité et écrivez un message d'invitation pour un ami.
   Indiquez l'ensemble des informations pratiques : jour, heure, prix...

   b Relisez votre message.
   Vous avez donné toutes les informations ?
   Vous avez bien respecté la forme du message ?

   c Distribuez les messages dans la classe. Répondez au message.

Apprendre

Quand j'écris un courriel, je respecte sa forme : formule d'appel et salutations.

Inviter

Qu'est-ce que tu fais ce soir ?
Ça te dit d'aller au cinéma ?
Tu es libre jeudi ?
Tu as envie d'aller au salon des nouvelles technologies ?
Tu veux aller au restaurant ?
On se retrouve où ?

mémo Grammaire

1. L'impératif

On utilise l'impératif pour donner une instruction, un conseil ou un ordre.
Écoutez la chanson.

Attention ! Pour les ordres, on met souvent un **!** à la fin de la phrase.
Écoutez !

- On utilise l'impératif pour *tu*, *nous* et *vous* mais **sans pronom sujet**.
Écoute la chanson. (= tu)
Écoutons la chanson. (= nous)
Écoutez la chanson. (= vous)

- La **conjugaison** à l'impératif est la même que celle au présent de l'indicatif.

	verbe en **-er**	verbe en **-ir**
impératif affirmatif	écoute écoutons écoutez	finis finissons finissez
impératif négatif	n'écoute pas n'écoutons pas n'écoutez pas	ne finis pas ne finissons pas ne finissez pas

Attention ! - Pour les verbes en *-er*, pas de *s* à la 2ᵉ pers. du singulier.
- Il y a des verbes irréguliers. *avoir* → *aie, ayons, ayons*
être → *sois, soyons, soyez*   *aller, savoir, etc.* → Conjugaison p. 174

- Les **pronoms compléments** *le*, *la*, *les* se placent après le verbe à l'impératif affirmatif et avant le verbe à l'impératif négatif.
Regarde-la. Ne la regarde pas !

Transformez ces phrases à l'impératif.
a. Vous devez arrêter le café après 16 heures.
b. Tu ne dois pas prendre un bain trop chaud.
c. Nous devons nous reposer.
d. Vous ne devez pas vous levez après 10 heures.
e. Vous devez être courageux.

Le ton est plus strict pour un ordre.

2. Les pronoms démonstratifs

Le pronom démonstratif remplace un élément désigné avant.
On l'utilise pour **montrer**.
– *Je voudrais voir cette montre.*
– ***Celle*** *à 50 euros ?*

- Le pronom démonstratif change selon le **genre** et le **nombre** du mot remplacé.

	masculin	féminin
singulier	celui	celle
pluriel	ceux	celles

- On utilise *-là* après le pronom démonstratif pour désigner une personne ou une chose parmi d'autres.
Ce garçon n'est pas très sympa. ***Celui-là*** *non plus.*

- On utilise *-ci* après le pronom démonstratif pour proposer ou faire un choix.
– *Tu préfères quelle montre :* ***celle-ci*** *ou* ***celle-là*** *?*
– ***Celle-ci*** *est plus jolie.*

Attention ! *-ci* est plus près du locuteur que *-là*.

Associez.
a. J'aime bien ce bracelet.
b. Tu veux quelle brosse à dents électrique ?
c. Je vais prendre ces tomates.
d. Je n'aime pas les objets connectés.
e. Tu vas prendre celui-ci ?

1. Ou celui-là ?
2. Celles-ci ?
3. Celui-ci ?
4. Celle-là !
5. Même pas ceux-là ?

UNITÉ 8

3. Les pronoms relatifs *qui* et *que*

Pour éviter une répétition, le pronom relatif remplace un nom et relie deux phrases.
Sophia est un robot. Ce robot peut exprimer des émotions.
Sophia est un robot qui peut exprimer des émotions.

- Le pronom relatif *qui* est **sujet**.
Sophia est un robot qui peut exprimer des émotions.
                        (sujet)

- Le pronom relatif *que* est **complément d'objet direct**.
Sophia est un robot que j'adore. = J'adore ce robot.
                                        (complément)

Attention ! Devant un nom qui commence par une voyelle, *que* → *qu'*.
Sophia est une femme qu'Étienne adore.

Complétez avec *qui* ou *que*.
a. Elle a acheté une maison .... se trouve dans le sud de la France.
b. Je n'aime pas le téléphone .... tu as acheté.
c. C'est le château .... nous allons visiter demain.
d. C'est un robot .... est capable de parler.
e. Le médecin .... elle consulte habite dans son village.

4. La durée avec *pendant* et *depuis*

La durée exprime un temps.
J'habite à Paris depuis cinq ans.

- Avec *pendant*, on connaît la fin de la durée.
J'ai habité à Paris pendant cinq ans. (= Aujourd'hui, je n'habite plus à Paris.)

Attention ! On utilise rarement *pendant* avec le présent de l'indicatif.
J'ai travaillé pendant deux heures. Je vais travailler pendant deux heures.
(passé composé)   (futur proche)

- Avec *depuis*, on ne connaît pas la fin de la durée.
J'habite à Paris depuis cinq ans. (= Aujourd'hui, j'habite toujours à Paris.)

Choisissez.
a. Elle va s'installer aux États-Unis *depuis / pendant* quelques années.
b. Il travaille dans cette entreprise *depuis / pendant* l'année dernière.
c. Marc est resté en Australie *depuis / pendant* trois ans.
d. *Depuis / Pendant* les vacances, je vais aller à la mer avec des amies.
e. *Depuis / Pendant* cet été, je ne l'ai pas revu.

5. La place des adjectifs

L'adjectif est généralement à côté du nom.

Attention ! Il se place aussi après le verbe *être* : *Il est grand*.

- En général, l'adjectif se place **après le nom**.
Il écoute la radio francophone.

- L'adjectif court se place **avant le nom** : *petit, grand, gros, beau, joli, bon, mauvais, vieux, autre, nouveau…*
Elle porte un grand sac et un joli manteau.

Attention ! Devant un nom masculin singulier qui commence par une voyelle ou un h : *beau* → *bel*, *nouveau* → *nouvel*, *vieux* → *vieil*
Elle a un vieil ordinateur et lui, un bel ordinateur !
C'est un nouvel étudiant ?

- L'adjectif ordinal se place **avant le nom**.
Elle habite au premier étage. Elle est au dernier rang.

Attention ! On dit *la semaine / l'année dernière, le mois prochain*.

Remettez les mots dans l'ordre. Soulignez l'adjectif.
a. mon / jour / C' / premier / . / est
b. tu / idée / Est-ce / as / autre / que / une / ?
c. il / Dans / , / jolie / . / village / a / plage / ton / y / une
d. rencontré / bel / . / à / J' / un / ai / l' / étudiant / université
e. La / . / , / heures / ai / quarante / travaillé / dernière / j' / semaine

un vieil ordinateur, un bel ordinateur, au premier étage

mémo

▶ 170 | lexique p. 142   ▶ 171 | communication p. 143

Phonétique

Le son [a]

Les sons /R/ et [l]

La liaison (2)
mes vieux amis
un bon ami

Lexique

Les parties du corps

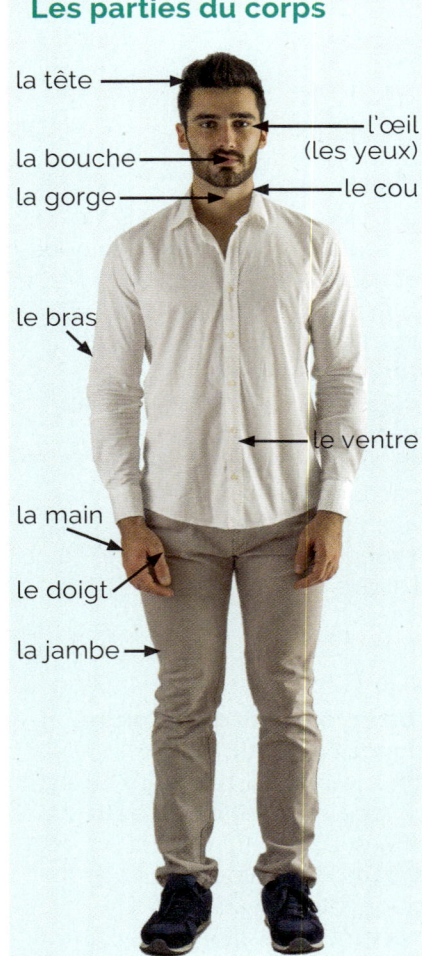

- la tête
- l'œil (les yeux)
- la bouche
- la gorge
- le cou
- le bras
- le ventre
- la main
- le doigt
- la jambe

Les réseaux sociaux et le téléphone

un internaute
une messagerie
une discussion | un forum | tchatter
partager | commenter
une publication | publier
un appel | un message | un SMS

un forfait
le wi-fi | un réseau
une appli (application)
éteindre | (r)allumer
être déchargé | recharger la batterie

Chez le médecin

une maladie

avoir mal à la tête

avoir de la fièvre

une grippe, un rhume

la toux, tousser

une ordonnance

une carte vitale

un médicament

---

1. De la tête aux pieds !
Une personne nomme une partie du corps. Une autre personne répète et continue la liste.

2. Respectez la vie privée !
Complétez cette charte sur l'usage du téléphone et d'Internet.
Éteignez votre téléphone la nuit. Ne publiez pas de photos de vos enfants.

3. Répétez ces phrases à voix haute le plus vite possible.
Je suis malade.
J'ai de la fièvre et mal à la tête.
Je crois que j'ai la grippe.
J'ai oublié ma carte vitale !

UNITÉ 8

Il y a un problème ?

➡ Exposer un problème
- J'ai quelques problèmes.
- J'ai un problème avec ma facture.
- J'ai essayé mais ça ne marche pas / ça ne fonctionne pas.

➡ Dire ce qui ne va pas
- Qu'est-ce qui ne va pas ?
- J'ai mal à la gorge et au ventre.
- J'ai de la fièvre / de la température.
- Je tousse.
- J'ai la grippe.

➡ Exprimer l'accord / le désaccord
- Je suis d'accord. ≠ Je ne suis pas d'accord (avec toi).
- Vous avez raison. / Tu as raison.
- C'est vrai !

➡ Donner son opinion
- Il pense qu'elle est exceptionnelle.
- À mon avis, c'est très utile.
- Je trouve que ce robot est formidable.
- Ça m'est égal.

➡ Inviter
- Qu'est-ce que tu fais ce soir ? Ça te dit d'aller au cinéma ?
- Tu es libre jeudi ? Tu as envie d'aller au salon des nouvelles technologies ?
- Tu veux aller au restaurant ?
- On se retrouve où ?

Mission

1. Pensez à un problème (santé, Internet, téléphone…).

Partez !!!

2. Regroupez-vous avec des personnes de la classe qui ont des problèmes similaires. Exposez votre problème et trouvez des solutions. Faites un poster.

3. Affichez votre poster dans la classe. Les autres donnent leur avis sur votre poster.

ÉPREUVE du DELF A1

Compréhension de l'oral — 25 points

Vous allez écouter plusieurs documents. Il y a 2 écoutes.
Dans les exercices 1, 2, 3 et 5, pour répondre aux questions, cochez la bonne réponse.

Exercice 1 — 4 points

▶ 172 | Lisez les questions. Écoutez le document puis répondez.
Vous habitez en France. Vous recevez ce message de votre amie française.

1. Quel jour est-ce que vous voyez Nathalie ? 1 point
   - a. ☐ Mardi.
   - b. ☐ Samedi.
   - c. ☐ Dimanche.

2. Quel moyen de transport est-ce que vous allez utiliser ? 1 point
   - a. ☐ Le bus.
   - b. ☐ Le train.
   - c. ☐ La voiture.

3. Qu'est-ce que Nathalie apporte ? 1 point
   - a. ☐ Le pain.
   - b. ☐ La salade.
   - c. ☐ Les boissons.

4. Quel temps est-ce qu'il va faire ? 1 point
   - a. ☐ Du soleil.
   - b. ☐ De la pluie.
   - c. ☐ Des nuages.

Exercice 2 — 4 points

▶ 173 | Lisez les questions. Écoutez le document puis répondez.
Vous êtes dans une gare en France. Vous entendez ce message.

1. Quel est le numéro du train ? 1 point
   - a. ☐ 8613
   - b. ☐ 8673
   - c. ☐ 3673

DELF A1

2. Où est-ce que les passagers de première classe doivent monter ? 1 point

A. ☐   B. ☐   C. ☐

3. Le train part… 1 point
   a. ☐ avec une minute d'avance.
   b. ☐ à l'heure.
   c. ☐ en retard.

4. Où doivent aller les parents de Théo ? 1 point

A. ☐   B. ☐   C. ☐

Exercice 3   4 points

▶ 174 | **Lisez les questions. Écoutez le document puis répondez.**
Vous travaillez dans une agence de voyage. Vous recevez ce message d'un collègue.

1. Quel est le problème de votre collègue ? 1 point
   a. ☐ Il est malade.
   b. ☐ Il a un rendez-vous.
   c. ☐ Sa voiture est en panne.

2. Quelle est la destination du voyage ? 1 point
   a. ☐ La ville.
   b. ☐ La montagne.
   c. ☐ La campagne.

3. Qu'est-ce que vous devez faire ? 1 point
   a. ☐ Envoyer un courriel.
   b. ☐ Réserver un voyage.
   c. ☐ Rencontrer Mme Lambert.

4. Quel est le numéro de téléphone de Mme Lambert ? 1 point
   a. ☐ 06 54 23 31 70.
   b. ☐ 06 54 23 21 90.
   c. ☐ 06 54 23 51 10.

Exercice 4 — 8 points

▶ 175 | Vous allez entendre quatre petits dialogues correspondant à quatre situations différentes. Il y a 15 secondes de pause après chaque dialogue. Notez, sous chaque image, le numéro du dialogue qui correspond. Puis vous allez entendre à nouveau les dialogues. Vous pouvez compléter vos réponses. Regardez les images. Attention, il y a six images (A, B, C, D, E et F) mais seulement quatre dialogues.

A.

Situation n°....

B.

Situation n°....

C.

Situation n°....

D.

Situation n°....

E.

Situation n°....

F.

Situation n°....

Exercice 5 — 5 points

▶ 176 | Vous allez entendre un message. Quels objets sont donnés dans le message ? Vous entendez le nom de l'objet ? Cochez ☑ oui. Sinon, cochez ☑ non. Puis vous allez entendre à nouveau le message. Vous pouvez compléter vos réponses.

1
A. Oui   B. Non
☐   ☐

2
A. Oui   B. Non
☐   ☐

3
A. Oui   B. Non
☐   ☐

4
A. Oui   B. Non
☐   ☐

5
A. Oui   B. Non
☐   ☐

Compréhension des écrits

DELF A1

25 points

Pour répondre aux questions, cochez ☑ la bonne réponse.

Exercice 1 — 6 points

Vous recevez ce message d'une amie québécoise.

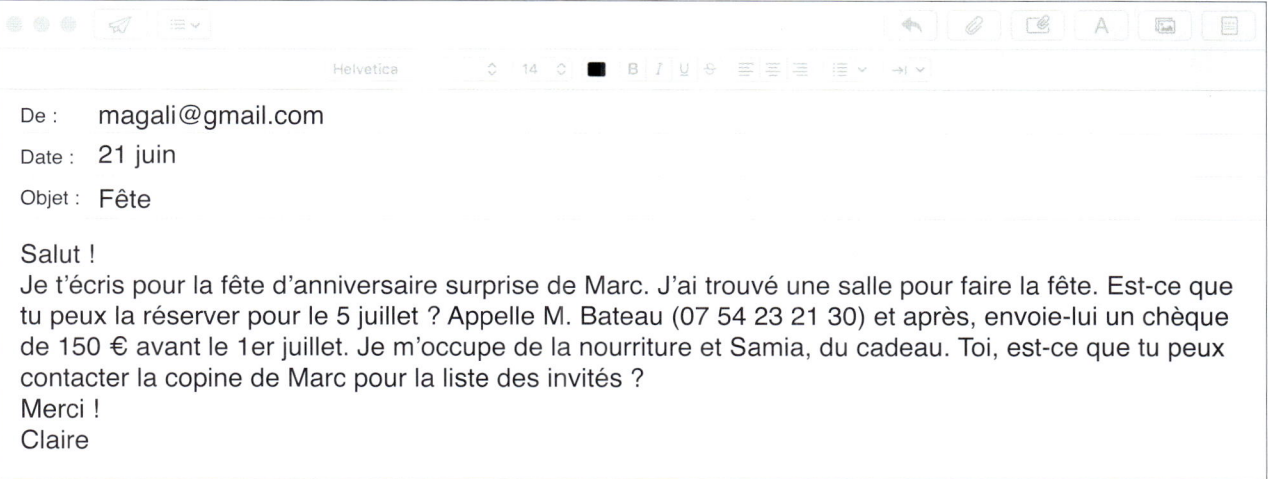

De : magali@gmail.com
Date : 21 juin
Objet : Fête

Salut !
Je t'écris pour la fête d'anniversaire surprise de Marc. J'ai trouvé une salle pour faire la fête. Est-ce que tu peux la réserver pour le 5 juillet ? Appelle M. Bateau (07 54 23 21 30) et après, envoie-lui un chèque de 150 € avant le 1er juillet. Je m'occupe de la nourriture et Samia, du cadeau. Toi, est-ce que tu peux contacter la copine de Marc pour la liste des invités ?
Merci !
Claire

Répondez aux questions.

1. Pourquoi est-ce qu'il y a une fête ? — 1,5 point

A. ☐   B. ☐   C. ☐

2. La fête se passe quel jour ? — 1 point
  a. ☐ Le 21 juin.
  b. ☐ Le 1er juillet.
  c. ☐ Le 5 juillet.

3. Qui est-ce que vous devez appeler ? — 1 point
  a. ☐ Marc.
  b. ☐ Samia.
  c. ☐ M. Bateau.

4. La salle coûte combien ? — 1 point
  a. ☐ 100 €.
  b. ☐ 150 €.
  c. ☐ 200 €.

5. Samia s'occupe de quoi ? 1,5 point

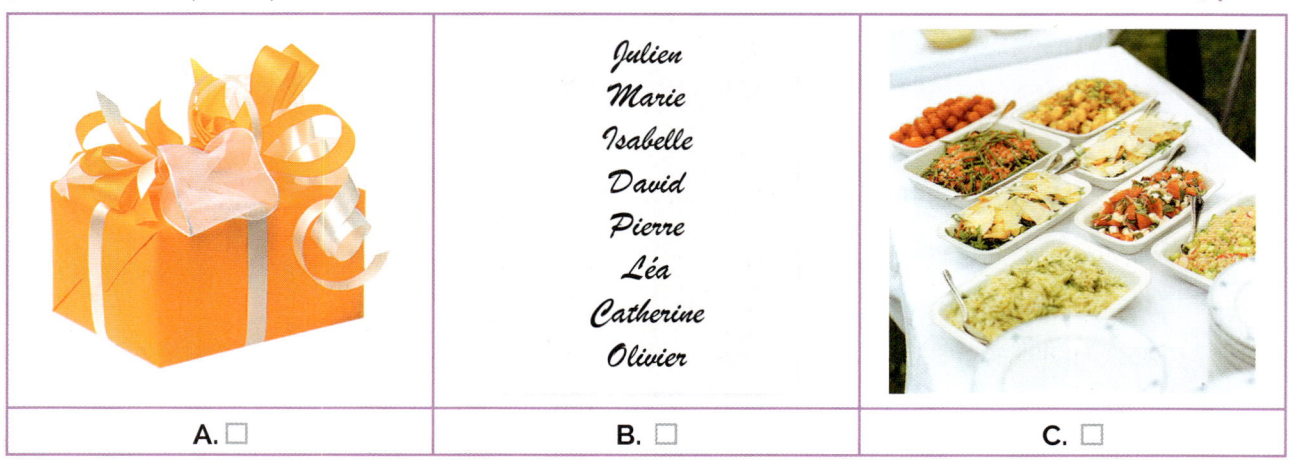

| A. ☐ | B. ☐ | C. ☐ |

Exercice 2 **6 points**

Vous habitez en France. Vous lisez ce message sur la porte de la poste de votre quartier.

> Pendant les travaux de peinture, votre poste déménage !
> Retrouvez-nous du 15 avril au 30 juin au 2, rue des Sentiers. Pour y aller, prenez la rue Montalet en direction du parc, tournez à gauche dans la rue des Sentiers. L'agence se trouve au carrefour avec l'avenue du 8 mai.
> Horaires d'ouverture : du mardi au vendredi (10 h - 17 h), le samedi (10 h - 13 h).
> Services disponibles : courrier, colis, vente de timbres.

Répondez aux questions.

1. Pourquoi est-ce que la poste change d'adresse ? La poste... 1 point
    a. ☐ fait des travaux.
    b. ☐ ouvre un deuxième bâtiment.
    c. ☐ est transformée en bibliothèque.

2. À partir de quand est-ce que vous devez aller à la nouvelle adresse ? À partir du... 1 point
    a. ☐ 15 avril.
    b. ☐ 8 mai.
    c. ☐ 30 juin.

3. Quel chemin prendre pour aller à la poste ? 2 points

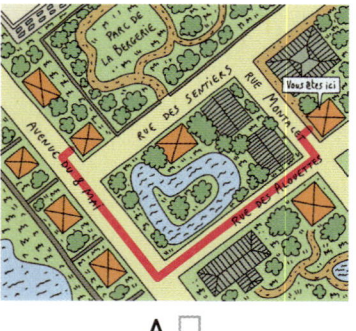 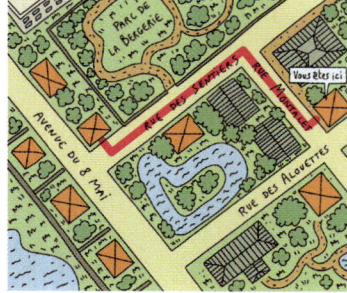 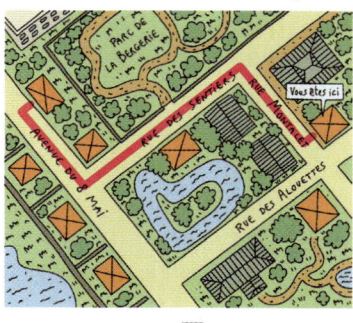

| A. ☐ | B. ☐ | C. ☐ |

4. La poste est fermée quel jour ? 1 point
    a. ☐ Mardi.
    b. ☐ Samedi.
    c. ☐ Dimanche

DELF A1

5. Quel service est-ce que vous pouvez trouver ? 1 point
   a. ☐ Envoyer un colis.
   b. ☐ Retirer de l'argent.
   c. ☐ Acheter des enveloppes.

Exercice 3   6 points

Vous travaillez dans une entreprise francophone. Vous lisez le panneau d'informations.

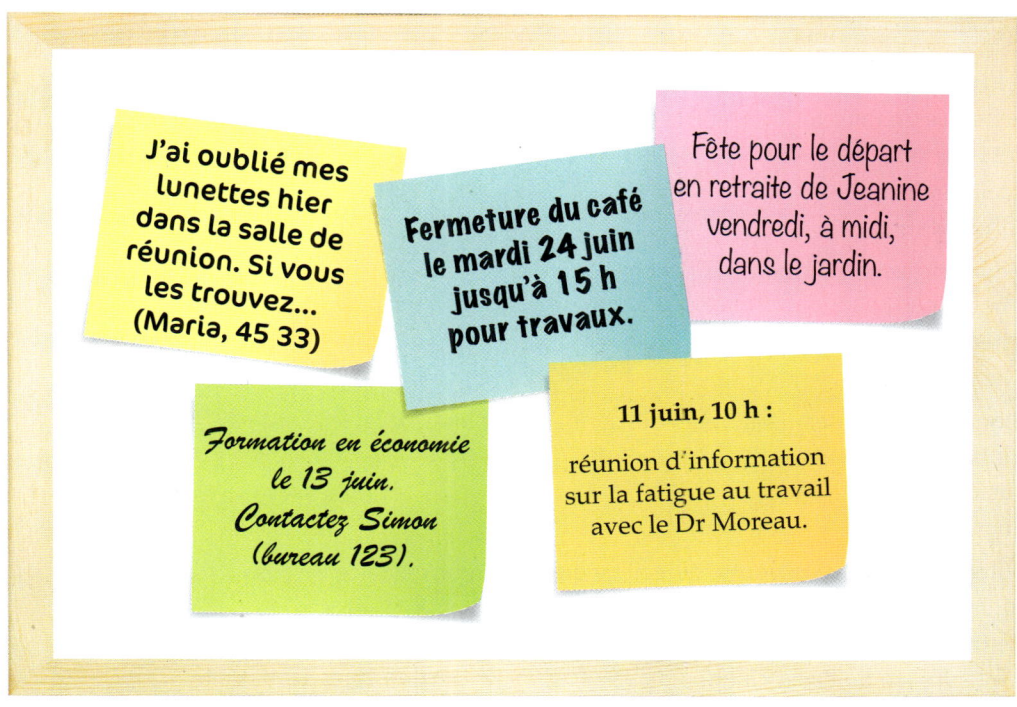

Répondez aux questions.

1. Quand est la réunion d'informations ? 1 point
   a. ☐ Le 11 juin.
   b. ☐ Le 13 juin.
   c. ☐ Le 24 juin.

2. Quel jour a lieu la fête pour Jeanine ? 1,5 point
   a. ☐ Mardi.
   b. ☐ Jeudi.
   c. ☐ Vendredi.

3. Le mardi 24 juin, à quelle heure ouvre le café ? 1 point
   a. ☐ 12 heures.
   b. ☐ 15 heures.
   c. ☐ 18 heures.

4. Où aller pour la formation en économie ? 1 point
   a. ☐ Dans le jardin.
   b. ☐ Dans le bureau 123.
   c. ☐ Dans la salle de réunion.

5. Que cherche Maria ? 1,5 point
   a. ☐ Ses clés.
   b. ☐ Ses lunettes.
   c. ☐ Son livre d'économie.

Exercice 4 — 7 points

Vous habitez dans une ville francophone. Vous lisez cet article dans le journal de votre ville.

L'association « Devoirs + »
Recherche des étudiants disponibles

Pour aider les collégiens à faire leurs devoirs en français, mathématiques et anglais. L'aide aux devoirs se passe le mardi et le jeudi soir, de 18 h à 19 h dans l'ancienne école de musique.
Pour plus d'informations, merci de contacter Lise (lise@devoirsplus.fr).
L'association organise aussi une vente de livres scolaires, le 28 juin, à partir de 14 h.

Répondez aux questions.

1. Qui aide les élèves à faire leurs devoirs ? *1,5 point*
- **a.** ☐ Des étudiants.
- **b.** ☐ Des collégiens.
- **c.** ☐ Des professeurs.

2. À quelle heure commence l'aide aux devoirs ? *1,5 point*
- **a.** ☐ À 14 heures.
- **b.** ☐ À 17 heures.
- **c.** ☐ À 18 heures.

3. L'association recherche des personnes qui connaissent bien… *1 point*
- **a.** ☐ l'anglais.
- **b.** ☐ la musique.
- **c.** ☐ la géographie.

4. Si vous voulez des renseignements, qu'est-ce que vous pouvez faire ? *1 point*
- **a.** ☐ Téléphoner.
- **b.** ☐ Écrire un courriel.
- **c.** ☐ Aller à l'adresse de l'association.

5. Quels objets vend l'association le 28 juin ? *2 points*

A. ☐	B. ☐	C. ☐

Production écrite

DELF A1

25 points

Exercice 1 — **10 points**

Vous voulez vous abonner à un magazine francophone. Remplissez le formulaire.

BULLETIN D'ABONNEMENT

à retourner à Francophone-Magazine - 22, rue Maison - 35400 Saint-Malo
accompagné du règlement (par chèque bancaire à l'ordre de Francophone-Magazine)

Nom : XXXXXXXXXXXXXXXXXXXXXXXXXXXXXXXXXXXXXXXXXXX

Prénom : .... Date de naissance : ....

Adresse postale : ....

Code postal : .... Ville : ....

Pays : ....

Courriel : .... Numéro de téléphone : ....

Durée de l'abonnement : ....

Quel est votre loisir préféré ? ....

Exercice 2 — **15 points**

Vous invitez un(e) ami(e) français(e) à faire une promenade dans la forêt avec vous dimanche. Vous lui écrivez une lettre et vous lui donnez l'adresse, l'heure et le lieu du rendez-vous. (40 mots minimum)

Production orale

25 points

L'épreuve comporte trois parties. Avant le début de l'épreuve, vous tirez au sort six cartes pour la partie 2 et deux sujets pour la partie 3. Vous choisissez un des deux sujets pour la partie 3. Ensuite, vous disposez de 10 minutes pour préparer ces deux parties. Lors de la passation, les trois parties s'enchaînent.

▶ PARTIE 1 — Entretien dirigé

Vous répondez aux questions de l'examinateur sur vous, votre famille, vos goûts ou vos activités. Exemples : Comment vous vous appelez ? Où est-ce que vous habitez ?
Quel âge est-ce que vous avez ? Présentez-moi votre famille. Etc.

▶ PARTIE 2 — Échange d'informations

Vous tirez au sort six cartes. Vous voulez connaître l'examinateur. Vous lui posez des questions à l'aide des mots écrits sur les cartes. Vous ne devez pas obligatoirement utiliser le mot, vous pouvez poser une question sur le thème. Exemple : avec la carte « Situation de famille », vous pouvez poser la question « Vous êtes marié(e) ? ».

| Nationalité ? | Prénom ? | Bibliothèque ? | Transports ? | Ordinateur ? | Collègue ? | Langue étrangère ? |
| Date de naissance ? | Ville ? | Film ? | Musique ? | Réunion ? | Diplôme ? | École ? |

▶ PARTIE 3 — Dialogue simulé ou jeu de rôle

Vous tirez au sort deux sujets. Vous en choisissez un. Vous jouez la situation proposée. Vous vous informez sur le prix des produits que vous voulez acheter ou commander. Vous demandez les quantités souhaitées. Pour payer, vous disposez de photos de pièces de monnaie et de billets. N'oubliez pas de saluer et d'utiliser des formules de politesse.

Sujet 1 : Dans le magasin de vêtements

Vous allez dans un magasin de vêtements pour acheter un nouveau tee-shirt. Vous demandez au vendeur des informations sur la couleur, le prix et la taille. Vous en choisissez un et vous payez.
L'examinateur joue le rôle du vendeur.

Sujet 2 : Activité touristique

Vous êtes en vacances à Marseille et vous voulez faire une activité. Vous allez à l'office de tourisme pour demander les activités, les horaires et les prix. Vous choisissez une activité et vous payez.
L'examinateur joue le rôle de l'employé de l'office de tourisme.

OUTILS DE LA CLASSE

Vidéo lab'

FICHE – UNITÉ 1

La langue française dans le monde

1. Avant de regarder la vidéo, lisez ces phrases. Répondez VRAI ou FAUX.
   a. On parle français sur les 5 continents.
   b. On parle français au Cambodge, au Gabon, au Luxembourg et en Suisse.
   c. 500 millions de personnes lisent et écrivent en français dans le monde.

2. ▶1| Regardez la vidéo.
   a Vérifiez vos réponses.
   b Nommez 5 pays.
   c Nommez les couleurs des drapeaux et le nom de leur pays.
   d Complétez : *La langue française est la langue des arts, ...*

3. En groupes, répondez à la question : pour vous, la langue française, c'est quoi ?

FICHE – UNITÉ 2

Bécassine !, la bande-annonce du film

1. Lisez le texte sur Bécassine et répondez.

Bécassine est un personnage de bande dessinée créé en 1905. C'est l'histoire d'une jeune Bretonne. Elle quitte son village pour aller à Paris. Bécassine fait parfois des bêtises mais elle est très inventive.

a. Qui est Bécassine ?
b. Quelle est sa région ?
c. Elle est comment ?

2. ▶2| Regardez la bande-annonce du film et répondez aux questions.
   a. Elle fait quel travail ?
   b. Bécassine est inventive. Elle invente quoi ?
   c. Il y a :
   ▶ un concert.
   ▶ un spectacle de danse.
   ▶ un spectacle de marionnettes.

3. Dans le film, il y a quelques stéréotypes de la France comme le coq, le chien, la tour Eiffel, etc. En groupes, discutez des stéréotypes que vous avez de la France.

▶ Vidéo lab'

FICHE – UNITÉ 3

#feelparis : agir à Paris

1. Vous avez quelles images de Paris ?

2. ▶3| **Regardez la vidéo.**

a Complétez la phrase avec les images de la vidéo.

À Paris, il y a la tour Eiffel, ….

b Associez les verbes aux images de la vidéo :

- s'amuser • • Ils font des graffiti.
- aimer • • Ils mangent un repas.
- s'évader • • Ils jouent au basket-ball.
- s'inspirer • • Ils s'embrassent.
- valser • • Ils font un tour en bateau.
- partager • • Ils dansent.

3. En groupes, choisissez 5 verbes et 5 images pour présenter votre ville.

FICHE – UNITÉ 4

La recette du gâteau au yaourt

1. Ensemble, imaginez les ingrédients.

Pour faire un gâteau au yaourt, il faut de la farine, ….

2. ▶4| **Regardez la vidéo.**

a Vérifiez vos réponses et complétez la vraie recette.

…. pot de ….
…. pots de ….
…. pot de ….
…. sachet de ….
….
…. pot d' ….
1 …. de levure chimique

b Répondez.

Le gâteau cuit combien de temps ? À quelle température ?

3. En groupes, partagez une recette de gâteau que vous aimez.

OUTILS DE LA CLASSE

FICHE – UNITÉ 5

Le *street art* des frères Toqué

1. Donnez des exemples de *street art* dans votre ville.

2. ▶5| Regardez la vidéo et répondez aux questions.
   a. C'est où ?
   b. Comment est-ce qu'ils s'appellent ?
   c. Qu'est-ce qu'ils font ?
   d. Pourquoi ?
   e. Ils ont choisi quel paysage ?
   f. Donnez deux exemples de phrases positives.
   g. Est-ce que le passant aime les messages ? Qu'est-ce qu'il dit ?

3. En groupes, choisissez deux phrases positives à écrire sur les murs de votre ville.

FICHE – UNITÉ 6

Le parcours de Mathilde

1. Lisez le titre de la vidéo.

2. ▶6| Regardez la vidéo.

a Complétez le profil de Mathilde.
Prénom : Mathilde
Âge : .... ans
Profession : ....
Compétences : ❏ bilingue   ❏ trilingue

b Remettez les éléments dans l'ordre.
a. Elle a créé un blog de recettes de pâtisserie.
b. Mathilde a trouvé un poste dans un restaurant à Cork.
c. Elle a rencontré John.
d. Elle a trouvé un emploi chez un pâtissier à Toulouse.
e. Elle est revenue à Toulouse.

3. Vous partez dans un pays européen avec *Your first EURES Job*. Vous choisissez quel pays ? Échangez.

Vidéo lab'

FICHE – UNITÉ 7

Se loger

1. ▶7| **Regardez la vidéo sans le son.**

  a Que voyez-vous ? Décrivez les couleurs, les gens, les images.

  b À votre avis, la vidéo est positive ou négative ? Pourquoi ?

2. Regardez la vidéo avec le son.

  a Complétez le texte

  La …., c'est imaginer, faire les bons …., réaliser ses rêves, …. d'horizon, trouver le bon …., …. différentes options, se tromper, être toujours en …., faire des …. et changer d'…., oser se lancer, prendre son …. et s'…. .

  b Quel est le slogan de la publicité ?

3. En groupes, complétez la phrase suivante :
La vie, c'est ….

FICHE – UNITÉ 8

C'est quoi un objet connecté ?

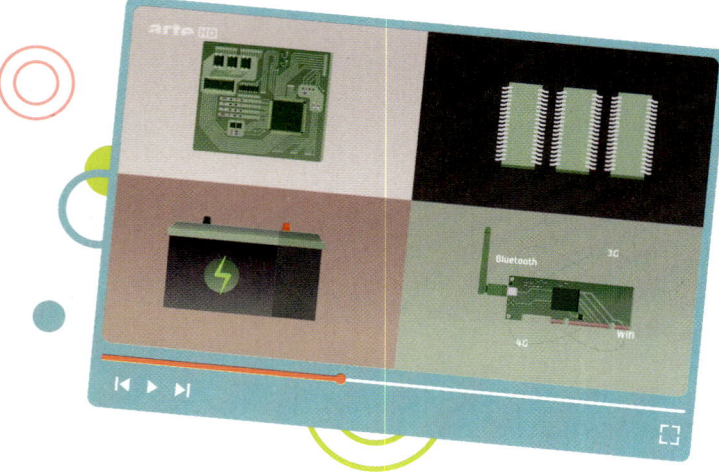

1. Avant de regarder la vidéo, regardez le visuel ci-dessus. Placez les mots suivants devant chaque élément.

un ordinateur | une mémoire | une batterie | des capteurs

2. ▶8| **Regardez la vidéo. Associez un objet à chaque définition.**

un porte-clés connecté | une fourchette connectée | un frigidaire connecté | un smartphone | une brosse à dents connectée

  a. C'est un objet qui remplace la carte bancaire et les billets de train.
  b. C'est un objet qui suit la fraîcheur des aliments.
  c. C'est un objet qui aide à protéger les dents.
  d. C'est un objet qui aide à retrouver les clés.
  e. C'est un objet qui aide à bien s'alimenter.

3. En groupes, classez les objets connectés par ordre d'utilité : de 1 (pas utile) à 10 (très utile).

un porte-clés | une fourchette | une poubelle | une montre | une balance | un thermostat | un frigidaire | un smartphone | une brosse à dents | une caméra

OUTILS DE LA CLASSE

Phonétique

Vidéo phonétique

Le schéma articulatoire et les symboles utilisés

Anatomie de la bouche

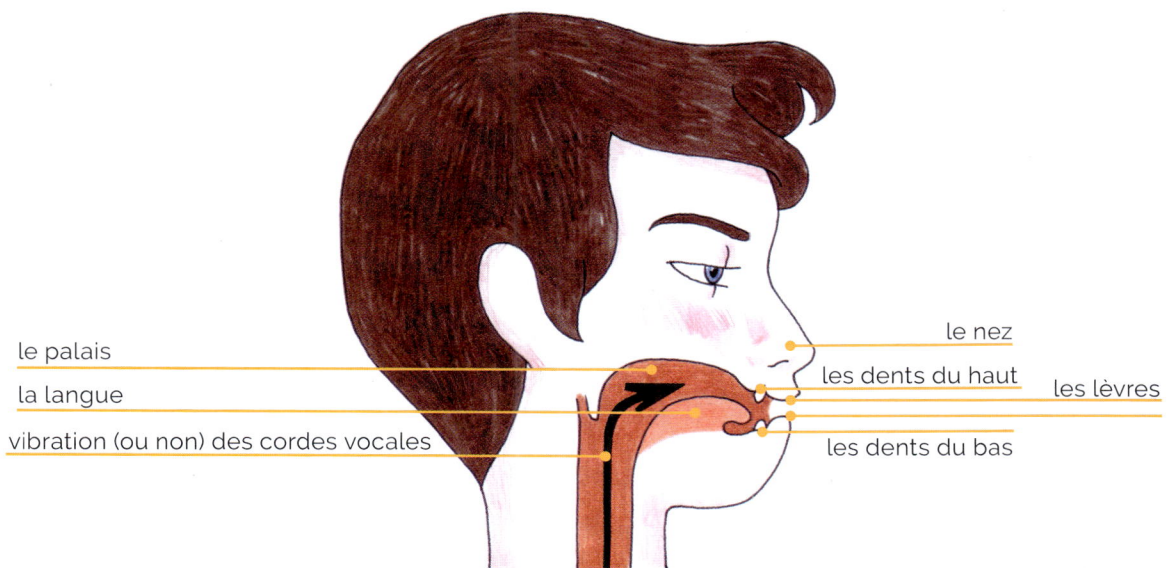

- le palais
- la langue
- vibration (ou non) des cordes vocales
- le nez
- les dents du haut
- les lèvres
- les dents du bas

Ouverture de la bouche

 bouche très fermée
 bouche fermée
bouche ouverte
bouche très ouverte

Position des lèvres

— lèvres tirées
• lèvres arrondies

Position de la langue

→ langue en avant
← langue en arrière
↔ langue centrale
↘ langue sur les dents du bas
↗ langue sur les dents du haut

Vibration des cordes vocales

♩ consonne sonore (les cordes vocales vibrent)
♩̸ consonne sourde (les cordes vocales ne vibrent pas)

Voyelle nasale

l'air passe par la bouche et par le nez
l'air passe seulement par la bouche

Oralité et intonation

⌢ enchaînement vocalique
⌊ enchaînement consonantique
‿ liaison
e̸ s̸ « e » ou consonne non prononcée
↗ la voix monte

cent cinquante-sept **157**

Phonétique

 Vidéo phonétique

Les sons du français

Les voyelles

	LE SON	ÇA S'ÉCRIT...	COMME DANS...
VOYELLES ORALES	[i]	i, î, ï, y	un l**i**t, une **î**le, le ma**ï**s, un st**y**lo
	[e]	es, er, ez, ed, ef, et e, é, ê, ai, ay est	l**es**, parl**er**, un n**ez**, un pi**ed**, une cl**ef**, **et** un d**e**ssin, un **é**té, f**ê**ter, je v**ai**s, p**ay**er c'**est**
	[ɛ]	è, ê, ei, ai, est	un p**è**re, une f**ê**te, la n**ei**ge, f**ai**re, c'**est**
	[a]	a, â, à	Il **a** mangé des p**â**tes **à** l'école.
	[y]	u, û, eu	une j**u**pe, une fl**û**te, j'ai **eu**
	[ə]	e	l**e**, p**e**tit, vendr**e**di
	[ø]	eu, œu	p**eu**, un v**œu**, une coiff**eu**se, des **œu**fs
	[œ]	eu, œu, ue, œ	une p**eu**r, un **œu**f, un acc**ue**il, un **œ**il
	[u]	ou, oû, où	un l**ou**p, g**oû**ter, tu vas **où** ?
	[o]	o, ô au, eau	une m**o**to, une r**o**se, t**ô**t des journ**au**x, un bat**eau**
	[ɔ]	o, u(m)	une p**o**rte, un aquari**um**
VOYELLES NASALES	[ã]	an, am en, em, (i)ent	s**an**s, une ch**am**bre l**ent**, le t**em**ps, un cli**ent**
	[ɛ̃]	in, im yn, ym, un, um, ein eim, ain, aim, oin (i)en, (y)en, (é)en, en	un mat**in**, **im**portant s**yn**thèse, s**ym**pa, l**un**di, un parf**um**, pl**ein** R**eim**s, une m**ain**, la f**aim**, l**oin** b**ien**, un cito**yen**, cor**éen**, un exam**en**
	[ɔ̃]	on, om	ils s**ont**, un n**om**

Les semi-voyelles

LE SON	ÇA S'ÉCRIT...	COMME DANS...
[ɥ]	u (+ voyelle orale)	l**u**i, t**u**er
[w]	ou (+ voyelle orale) oi, oy, w	**ou**i une v**oi**ture, nett**oy**er, le **w**eb
[j]	i, y (+ voyelle orale) il, ill	le c**i**el, cr**i**er, du **y**oga, envo**y**ez un trav**ail**, une feu**ille**

OUTILS DE LA CLASSE

Les consonnes

	LE SON	ÇA S'ÉCRIT...	COMME DANS...
L'AIR SORT D'UN COUP	[p]	p, pp	un **p**ère, a**pp**rendre
	[b]	b, bb	un **b**é**b**é
	[t]	t, tt, th	une **t**en**t**e, une fourche**tt**e, sympa**th**ique
	[d]	d, dd	**d**evant, une a**dd**ition
	[k]	ca, co, cu cc, k, qu, ch	un **ca**deau, une **co**uleur, une **cu**lotte un a**cc**ueil, un **k**ilo, pour**qu**oi, un **ch**œur
	[g]	g, ga, go gue, gui	**g**rand, un **gâ**teau, le **go**ûter une ba**gue**tte, une **gui**tare
L'AIR SORT EN CONTINU	[f]	f, ff, ph	un ca**f**é, un coi**ff**eur, une **ph**oto
	[v]	v, w	un **v**élo, un **w**agon
	[s]	s, ss sc ç, ci, cy, ce ti (+ voyelle orale), x	**s**el, dan**s**er, un poi**ss**on les **sc**iences **ç**a, un **ci**néma, une bi**cy**clette, **ce**lle une addi**ti**on, di**x**
	[z]	z, s	un **z**oo, une u**s**ine
	[ʃ]	ch, sch	un **ch**ien, un **sch**éma
	[ʒ]	j gi, gy ge, gea, geo	un **j**ardin ima**gi**ner, la **gy**mnastique man**ge**r, man**gea**nt, man**geo**ns
	/R/	r, rr, rh	**r**ega**r**der, p**r**end**r**e, un ve**rr**e, un **rh**ume
	[l]	l, ll	**l**a, e**ll**e
	[m]	m, mm	**m**ais, une fe**mm**e
	[n]	n, nn	**n**on, italie**nn**e

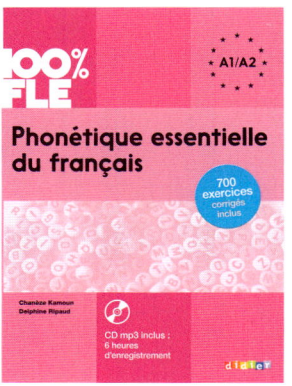

 Vidéo phonétique

Progresser en phonétique avec *Phonétique essentielle du français A1/A2*.
Reproduction des tableaux de l'ouvrage *Phonétique essentielle du français A1/A2* avec l'aimable autorisation des auteures, Chanèze Kamoun et Delphine Ripaud.

Phonétique

Exercez-vous !

1 ▶177 | Écoutez. La prononciation des lettres en gras est la même (=) ou différente (≠) ? Cochez.

		=	≠
a. **f**aux	**ph**oto	X	
b. **q**ui	**k**iwi		
c. **c**i	**s**i		
d. **c**ar	**q**uatre		
e. **c**œur	**c**eux		
f. **c**ause	trei**z**e		
g. rai**s**on	**s**on		
h. a**g**iter	a**j**outer		
i. per**c**ussion	per**ç**u		
j. **k**ilo	**q**uitter		

2 ▶178 | Écoutez et associez.

a. « c » cinéma ○   ○ [k]
        cabine ○   ○ [s]

b. « x » expliquer ○   ○ [gz]
        examen ○   ○ [ks]

c. « w » wagon ○   ○ [w]
        watt   ○   ○ [v]

d. « s » phrase ○   ○ [z]
        défense ○   ○ [s]

e. « g » gare   ○   ○ [g]
        genre ○   ○ [ʒ]

f. « c » second ○   ○ [k]
        secours ○   ○ [g]

3 ▶179 | Écoutez et répétez. Ne prononcez pas le « h » !

a. Harold - Arthur
b. Hortense - Ophélie
c. Hélène - Édith
d. Hippolyte - Ibrahim
e. Hyacinthe - Yasmine

4 ▶180 | Écoutez et répétez.

a. peau - pot - Pau
b. pain - pin - peint
c. scène - Seine - saine
d. quand - Caen - qu'en

5 ▶181 | Écoutez et remettez les lettres dans l'ordre pour trouver des noms de lieu.

a. tlôeh → ....   d. ôlapiht → ....
b. uaaebt → ....   e. ttrrnsaaue → ....
c. tchâaeu → ....

 Comment ça s'écrit ?
[o] / [ɔ] : _ / _ _ / _ _ / _ _ _

6 ▶182 | Écoutez et barrez l'intrus.

a. gauche - chaud - autre - ~~nuageux~~ - faux - pauvre - jauni - haute
b. neige - peigne - reine - pied - veine - treize - seize - peine
c. aider - aimer - reconnaître - socialiser - taire - faire - plaire - baigner
d. croix - doigt - fois - roi - bio - loi - bois - joie
e. bijou - caillou - chou - genou - hibou - joujou - duo - pou

7 ▶183 | Écoutez et retrouvez les mots suivants dans la grille.

épinard | courgette | navet | asperge | pastèque | pêche | céleri | clémentine | fraise | laitue | raisin | panais | noisette

e	r	a	n	c	e	l	e	r	i
p	a	p	o	o	p	e	c	h	e
i	s	a	i	u	a	c	l	l	e
n	p	s	s	r	n	t	a	r	f
a	e	t	e	g	a	n	i	a	r
r	r	e	t	e	i	a	t	i	a
d	g	q	t	t	s	v	u	s	i
t	e	u	e	t	e	e	e	i	s
c	l	e	m	e	n	t	i	n	e

 Comment ça s'écrit ?
[e] / [ɛ] : _ / _ _ / _ _ / _ _ _

OUTILS DE LA CLASSE

Grammaire

La boîte à outils grammaticaux

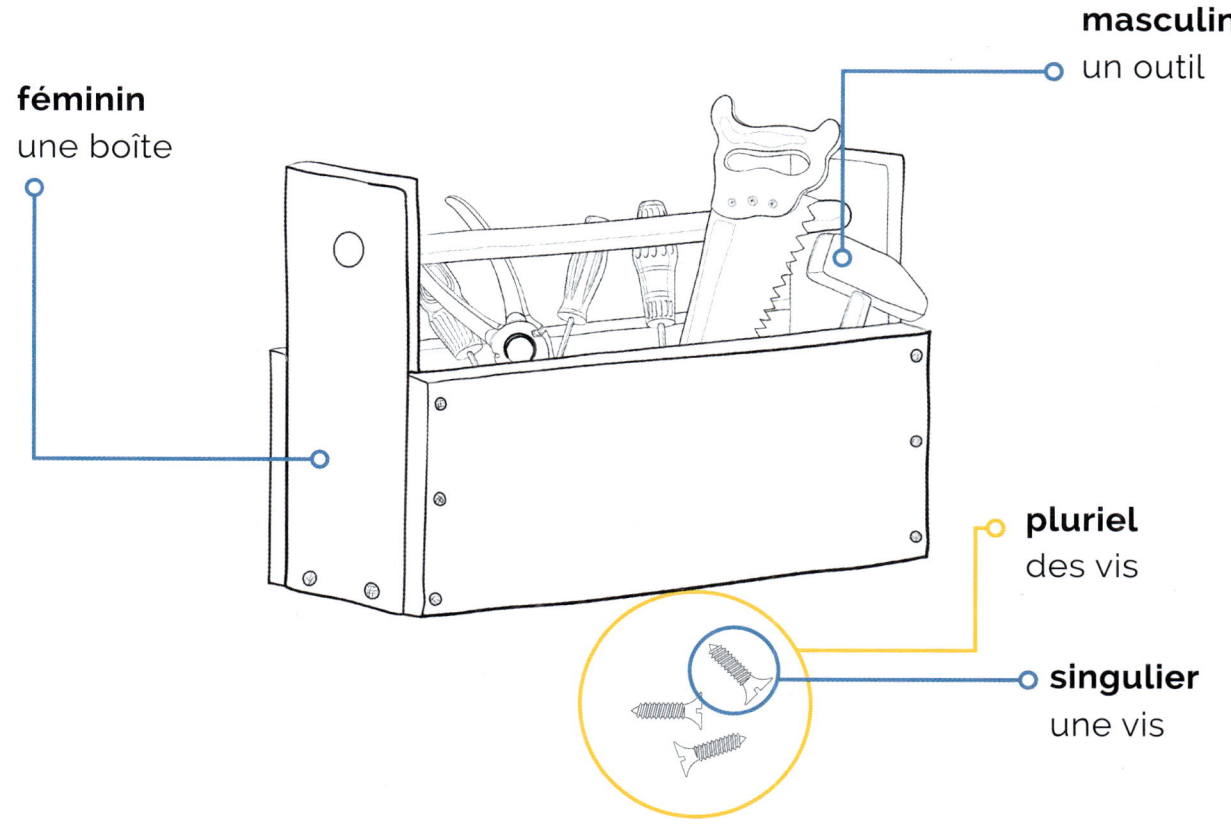

féminin
une boîte

masculin
un outil

pluriel
des vis

singulier
une vis

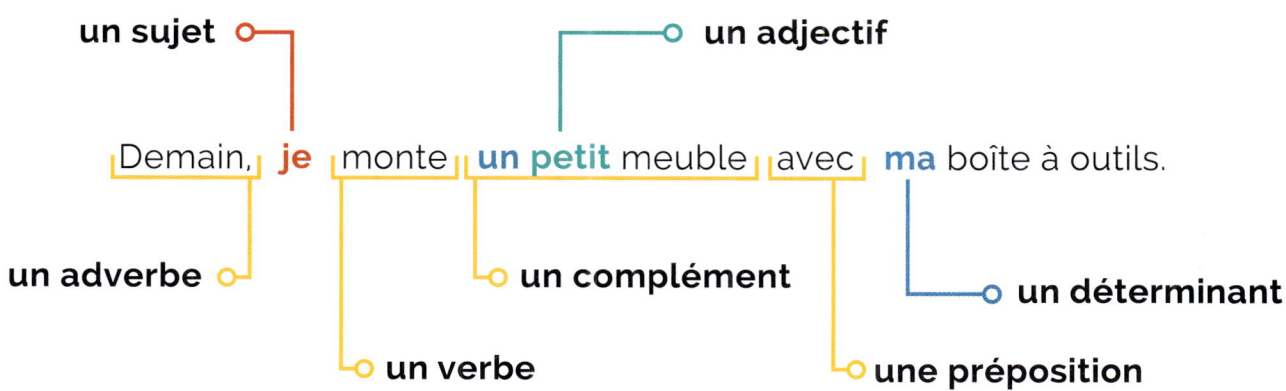

un sujet — **je**
un adverbe — Demain,
un verbe — monte
un adjectif — **un petit**
un complément — un petit meuble
un déterminant — **ma**
une préposition — avec

Demain, **je** monte **un petit** meuble avec **ma** boîte à outils.

Grammaire

La phrase (1)

LA PHRASE AFFIRMATIVE (OUI)

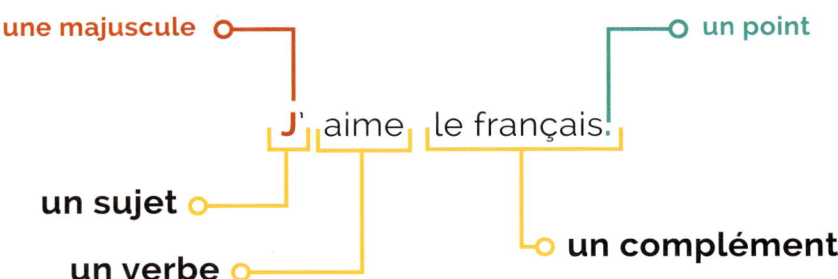

LA PHRASE NÉGATIVE (NON)

Je	**n'**	aime	**pas**	les bananes.
Je	**n'**	aime	**plus**	voyager.
Je	**ne**	mange	**jamais**	de bananes.
Je	**ne**	mange	**rien**.	

LA PHRASE EXCLAMATIVE (ÉMOTION)

OUTILS DE LA CLASSE

La phrase (2)

LA PHRASE INTERROGATIVE

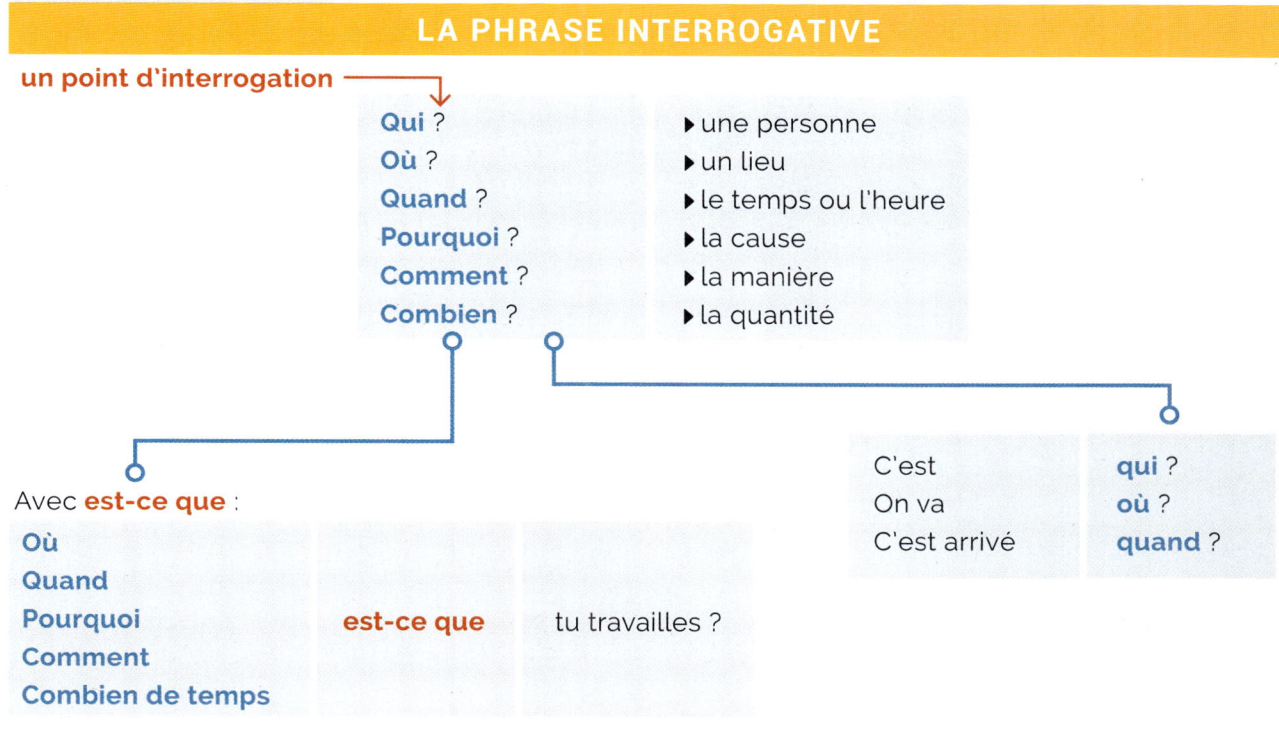

un point d'interrogation

- **Qui ?** ▸ une personne
- **Où ?** ▸ un lieu
- **Quand ?** ▸ le temps ou l'heure
- **Pourquoi ?** ▸ la cause
- **Comment ?** ▸ la manière
- **Combien ?** ▸ la quantité

Avec **est-ce que** :
Où
Quand
Pourquoi   **est-ce que**   tu travailles ?
Comment
Combien de temps

C'est   **qui ?**
On va   **où ?**
C'est arrivé **quand ?**

Est-ce que… ? / Qu'est-ce que… ?

Est-ce que tu aimes le français ?   ▸ Oui. / Non.
Qu'est-ce que tu aimes ?   ▸ J'aime le français, le sport et la musique.

À la fin de la phrase : Tu aimes **quoi** ?

Quel ?

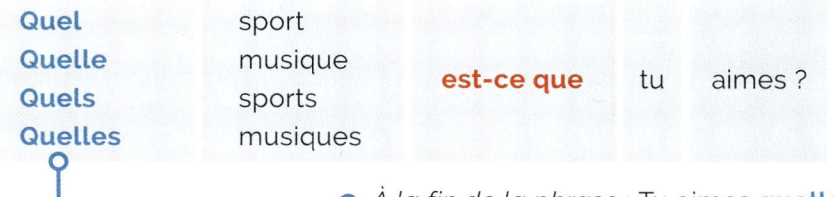

Quel	sport			
Quelle	musique	**est-ce que**	tu	aimes ?
Quels	sports			
Quelles	musiques			

À la fin de la phrase : Tu aimes **quelle** musique ?

Exercez-vous !

Trouvez les réponses ou les questions.
a. Je fais du tennis et du jogging.
b. Est-ce que tu parles le japonais ?
c. J'apprends le français pour aller au Québec.
d. Je n'aime pas danser.
e. Est-ce que tu joues souvent du violon ?

cent soixante-trois **163**

Grammaire

Les déterminants

LES ARTICLES

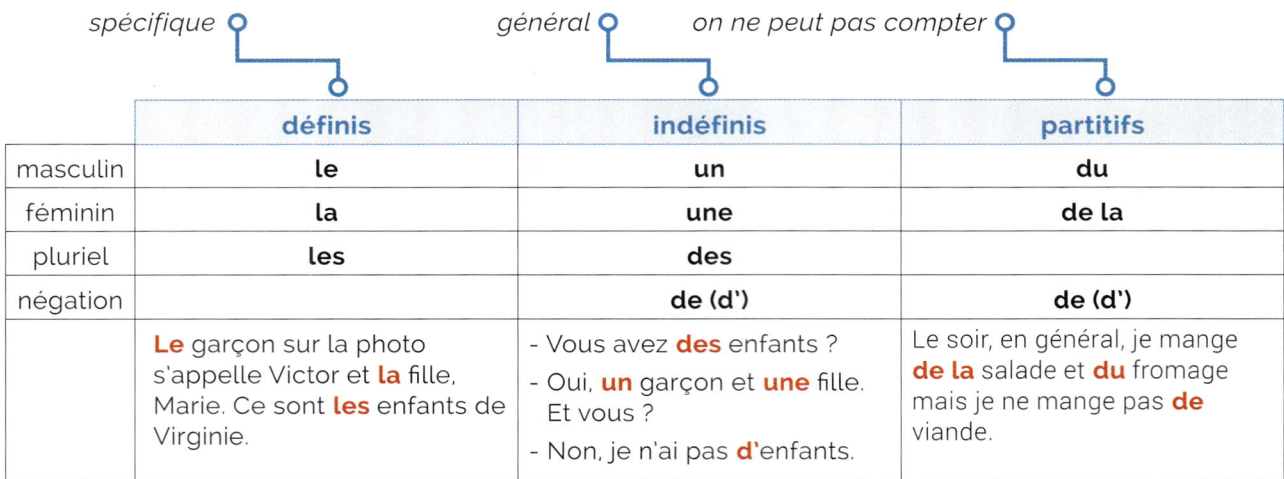

	définis	indéfinis	partitifs
masculin	le	un	du
féminin	la	une	de la
pluriel	les	des	
négation		de (d')	de (d')
	Le garçon sur la photo s'appelle Victor et **la** fille, Marie. Ce sont **les** enfants de Virginie.	- Vous avez **des** enfants ? - Oui, **un** garçon et **une** fille. Et vous ? - Non, je n'ai pas **d'**enfants.	Le soir, en général, je mange **de la** salade et **du** fromage mais je ne mange pas **de** viande.

LES ADJECTIFS DÉMONSTRATIFS

Montrer quelqu'un ou quelque chose :

ce (cet)	**Ce** garçon (**cet** enfant) est très sympa.
cette	**Cette** fille est intelligente.
ces	**Ces** enfants sont à vous ?

LES ADJECTIFS POSSESSIFS

Indiquer la possession :

singulier

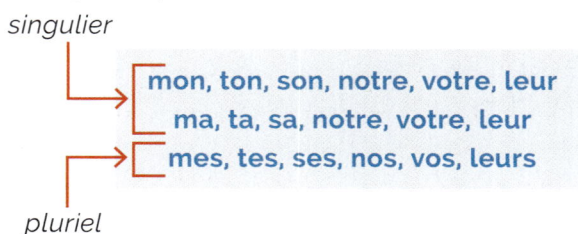

mon, ton, son, notre, votre, leur ma, ta, sa, notre, votre, leur	C'est **ma** maison. (= elle est à moi) C'est **notre** maison. (= elle est à nous)
mes, tes, ses, nos, vos, leurs	Ce sont **nos** maisons. (= elles sont à nous)

pluriel

Exercez-vous !

Complétez ce texte.

Je viens de recevoir .... message. .... message que j'ai reçu est bizarre. .... message vient de .... ami Pedro. .... sœur va bientôt venir chez moi. .... fille est géniale : elle aime .... musique, ... football et aller à .... soirées. Nous allons sortir avec .... amis.

OUTILS DE LA CLASSE

Les noms

LE GENRE ET LE NOMBRE

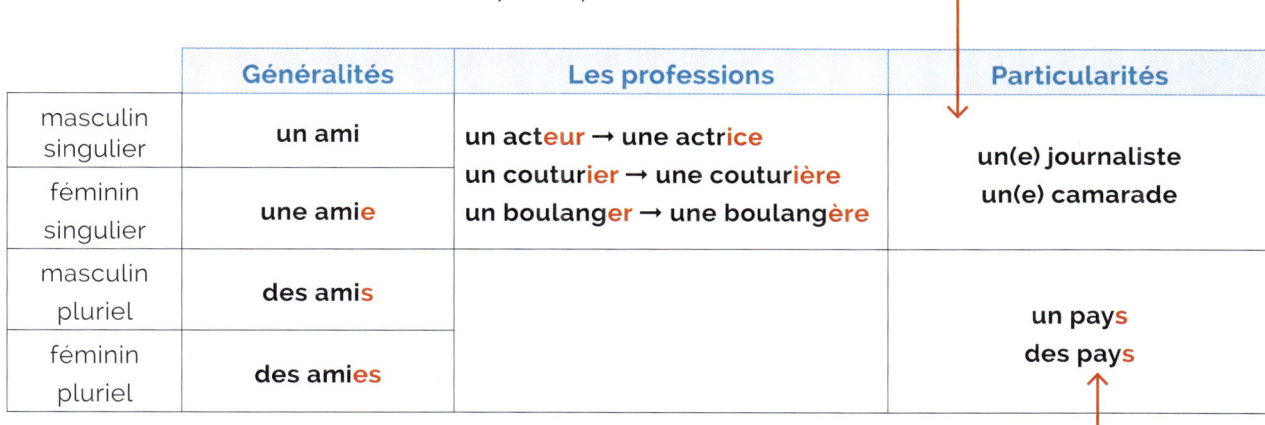

	Généralités	Les professions	Particularités
masculin singulier	un ami	un act**eur** → une act**rice**	un(e) journaliste
féminin singulier	une ami**e**	un coutur**ier** → une coutur**ière**	un(e) camarade
		un boulang**er** → une boulang**ère**	
masculin pluriel	des ami**s**		un pay**s**
féminin pluriel	des ami**es**		des pay**s**

mot identique au féminin et au masculin (Particularités)

mot identique au singulier et au pluriel (un pays / des pays)

Attention !

un poste / une poste : le mot est identique mais le sens est différent.

LES NOMS DE PAYS

le Japon   **la** France
le Cameroun **la** Russie

l'Italie   **les** Pays-Bas
l'Afghanistan **les** Philippines
l'Argentine   **les** États-Unis

Les noms de pays féminins se terminent par « e »*.

noms de pays qui commencent par une voyelle

noms de pays qui se terminent par « s »

* Exceptions : le Mozambique, le Mexique, le Cambodge, le Zimbabwe

---

Exercez-vous !

Féminin ou masculin ? À vous de classer ces mots !

française | pâtissière | informaticien | musicien | journaliste | péruvien | artiste | mère | écrivain | diplomate

cent soixante-cinq **165**

Grammaire

Les adjectifs

LE GENRE ET LE NOMBRE

	Généralités	Changements*	Particularités
masculin singulier	petit	brésil**ien** → brésil**ienne** heur**eux** → heur**euse** b**on** → b**onne** exceptionn**el** → exceptionn**elle** act**if** → act**ive** dou**x** → dou**ce**	sympathiqu**e**
féminin singulier	petit**e**		
masculin pluriel	petit**s**		heureu**x**
féminin pluriel	petit**es**		

adjectifs qui se terminent par « e » : identique au féminin et au masculin

identique au masculin singulier et au masculin pluriel

* **Exceptions** : *beau* → *belle* / *vieux* → *vieille*

LA PLACE DES ADJECTIFS

Après le nom*	Avant le nom
la majorité des adjectifs	quelques adjectifs : petit, grand, bon, beau, jeune, joli, vrai...
C'est un livre **intéressant**.	C'est un **joli** livre.

* Quand deux adjectifs se placent après le nom, on ajoute « et ».
→ *Cet exercice est facile et utile.*

Exercez-vous !

Complétez ces phrases avec deux adjectifs, comme dans l'exemple.

C'est un Français. → *C'est un vrai Français sympathique.*

a. C'est une étudiante.
b. C'est un artiste.
c. C'est une musique.
d. C'est un gâteau.
e. Ces macarons sont .... .

OUTILS DE LA CLASSE

Les pronoms

remplacent un nom.

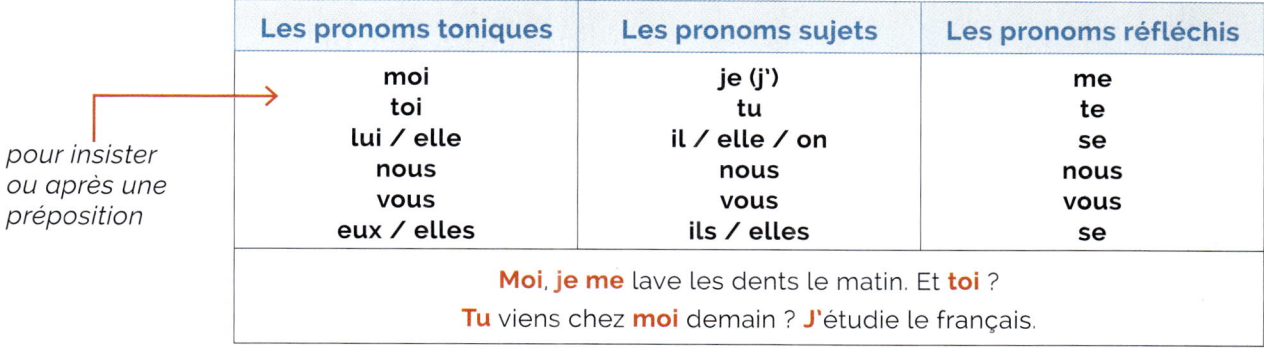

Les pronoms toniques	Les pronoms sujets	Les pronoms réfléchis
moi	je (j')	me
toi	tu	te
lui / elle	il / elle / on	se
nous	nous	nous
vous	vous	vous
eux / elles	ils / elles	se

pour insister ou après une préposition

Moi, **je me** lave les dents le matin. Et **toi** ?
Tu viens chez **moi** demain ? **J'**étudie le français.

LES PRONOMS COMPLÉMENTS

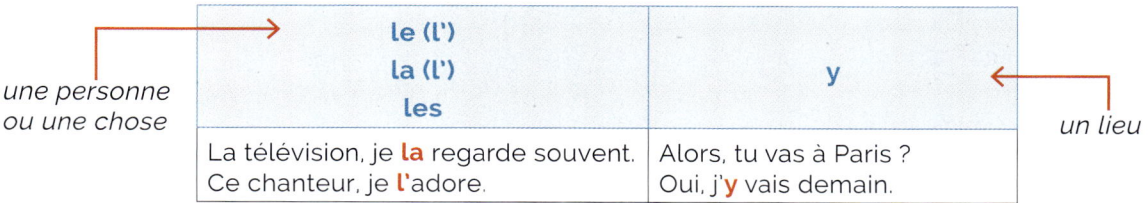

le (l') / la (l') / les	y
La télévision, je **la** regarde souvent.	Alors, tu vas à Paris ?
Ce chanteur, je **l'**adore.	Oui, j'**y** vais demain.

une personne ou une chose — *un lieu*

LES PRONOMS DÉMONSTRATIFS

remplacent un élément désigné avant.

pour distinguer 2 éléments

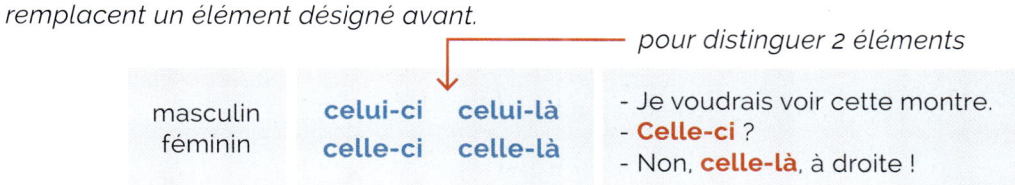

masculin : **celui-ci** **celui-là**
féminin : **celle-ci** **celle-là**

- Je voudrais voir cette montre.
- **Celle-ci** ?
- Non, **celle-là**, à droite !

LES PRONOMS RELATIFS

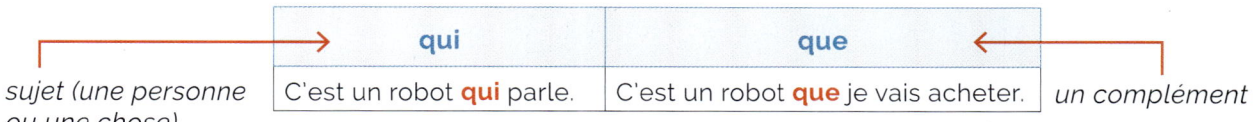

qui	que
C'est un robot **qui** parle.	C'est un robot **que** je vais acheter.

sujet (une personne ou une chose) — *un complément*

Exercez-vous !

Remplacez les mots soulignés.

a. C'est une chanson. Je déteste <u>cette chanson</u>.
b. J'aime la Suisse. Je vais <u>en Suisse</u> cet été.
c. Elle parle avec Émilie. <u>Émilie</u> est française.
d. Je lis <u>le journal</u>.
e. Je dîne chez Nadine. Et toi, tu dînes chez <u>Lucas</u> ?

Grammaire

Les prépositions

SITUER LE LIEU OÙ L'ON EST / VA

à	au
Je suis **à** la piscine.	Je suis **au** restaurant.
Je vais **à** la piscine.	Je vais **au** restaurant.

au = à + le

SITUER LE LIEU D'OÙ L'ON VIENT

du	de	des
Je viens **du** Pérou.	Je viens **de** Chine.	Je viens **des** États-Unis.

LOCALISER AVEC UN NOM DE PAYS OU DE VILLE

à	au	en	aux
ville	pays masculin	pays féminin ou commençant par une voyelle	pays pluriel
J'habite **à** Paris.	J'habite **au** Mexique.	J'habite **en** France. J'habite **en** Iran.	J'habite **aux** États-Unis.

SITUER DANS L'ESPACE

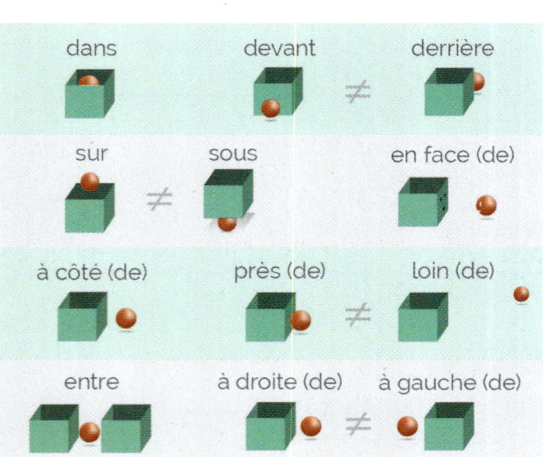

dans, devant, derrière, sur, sous, en face (de), à côté (de), près (de), loin (de), entre, à droite (de), à gauche (de)

– Et ton appartement, raconte…
– Il est petit. Les toilettes sont **à droite de** l'entrée. **En face des** toilettes, il y a un salon et **à côté du** salon, la cuisine. **En face de** la cuisine se trouve ma chambre. Et, **entre** ma chambre et les toilettes, il y a une salle de bains.

OUTILS DE LA CLASSE

PARLER D'UN MOYEN DE TRANSPORT

à	en
Tu vas à l'université **à** pied ou **à** vélo ?	Tu vas à Bruxelles **en** train ou **en** avion ?

SITUER DANS LE TEMPS

à	au	en
- C'est **à** quelle heure ? - **À** 19 h.	**au** printemps **au** mois de janvier	**en** été **en** automne **en** hiver **en** 1920 **en** janvier

EXPRIMER LA DURÉE

depuis	pendant
J'habite en France **depuis** deux ans.	J'ai habité en France **pendant** deux ans.

La fin n'est pas précisée. — *La fin est précisée.*

Exercez-vous !

Complétez ce texte.

J'habite .... Arequipa .... Pérou. .... printemps, je vais aller .... Lima pour voir mes cousins. Ils habitent .... la capitale .... trois ans. Je vais peut-être y aller .... avion ou .... voiture : je n'ai pas décidé ! Avec mes cousins, nous allons manger un ceviche .... restaurant. Le restaurant est situé .... la mer. La vue est superbe et la cuisine, délicieuse.

Grammaire

La comparaison

Avec un adjectif

(+) plus… que
(-) moins… que
Il est **plus** petit **que** moi.

Avec un nom

(+) plus **de**… que
(-) moins **de**… que
Il a **moins de** cheveux **que** moi.

Les adverbes

PRÉCISER UNE QUANTITÉ

de + nom

assez (de)	beaucoup (de)	trop (de)
- Tu dors **assez** ? - Oui.	- Tu travailles **beaucoup** ? - Oui, j'ai **beaucoup de** travail.	- Tu manges **trop**, non ? - Je mange **trop de** bonbons !

INDIQUER UNE FRÉQUENCE

+++ toujours
++ souvent
+ quelquefois
+ parfois
− rarement
o jamais

OUTILS DE LA CLASSE

INDIQUER UNE CHRONOLOGIE

1. d'abord **2. ensuite / puis** **3. enfin / finalement**

Les mots de la grammaire du texte

+	/	Opposition	Conséquence	Cause	But
et	ou	mais	donc	parce que	afin de / pour

- Tu aimes le foot **ou** le tennis ?
- Les deux : le foot **et** le tennis. **Mais** je n'aime pas la musique. **Donc**, je n'aime pas aller à la fête de la Musique.

- Pourquoi est-ce que tu joues d'un instrument ?
- **Parce que** mes parents aiment la musique. Ils écoutent de la musique **pour** se détendre.

Exercez-vous !

1. Regardez cette photo et répondez aux questions.
   a. À quelle fréquence est-ce que vous mangez ces aliments ?
   b. Quelle quantité est-ce que vous mangez ?
2. **Comparez la façon de manger en France et dans votre pays.**

Grammaire

Les temps

SITUER DANS LE TEMPS

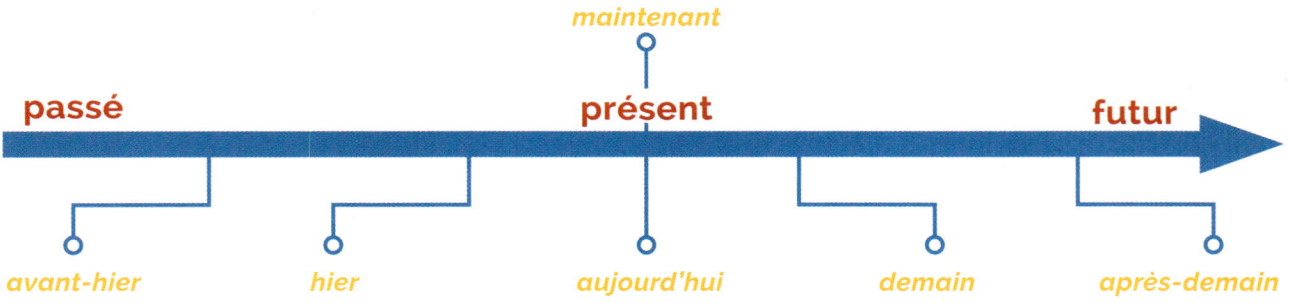

LE PRÉSENT

L'utilisation
- indiquer une action au moment où l'on parle → Désolée, je travaille !
- indiquer une habitude → Je fais du foot le lundi.
- décrire un état, une caractéristique → Je suis malade. Elle est géniale !
- indiquer une situation qui dure → J'apprends le français depuis six mois.

LE FUTUR PROCHE

L'utilisation
- indiquer une action proche dans le futur

La forme
- *aller* + verbe à l'infinitif → Demain, je (ne) vais (pas) courir.

LE PASSÉ RÉCENT

L'utilisation
- indiquer une action très proche dans le passé

La forme
- *venir de* + verbe à l'infinitif → Je viens de courir.

OUTILS DE LA CLASSE

LE PASSÉ COMPOSÉ

L'utilisation
- raconter un fait terminé → La France a gagné la Coupe du Monde de foot en 2018.
- raconter une série d'actions → À 19 h, il a mangé. Puis, il est sorti. Il est rentré à 22 h.

La forme
- *avoir* + participe passé → Hier, j'**ai acheté** un téléphone.
- *être* + participe passé → Hier, il **est sorti** : il **est allé** au cinéma.

pour les verbes suivants : *naître, mourir, descendre, monter, sortir, entrer, tomber, arriver, partir, rester, retourner, rentrer, venir, aller, passer.*

Le participe passé :
- *-é* pour les verbes en *-er* → Hier, j'ai acheté un téléphone.
- *-i* pour les verbes en *-ir* → Elle a fini son travail.
- *-it* → Elle a dit, puis écrit le mot.
- *-is* → Il a pris et mis son manteau.
- *-u* → Il a voulu venir. Il est venu. Il a attendu. Il a vu le livre. Il l'a lu.
- *-ert* → Elle a ouvert le frigidaire.
- *-t* → Il a fait un gâteau et peint un tableau pour son anniversaire.

Attention !
- avec *être*, le participe passé s'accorde avec le sujet.

Hier, il est sorti. **Elle** n'est pas sortie. Et vous, **vous** êtes sortis ?

L'IMPARFAIT

L'utilisation
- situer un contexte → **C'était** lundi dernier.
- décrire une ambiance → **Il y avait** beaucoup de gens dans la rue. **C'était** animé !

La forme
- *être* → était
- *avoir* → avait

LE MODE IMPÉRATIF

L'utilisation
- donner un ordre → Répétez ! Lisez ce texte !
- conseiller → Prends un parapluie ! Il va pleuvoir.

La forme
- 1re personne du singulier : *tu* → Prends un parapluie ! Chante !
- 1re et 2e personnes du pluriel : *nous, vous* → Chantons ! Chantez !

Attention !
- 1re personne du singulier : **pas de « s » aux verbes en *-er*** → Ne chante pas !

Conjugaison

	Avoir	Être	Parler	Manger	Commencer	Acheter
PRÉSENT	j'ai tu as il / elle / on a nous avons vous avez ils / elles ont	je suis tu es il / elle / on est nous sommes vous êtes ils / elles sont	je parle tu parles il / elle / on parle nous parlons vous parlez ils / elles parlent	je mange tu manges il / elle / on mange nous mangeons vous mangez ils / elles mangent	je commence tu commences il / elle / on commence nous commençons vous commencez ils / elles commencent	j'achète tu achètes il / elle / on achète nous achetons vous achetez ils / elles achètent
PASSÉ COMPOSÉ	j'ai eu tu as eu il / elle / on a eu nous avons eu vous avez eu ils / elles ont eu	j'ai été tu as été il / elle / on a été nous avons été vous avez été ils / elles ont été	j'ai parlé tu as parlé il / elle / on a parlé nous avons parlé vous avez parlé ils / elles ont parlé	j'ai mangé tu as mangé il / elle / on a mangé nous avons mangé vous avez mangé ils / elles ont mangé	j'ai commencé tu as commencé il / elle / on a commencé nous avons commencé vous avez commencé ils / elles ont commencé	j'ai acheté tu as acheté il / elle / on a acheté nous avons acheté vous avez acheté ils / elles ont acheté
IMPÉRATIF PRÉSENT	aie ayons ayez	sois soyons soyez	parle parlons parlez	mange mangeons mangez	commence commençons commencez	achète achetons achetez

	Aller	Finir	Partir	Venir	Courir
PRÉSENT	je vais tu vas il / elle / on va nous allons vous allez ils / elles vont	je finis tu finis il / elle / on finit nous finissons vous finissez ils / elles finissent	je pars tu pars il / elle / on part nous partons vous partez ils / elles partent	je viens tu viens il / elle / on vient nous venons vous venez ils / elles viennent	je cours tu cours il / elle / on court nous courons vous courez ils / elles courent
PASSÉ COMPOSÉ	je suis allé(e) tu es allé(e) il / elle / on est allé(e)(s) nous sommes allé(e)s vous êtes allé(e)(s) ils / elles sont allé(e)s	j'ai fini tu as fini il / elle / on a fini nous avons fini vous avez fini ils / elles ont fini	je suis parti(e) tu es parti(e) il / elle / on est parti(e)(s) nous sommes parti(e)s vous êtes parti(e)(s) ils / elles sont parti(e)s	je suis venu(e) tu es venu(e) il / elle / on est venu(e)(s) nous sommes venu(e)s vous êtes venu(e)(s) ils / elles sont venu(e)s	j'ai couru tu as couru il / elle / on a couru nous avons couru vous avez couru ils / elles ont couru
IMPÉRATIF PRÉSENT	va allons allez	finis finissons finissez	pars partons partez	viens venons venez	cours courons courez

PRÉSENT	il y a	c'est	il fait
IMPARFAIT	il y avait	c'était	il faisait

	Aimer	Vouloir
CONDITIONNEL	j'aimerais on aimerait	je voudrais on voudrait

OUTILS DE LA CLASSE

	Ouvrir	**Lire**	**Écrire**	**Dire**	**Attendre**	**Prendre**
PRÉSENT	j'ouvre tu ouvres il / elle / on ouvre nous ouvrons vous ouvrez ils / elles ouvrent	je lis tu lis il / elle / on lit nous lisons vous lisez ils / elles lisent	j'écris tu écris il / elle / on écrit nous écrivons vous écrivez ils / elles écrivent	je dis tu dis il / elle / on dit nous disons vous dites ils / elles disent	j'attends tu attends il / elle / on attend nous attendons vous attendez ils / elles attendent	je prends tu prends il / elle / on prend nous prenons vous prenez ils / elles prennent
PASSÉ COMPOSÉ	j'ai ouvert tu as ouvert il / elle / on a ouvert nous avons ouvert vous avez ouvert ils / elles ont ouvert	j'ai lu tu as lu il / elle / on a lu nous avons lu vous avez lu ils / elles ont lu	j'ai écrit tu as écrit il / elle / on a écrit nous avons écrit vous avez écrit ils / elles ont écrit	j'ai dit tu as dit il / elle / on a dit nous avons dit vous avez dit ils / elles ont dit	j'ai attendu tu as attendu il / elle / on a attendu nous avons attendu vous avez attendu ils / elles ont attendu	j'ai pris tu as pris il / elle / on a pris nous avons pris vous avez pris ils / elles ont pris
IMPÉRATIF PRÉSENT	ouvre ouvrons ouvrez	lis lisons lisez	écris écrivons écrivez	dis disons dites	attends attendons attendez	prends prenons prenez

	Connaître	**Mettre**	**Faire**	**Vivre**	**Savoir**	**Devoir**
PRÉSENT	je connais tu connais il / elle / on connaît nous connaissons vous connaissez ils / elles connaissent	je mets tu mets il / elle / on met nous mettons vous mettez ils / elles mettent	je fais tu fais il / elle / on fait nous faisons vous faites ils / elles font	je vis tu vis il / elle / on vit nous vivons vous vivez ils / elles vivent	je sais tu sais il / elle / on sait nous savons vous savez ils / elles savent	je dois tu dois il / elle / on doit nous devons vous devez ils / elles doivent
PASSÉ COMPOSÉ	j'ai connu tu as connu il / elle / on a connu nous avons connu vous avez connu ils / elles ont connu	j'ai mis tu as mis il / elle / on a mis nous avons mis vous avez mis ils / elles ont mis	j'ai fait tu as fait il / elle / on a fait nous avons fait vous avez fait ils / elles ont fait	j'ai vécu tu as vécu il / elle / on a vécu nous avons vécu vous avez vécu ils / elles ont vécu	j'ai su tu as su il / elle / on a su nous avons su vous avez su ils / elles ont su	j'ai dû tu as dû il / elle / on a dû nous avons dû vous avez dû ils / elles ont dû
IMPÉRATIF PRÉSENT	connais connaissons connaissez	mets mettons mettez	fais faisons faites	vis vivons vivez	sache sachons sachez	

	Pouvoir	**Vouloir**	**Voir**	**Boire**	**Se lever**	**Falloir**
PRÉSENT	je peux tu peux il / elle / on peut nous pouvons vous pouvez ils / elles peuvent	je veux tu veux il / elle / on veut nous voulons vous voulez ils / elles veulent	je vois tu vois il / elle / on voit nous voyons vous voyez ils / elles voient	je bois tu bois il / elle / on boit nous buvons vous buvez ils / elles boivent	je me lève tu te lèves il / elle / on se lève nous nous levons vous vous levez ils / elles se lèvent	il faut
PASSÉ COMPOSÉ	j'ai pu tu as pu il / elle / on a pu nous avons pu vous avez pu ils / elles ont pu	j'ai voulu tu as voulu il / elle / on a voulu nous avons voulu vous avez voulu ils / elles ont voulu	j'ai vu tu as vu il / elle / on a vu nous avons vu vous avez vu ils / elles ont vu	j'ai bu tu as bu il / elle / on a bu nous avons bu vous avez bu ils / elles ont bu	je me suis levé(e) tu t'es levé(e) il / elle / on s'est levé(e)(s) nous nous sommes levé(e)s vous vous êtes levé(e)(s) ils / elles se sont levé(e)s	il a fallu
IMPÉRATIF PRÉSENT		veux / veuille voulons voulez / veuillez	vois voyons voyez	bois buvons buvez	fais faisons faites	

Index

A
ALPHABET 13, 19
à 39, 44, 51, 60, 168, 169
à côté (de) 53
à droite (de) 53
à gauche (de) 53
ADJECTIF
   accord des adjectifs 21, 28, 52, 60, 102, 108, 166
   adjectifs interrogatifs 22
   adjectifs démonstratifs 70, 78, 164
   adjectifs (la place) 135, 142, 166
   adjectifs possessifs 35, 44, 114, 124, 164
ADVERBES
   adverbes de fréquence 67, 78, 170
   adverbes de quantité 68, 78, 170
aimer 36, 174
adorer 36
aller 39, 174
s'appeler 18
avoir 22, 83, 92, 173, 174
ARTICLES
   articles contractés 37, 39, 44, 53, 60
   articles définis 20, 28, 164
   articles indéfinis 34, 44, 164
   articles partitifs 66, 78, 164
au, aux 39, 44, 53, 60
autour de 118, 124
avec 124

B
beaucoup de 68, 78, 170
boire 68, 175

C
c'est 34, 44
ce sont 34, 44
c'était 85, 92
ce, cet, cette, ces 70, 78, 164
chez 118, 124
chiffres 22, 28
COMPARAISON 117, 124
CONDITIONNEL (de politesse) 26
se coucher 100
couleurs 14
connaître 53, 175
CONJONCTIONS DE COORDINATION
   ou 172
   mais 36, 172
CONSEIL (exprimer un) 71

D
dans 53, 168
DE, DE LA, DE L', DES, DU
   articles partitifs 66, 78, 164
   prépositions de lieu 39, 44, 51, 53, 60, 168
DÉTERMINANTS 20, 22, 28, 34, 35, 37, 44, 53, 60, 72, 80, 114, 124, 164
détester 36
deuxième 54, 60
devant 53, 168
devoir 99, 108, 175
derrière 53, 168
du 37, 44, 164

E
elle (pronom sujet) 18, 28, 167
elles (pronom sujet) 18, 28, 167
EN
   indicateur de temps 169
   préposition de lieu 51, 60, 168
en face de 53, 60, 168
entre 53, 168
est-ce que 52, 60, 98, 108, 163
être 21, 87, 92, 119, 124, 173, 174
eux (pronom tonique) 18, 28, 118, 124, 167

F
FÉMININ
   adjectif ... 21, 28, 52, 60, 102, 108, 166
   article 20, 28, 34, 37, 39, 44, 53, 54, 66, 164
   nom 165
   pays 20, 28, 165
faire 37, 175
FUTUR PROCHE ... 70, 78, 101, 108, 172

H
habiter 51
heure 38
hier 38, 86, 92

I
il (pronom sujet) 18, 28, 167
il faisait 85, 92, 174
ils (pronom sujet) 18, 28, 167
IMPARFAIT (verbes impersonnels) 85, 92, 174
   il y avait 85, 92, 174
IMPÉRATIF 130, 142, 174, 175
INDICATEURS TEMPORELS 86, 87, 92
interrogation / question 22, 52, 60, 98, 108, 163

J
jamais 67, 78
je (pronom sujet) 18, 28, 167

L
LE, LA, L', LES
   articles définis 20, 28, 164
   pronoms compléments directs 116, 124
leur, leurs (pronoms possessifs) 35, 114, 124, 164
loin (de) 53, 60
lui (pronom tonique) 18, 28, 118, 124, 167

M
ma (possessif) 35, 44, 114, 124, 164
mais 36, 172
manger 66, 174
mes 35, 44, 114, 124, 164
mettre 82, 175
moi (pronom tonique) 18, 28, 118, 124, 167
moins… que 117, 124, 170
mon 35, 44, 114, 124, 164

N
ne… pas 21, 28, 44, 70, 78, 86, 100, 108, 130, 142, 162
NÉGATION 21, 28, 34, 44, 70, 78, 86, 100, 108, 130, 142, 162
NOM
   féminin 165
   masculin 165
   singulier, pluriel 165
   pays 20, 28, 165
nombres ordinaux 54, 60
nombres 22, 28, 54, 60, 69, 85, 92
nos 35, 44, 114, 124, 164
notre 35, 44, 114, 124, 164
nous (pronom sujet) 18, 28, 167

O
OBLIGATION 99, 108
on (pronom sujet) 18, 28, 167

P
parce que 119, 172
PARTICIPE PASSÉ 83, 87, 92, 119, 173
PARTITIFS 66, 78, 164
PASSÉ COMPOSÉ 83, 86, 87, 92, 119, 124, 173

OUTILS DE LA CLASSE

PASSÉ RÉCENT 115, 172
pendant 134, 142, 169
PHRASE
   affirmative 162
   négative 21, 28, 34, 44, 70, 78,
      86, 100, 108, 130, 142, 162
   exclamative 162
   interrogative 22, 50, 60,
      98, 163
PLACE DES ADJECTIFS 135, 142, 166
PLACE DES ADVERBES
(de fréquence) 67, 78, 170
plus... que 117, 124, 170
POSSIBILITÉ 99, 108
parfois 78, 170
pour 119, 124, 172
pouvoir 99, 108
premier 54, 60
prendre 54, 175
PRÉPOSITIONS 39, 44, 51, 53, 60, 118, 124, 168
PRÉPOSITIONS DE LIEU 39, 44, 51, 53, 60, 168
près (de) 53, 60, 168
PRÉSENT 18, 21, 22, 37, 39,
   51, 53, 54, 66, 82, 99,
   100, 108, 172, 174, 175
PRONOMS
   pronoms compléments directs
   (le, la, les) 116, 124, 167
   pronoms démonstratifs 132, 142, 167
   pronoms interrogatifs 22, 98
   pronoms relatifs 133, 142, 167
   pronoms sujets 18, 28, 167
   pronoms toniques 18, 28, 118, 124, 167
   y 55, 60, 167

Q
qu'est-ce que 52, 60, 163
quantités 68, 78, 170
que (pronom relatif) 133, 142, 167
quel, quelle, quels, quelles ... 22, 163
quelquefois 67, 78, 170
qui (pronom relatif) 133, 142, 167

R
rarement 67, 78, 170
régulièrement 78, 170

S
sa 35, 44, 114, 124, 164
sans 124
ses 35, 44, 114, 124, 164
son 35, 44, 114, 124, 164
sous 53, 168
souvent 67, 78, 170
sur 53, 168

T
ta 35, 44, 114, 124, 164
tes 35, 44, 114, 124, 164
TEMPS
   futur proche ... 70, 78, 101, 108, 172
   imparfait (verbes
   impersonnels) 85, 92, 174
   impératif 130, 142, 174, 175
   passé composé 83, 86, 87, 92, 119, 124, 173
   passé récent 115, 172
   présent 18, 21, 22, 37, 39,
      51, 53, 54, 66, 82, 99,
      100, 108, 172, 174, 175
toi (pronom tonique) 18, 28, 118, 124, 167
ton 35, 44, 114, 124, 164
toujours 67, 78, 170
tu (pronom sujet) 18, 28, 167
troisième 54, 60

U
un 34, 44, 164
une 34, 44, 164
un peu de 68, 78, 170

V
venir (de) 51, 115, 174
VERBES
   aller 39, 174
   s'appeler 18
   avoir 22, 83, 92, 173, 174
   boire 68, 175
   se coucher 100
   devoir 99, 108, 175
   être 21, 87, 92, 119, 124, 173, 174
   faire 37, 175
   manger 68, 174
   mettre 82, 175
   pouvoir 99, 108
   prendre 54, 175
   venir 51, 174
   vouloir 39, 174
verbes d'appréciation 36
verbes pronominaux ... 100, 101, 108
vos 35, 44, 114, 124, 164
votre 35, 44, 114, 124, 164
vouloir 39, 174
vous (pronom sujet) 18, 28, 167

Y
y 55, 60, 167

Transcriptions des enregistrements

Bienvenue !

▶ Piste 2 Activité 1 .... p. 12
Bonjour !
Bonsoir !

▶ Piste 3 Activité 2 .... p. 12
Bonjour M. Croissant !
Bonsoir Mme Macaron !

▶ Piste 4 Activité 3 .... p. 12
– Bonjour madame !
– Bonjour ! Comment tu t'appelles ?
– Je m'appelle Noémie. Et vous, vous vous appelez comment ?
– Moi, c'est Marie.

▶ Piste 5 Activité 4 .... p.12
Salut !
Au revoir !

▶ Piste 6 Activité 5 .... p. 13
A E I O U Y
B C D F G H J K L M N P Q R S T V W X Z

▶ Piste 7 Activité 6 .... p. 13
P - O - Q - U - E - B - N - T - A

Suivez le guide !

▶ Piste 8 Activité 2a .... p. 14
lundi – mardi – mercredi – jeudi – vendredi – samedi – dimanche

▶ Piste 9 Activité 2b .... p. 14
mardi – samedi – jeudi – lundi

▶ Piste 10 Activité 2c .... p. 14
dimanche midi – vendredi matin – mercredi soir

▶ Piste 11 Activité 3 .... p. 14
Allez les Bleus ! Allez les Bleus ! Allez les Bleus !

▶ Piste 12 Activité 4b .... p. 15
Écoutez ! Parlez !
Lisez ! Écrivez !

▶ Piste 13 Activité 5a .... p. 15
zéro – un – deux – trois – quatre – cinq – six – sept – huit – neuf – dix

▶ Piste 14 Activité 5c .... p. 15
trois – six – huit – zéro – dix

Unité 1

▶ Piste 15 Activité 1a .... p. 18
– Bonjour, je m'appelle Émilie. Et toi, comment tu t'appelles ?
– Moi, je m'appelle Paul.

▶ Piste 16 Activité 1b .... p. 18
– Moi, c'est Jules. Et vous ?
– Moi, c'est Aurélia et elle, elle s'appelle Claire.

▶ Piste 17 Activité 3a .... p. 18
– Regardez ! Elle, en blanc, c'est Anne-Sophie Pic.
– Qui ?
– Anne-Sophie Pic. Elle est cheffe cuisinier.
– Et lui, en bleu et blanc, il s'appelle comment ?
– Lui, c'est Jean-Paul Gaultier. Il est styliste. Et là, il y a Omar Sy.
– Qui ?
– Omar Sy, l'acteur !

▶ Piste 18 Activité 3b .... p. 18
a. Elle, c'est Anne-Sophie Pic.
b. – Et toi, comment tu t'appelles ?
– Moi, je m'appelle Paul.
c. – Et lui, il s'appelle comment ?
– Lui, c'est Jean-Paul Gaultier.

▶ Piste 19 Activité 4 .... p. 18
Il s'appelle comment ?
Elle, c'est Claire.

▶ Piste 20 Activité 5b .... p. 18
1, 2, 3, ouistiti !

▶ Piste 21 Activité 8a .... p. 19
a – b – c – d – e – f – g – h – i – j – k – l – m – n – o – p – q – r – s – t – u – v – w – x – y – z

▶ Piste 22 Activité 3 .... p. 20
Ça, c'est le Canada. Et là, la Belgique, le Luxembourg, la Suisse, la France, la Guinée, le Mali, le Sénégal, les Comores, les Seychelles, l'Algérie et là, le Vietnam.

▶ Piste 23 Activité 7b .... p. 21
– Regarde ! Lui, c'est Alain Ducasse. Il est français ! Et elle, c'est…
– Emma Watson ! Mais elle n'est pas française ?
– Elle est anglaise, mais elle est née à Paris.
– Et lui, c'est qui ?
– C'est Kylian Mbappé. Il est français.
– Et puis, Roger Federer. Il est suisse.

▶ Piste 24 Activité 9a .... p. 21
Canada - Italie - Luxembourg - Comores

▶ Piste 25 Activité 9b .... p. 21
a. français
b. française
c. anglaise
d. sénégalaise

▶ Piste 26 Activité 2 .... p. 22
onze – douze – treize – quatorze – quinze – seize – dix-sept – dix-huit – dix-neuf – vingt – vingt et un – vingt-deux – trente – trente et un – quarante – cinquante – soixante – soixante-neuf

▶ Piste 27 Activité 4 .... p. 22
– Regarde, c'est ma sœur avec ses deux enfants.
– Ils ont quel âge ?
– 3 ans et 7 ans.
– Et elle, elle a quel âge ?
– Elle a 37 ans.
– Et là, c'est son mari ?
– Oui, il n'est pas français.
– Quelle est sa nationalité ?
– Il est américain.
– Et il parle français ?
– Oui, il parle français et anglais.

▶ Piste 28 Activité 5a .... p. 22
a. deux enfants
b. trois ans

▶ Piste 29 Activité 5b .... p. 22
1. Il a six ans.
2. Elle a vingt ans.
3. J'ai deux enfants.
4. Il a un enfant.

▶ Piste 30 Activité 9 .... p. 23
1. – Ça va Simon ?
– Oh là là, je suis fatigué !
2. – Bonjour Delphine. Tu vas bien ?
– Super ! Je suis en forme !
3. – Tu es fatigué, Félix ?
– Non, non, j'ai faim !

▶ Piste 31 Les prénoms et l'alphabet .... p. 24
1. Hugo, H-U-G-O
2. Sylvie, S-Y-L-V-I-E
3. Grégory, G-R-E accent aigu-G-O-R-Y
4. Léa, L-E accent aigu-A
5. Lisa, L-I-S-A
6. Rémi, R-E accent aigu-M-I

▶ Piste 32 Les jeux et les chiffres en France .... p. 25
Grille 1 : 7 – 14 – 23 – 33 – 41
Grille 2 : 9 – 12 – 16 – 21 – 35
Grille 3 : 2 – 11 – 30 – 38 – 47

▶ Piste 33 Jouons avec les sons ! p. 25
Cinq skis secouent, six scies scient, sept sottes sautent.

▶ Piste 34 Activité 3 .... p. 26
– Un café !
– Bonjour !
– Euh, excusez-moi, un café, s'il vous plaît.
…
– Et voilà !
– Merci.
– Je vous en prie.

▶ Piste 35 Activité 4a .... p. 26
a. Un café.
b. Un café, s'il vous plaît.
c. Bonjour, un café s'il vous plaît.

▶ Piste 36 Activité 5 .... p. 26
a. Voilà votre café, madame !
b. Merci !
c. Aïe !
d. Bonjour madame !

Unité 2

▶ Piste 39 Activité 2c .... p. 34
Ça, c'est un téléphone. Et ça, des lunettes.
Ça, c'est un ordinateur. Et ça, une banane !
Ça, c'est un cahier. Et ça, un ballon.
Ça, c'est un cartable. Et ça, c'est quoi ?
Je ne sais pas !

▶ Piste 40 Activité 3a .... p. 34
1. Tu as un stylo noir ?
2. Tu as une agrafeuse ?
3. Dans mon sac, il y a une trousse.
4. Dans mon sac, il y a un agenda.

▶ Piste 41 Activité 3b .... p. 34
un – une

▶ Piste 42 Activité 6b .... p. 35
– Excusez-moi monsieur, mais ce n'est pas votre valise !
– Pardon ?
– Ce n'est pas votre valise !
– Ah si, si, c'est bien ma valise. Regardez !
– Ah ! Désolée.

▶ Piste 43 Activité 9 .... p. 35
a. C'est ton stylo ?
b. C'est ton livre ?
c. C'est ta montre ?
d. Ce sont ses ciseaux ?
e. Ce sont vos chaussures ?

▶ Piste 44 Activité 4 .... p. 36
– Alors, quelles sont les activités culturelles et artistiques que vous aimez ?
– Moi, j'adore la danse, mais je déteste la lecture. J'aime bien écouter de la musique, mais je n'aime pas l'opéra.
– Euh, alors, moi… j'adore la peinture et j'aime bien le théâtre. J'aime la lecture, mais je n'aime pas lire des BD.
– Moi, j'adore écouter de la musique. J'aime aller à l'opéra, mais je déteste danser.

▶ Piste 45 Activité 5a .... p. 36
a. Je déteste. J'adore.
b. Je ne chante pas. Je n'aime pas le chant.
c. le tennis – la natation – l'aïkido – l'escalade

OUTILS DE LA CLASSE

▶ **Piste 46** Activité 6 .... p. 36
la danse – le chant – la lecture – le basket-ball – le football – la natation – la randonnée – la musculation – le ski

▶ **Piste 47** Activité 2 .... p. 38
Il est neuf heures.
Il est neuf heures quinze.
Il est neuf heures trente.
Il est neuf heures quarante-cinq.
Il est midi. Il est minuit.

▶ **Piste 48** Activité 3b .... p. 38
– Alors, le film, c'est à quelle heure ?
– Pour *Bécassine !*, il y a des séances ce soir à 16 h, 20 h 30 et 23 h.
– 16 h c'est tôt, mais 23 h, c'est un peu tard !
– Alors 20 h 30, c'est bien ?
– Oui, c'est bien.

▶ **Piste 49** Activité 4 .... p. 38
a. – Excusez-moi, vous avez l'heure ?
– Il est midi.
b. – Oh là là ! Quelle heure il est ?
– Il est minuit.
c. – C'est à quelle heure ?
– Il y a une séance à 18 h 30 et une autre à 18 h 45.
– Le film dure combien de temps ?
– Deux heures, de 18 h à 20 h.

▶ **Piste 50** Activité 8 .... p. 39
– Alors, qu'est-ce qu'on fait ce soir ?
– Il y a un spectacle avec 60 danseurs… toi qui adores la danse !
– Waouh, c'est génial ! C'est où ?
– À la patinoire, à 20 h.
– Alors, rendez-vous à 19 h 45 à la patinoire !
– Ok. À tout à l'heure.

▶ **Piste 51** Activité 9 .... p. 39
a. Coucou, c'est Thomas. Tu es libre samedi soir ? Si oui, rendez-vous à 19 h au cinéma. Ciao !
b. Salut, c'est Marie. Je vais à la piscine vendredi à 15 h. Tu veux venir ?
c. Bonjour maman, c'est Valentin. Je n'aime pas beaucoup les musées, tu sais. Mais je veux bien aller au musée avec toi samedi matin à 11 h. Bisous !

▶ **Piste 52** Activité 10 .... p. 39
a. – Tu vas où ?
– À la bibliothèque !
b. – Alors, tu veux venir ce soir au resto, avec Paul et Valérie ?
– Oh oui !
c. – Je vais au théâtre demain. Tu veux venir ?
– Je veux bien, oui !
d. – Tu es libre demain matin pour aller à la patinoire ?
– À la patinoire ? Non merci !

▶ **Piste 53** Jouons avec les sons ! p. 41
Tu as vu un âne en une année !

▶ **Piste 54** Activité 2b .... p. 42
Bonne année !

▶ **Piste 55** Activité 3a .... p. 42
a. 1. Bonne année ! – 2. Bonne année ? – 3. Bonne année.
b. 1. Bon appétit. – 2. Bon appétit ? – 3. Bon appétit !
c. 1. Joyeux anniversaire ? – 2. Joyeux anniversaire ! – 3. Joyeux anniversaire.

▶ **Piste 56** Activité 3b .... p. 42
Bonne année !
Bon appétit !
Joyeux anniversaire !

Unité 3

▶ **Piste 59** Activité 3 .... p. 50
Mesdames messieurs, bonjour ! Il fait beau, aujourd'hui, à Bordeaux et à Marseille avec des températures entre 13 et 15 degrés. À Brest, il pleut. La température maximale prévue est de 10 degrés. À Strasbourg, il neige ce matin, avec des températures entre 1 et 7 degrés. Enfin, à Lyon, le temps est nuageux mais la température est de 12 degrés.

▶ **Piste 60** Activité 5a .... p. 50
a. le temps
b. la température
c. les nuages

▶ **Piste 61** Activité 5b .... p. 50
le – la – les

▶ **Piste 62** Activité 9a .... p. 51
– Alors, tout d'abord, présentez-vous ! Vous habitez où et vous venez d'où ?
– Je m'appelle Ben. J'habite à Québec mais je viens des États-Unis.
– Moi, c'est Ahmed. Je viens du Maroc mais j'habite en France.
– Moi, je m'appelle Manuela. J'habite au Chili mais je viens d'Argentine.
– Et moi, Ayda. J'habite en Allemagne mais je viens de Turquie.

▶ **Piste 63** Activité 9b .... p. 51
– Vous utilisez le site *Météopodo*. Vous partez où ?
– Au Québec, il fait froid. Alors, je pars au soleil cet hiver, à Mexico.
– En France, il fait froid au printemps. Alors, je vais au Maroc, chez des amis.
– Au Chili, il fait très chaud en automne. Je préfère aller en Europe. Je pars en Irlande. J'aime la pluie !
– En Allemagne, il fait beau mais j'aime le soleil. J'aime quand il fait chaud. Je pars au Pérou !
– Merci.

▶ **Piste 64** Activité 2b .... p. 52
– Alors Clément, qu'est-ce que vous aimez faire à Lille ?
– J'aime bien faire du vélo, aller au cinéma ou à des concerts. Et puis, je suis gourmand. J'aime les tartines et les cramiques.
– Qu'est-ce que c'est ?
– Ce sont des brioches sucrées. Elles sont délicieuses.
– Et est-ce que les gens sont sympas à Lille ?
– Ah oui, ils sont très chaleureux et les Lilloises sont très belles !

▶ **Piste 65** Activité 6 .... p. 53
– Alors, c'est ok pour ce soir ? À 20 h chez moi ?
– Tu habites où ?
– Dans le centre-ville de Lille, rue de la Monnaie, au numéro 42.
– C'est où ?
– En face du restaurant *La Petite Table*.
– Je ne connais pas.
– Ah bon ? C'est délicieux. Tu connais le restaurant gastronomique *L'Assiette du marché* ?
– Oui.
– Eh bien, *La Petite Table* est à côté de *L'Assiette du marché*.
– Ah d'accord ! En fait, c'est près du *Louis' Burger Bar* ?
– Oui, c'est ça.

▶ **Piste 66** Activité 3 .... p. 54
– Excusez-moi, je cherche l'office de tourisme.
– Euh…vous cherchez l'office de tourisme. Alors, vous sortez du parc de l'Artillerie et vous prenez la rue des Remparts. Vous prenez la première rue à droite et vous continuez tout droit. Au bout de la rue, vous tournez à droite, puis tout de suite à gauche et encore à gauche, rue Sainte-Anne.
– La rue des Remparts. Je tourne à droite, je continue tout droit. Ensuite, je tourne à droite, ensuite, à gauche et encore à gauche. C'est ça ?
– Oui, oui, c'est bien ça !
– Merci bien !
– Je vous en prie.

▶ **Piste 67** Activité 4 .... p. 54
a. je cherche
b. je tourne
c. je continue
d. à gauche
e. à droite

▶ **Piste 68** Activité 5 .... p. 54
a. Excusez-moi, je voudrais aller au parc Montmorency.
b. Excusez-moi, je cherche la rue Saint-Jean.
c. Excusez-moi, où se trouve le funiculaire ?

▶ **Piste 69** Dans la rue, activité b p. 56
– Excusez-moi, je cherche la Citadelle.
– Vous prenez la première rue à gauche, vous continuez tout droit et vous tournez à droite.
– Je vous remercie.

▶ **Piste 70** Jouons avec les sons ! p. 57
T'es têtu ! Tu te tues à tout trouver partout.

▶ **Piste 71** Activité 2b .... p. 58
– Je voudrais aller aux toilettes, mais je ne sais pas où aller.
– Tu n'as pas l'application ?
– Quelle application ?
– L'application *Où aller aux toilettes à Paris* ? Tu choisis un arrondissement et l'application trouve tes toilettes ! C'est super facile et vraiment pratique.
– Waouh ! C'est génial !

Unité 4

▶ **Piste 74** Activité 1a .... p. 66
À quelle heure est-ce qu'on dîne en Europe ? D'après une enquête, les Allemands dînent à 18 h, les Finlandais, eux, dînent entre 16 h 30 et 18 h. En Espagne, on dîne tard : entre 21 h et 23 h.

▶ **Piste 75** Activité 2b .... p. 66
– On mange quoi ce soir ?
– Du poulet et de la salade ?
– Encore du poulet ? Oh non…
– Dans le frigo, il y a des tomates, des œufs et des champignons. Je peux faire une omelette ?
– D'accord ! Tu peux mettre de l'ail, s'il te plaît ?
– Si tu veux ! On a aussi du fromage et du pain. Et comme dessert, tu prépares une salade de fruits avec des pommes, des fraises et des bananes ?
– Ok !

▶ **Piste 76** Activité 3a .... p. 66
a. du café
b. deux croissants
c. des fruits

cent soixante-dix-neuf **179**

▶ **Piste 77** Activité 3b .... p. 66
du – de/deux – des

▶ **Piste 78** Activité 6 .... p. 67
– Bonjour, vous voulez bien répondre à un sondage sur les habitudes alimentaires et sportives des Français ?
– Oui, si vous voulez !
– Vous faites du sport ?
– Oui !
– À quelle fréquence ?
– Souvent. Je fais de la danse tous les week-ends.
– Et du vélo ?
– Ah non, jamais ! J'ai trop peur de faire du vélo en ville !
– Et vous mangez quoi au petit déjeuner ?
– Bah, je prends rarement un petit déjeuner, je n'ai pas le temps.
– Et est-ce que vous mangez des fruits et des légumes ?
– Oui, très souvent, au moins une fois par jour.
– Et au dîner...

▶ **Piste 79** Activité 1 .... p. 68
– Qu'est-ce qu'on mange ce soir ?
– Je ne sais pas moi. Regarde dans le frigo !
– Il y a des œufs, du beurre...
– Alors, on peut faire des crêpes !
– Ah ouais ! Bonne idée !

▶ **Piste 80** Activité 3 .... p. 68
Bon alors, pour ce gâteau, j'ai besoin de quoi ? Une tablette de chocolat, 2 cuillères à soupe de farine, ok... 125 g de sucre, 125 g de beurre, c'est bon... et 3 œufs.

▶ **Piste 81** Activité 7a .... p. 69
a. Aujourd'hui, profitez de notre promotion sur le steak haché ! Rendez-vous au rayon boucherie !
b. Allez, mesdames messieurs, on y va ! Les oranges à 2 euros le kilo, 2 euros !
c. Mais si ! Tu cliques sur « valider mes achats » et ensuite sur « payer ».

▶ **Piste 82** Activité 8b .... p. 69
Coucou chéri, c'est moi ! Dis, je suis à la maison, tu peux faire des courses ? On peut manger un poulet ce soir. Tu passes à la boucherie ? Ah, et à la boulangerie aussi, on n'a plus de pain. Tu peux prendre une tarte aux framboises chez le pâtissier ? J'ai envie d'un bon dessert. À tout à l'heure !

▶ **Piste 83** Activité 9 .... p. 69
1. la boucherie
2. la boulangerie
3. la pâtisserie

▶ **Piste 84** Activité 10 .... p. 69
1. – Bonjour monsieur ! Je voudrais deux kilos de pommes de terre et un kilo de carottes, s'il vous plaît.
– Et avec ceci ?
– C'est tout, merci ! Ça fait combien ?
– Alors, ça fait 5,89 €.
– Et voilà, bonne journée !
– Au revoir madame !
2. – Bonjour madame, je voudrais une baguette et deux croissants, s'il vous plaît !
– Et voilà, 3,10 €, s'il vous plaît.
– Bonne journée !
3. – Mademoiselle, bonjour !
– Bonjour ! Je voudrais 2 steaks hachés et un poulet rôti, s'il vous plaît !
– Et avec ceci ?

▶ **Piste 85** Activité 4 .... p. 70
1. – Tu fais quoi ce soir ?
– Rien de spécial.
– On va au ciné ?
2. – On va courir ce week-end ?
– Oui, pourquoi pas ! Samedi matin ?
3. – Alors, tu vas faire quoi cette année ?
– Je vais travailler dans un restaurant. Je suis contente !
4. – Tu veux faire quoi cet après-midi ?
– Je sais pas... on va faire des courses ?

▶ **Piste 86** Activité 7 .... p. 71
– Je suis fatigué en ce moment. Et je suis toujours malade.
– C'est à cause de ton nouveau travail ?
– Oui, je suis très stressé.
– Il faut faire des pauses au travail et dormir plus.
– Mais je dors 8 heures par nuit !
– Tu peux peut-être faire du sport, surveiller ton alimentation et boire beaucoup d'eau.
– Oui, je sais...

▶ **Piste 87** Activité 8a .... p. 71
a. Faire une pause.
b. Boire de l'eau.
c. Tu vas dormir.
d. Tu peux marcher.

▶ **Piste 88** Activité 8b .... p. 71
[p] – [b] – [v]

▶ **Piste 89** Du ou deux ? activité a p. 72
a. du pain
b. deux pains
c. deux poissons
d. du poisson

▶ **Piste 90** Des ou deux ? activité b p. 72
a. des fruits
b. deux fruits
c. des croissants
d. deux croissants

▶ **Piste 91** La baguette .... p. 72
– Le président de la République veut faire entrer la baguette au patrimoine mondial de l'Unesco. Gontran Cherrier, bonjour ! Avec votre boulangerie située à Montmartre, vous êtes une star de la baguette. Alors, quels sont les secrets de la baguette française ?
– Une baguette, c'est facile ! Il faut 250 g de farine, 10 g de levure, 15 cl d'eau et un peu de sel.

▶ **Piste 92** Le « e » muet .... p. 72
a. le petit déjeuner
b. la boulangerie
c. la fromagerie
d. la pâtisserie
e. l'épicerie
f. la crèmerie

▶ **Piste 93** Les sons [p], [b], [v] .... p. 73
a. poisson – boisson
b. tu bois – tu vois
c. je paie – je vais
d. Tu vas dormir ?
e. On va boire un verre ?

▶ **Piste 94** Jouons avec les sons ! p. 73
Un bol plein de poires, un verre plein de prunes, un plat plein de blé.

▶ **Piste 95** Activité 3 .... p. 74
– Messieurs-dames, bonjour ! Vous prenez la formule ?
– Oui, je vais prendre la formule déjeuner. En entrée, je vais prendre la salade tomates-mozzarella.
– Ah, moi aussi. La même chose, s'il vous plaît !
– Et pour les plats ?
– Je vais prendre le poulet rôti.
– Et pour moi, le poisson.
...
– L'addition, s'il vous plaît !
– Oui, vous payez comment ?
– En espèces pour moi.
– Et moi, par carte, merci !

▶ **Piste 96** Activité 4a .... p. 74
a. On prend la formule.
b. Vous prenez la formule ?
c. Messieurs-dames, bonjour !

▶ **Piste 97** Activité 4b .... p. 74
a. Je vais prendre la salade.
b. Il y a une formule ?
c. Merci, à bientôt !

Unité 5

▶ **Piste 100** Activité 4 .... p. 82
– Alors maman, tu mets quoi finalement ?
– Hum... Je vais mettre ma jupe noire. Et toi, tu mets quoi pour ta soirée avec tes copines ?
– Ben, je sais pas. Peut-être, un jean et un tee-shirt ?
– Oh, tu ne veux pas mettre ta robe ?
– Bof ! Tu peux me prêter ta veste blanche ?
– Oui, si tu veux...

▶ **Piste 101** Activité 5a .... p. 82
a. manteau
b. ceinture
c. chausson

▶ **Piste 102** Activité 5b .... p. 82
[ɛ̃] – [ɑ̃] – [ɔ̃]

▶ **Piste 103** Activité 3 .... p. 84
a. – Alors, c'était comment le match ?
– Génial ! Ils ont marqué trois buts !
b. – Je suis allé au festival de poésie ce week-end.
– Ah oui ? C'était bien ?
– Pas mal. C'était tranquille, mais intéressant.
c. Les enfants ont adoré le festival du cirque. C'était très amusant.
d. – Tu as aimé le festival Rock en Seine ?
– Oui c'était bien, mais bruyant. J'ai encore mal aux oreilles.
e. – Alors, ta soirée avec tes collègues ?
– Super ! C'était très animé et très sympa. On a bien rigolé.

▶ **Piste 104** Activité 6 .... p. 85
– Tu aimes bien la musique électronique ?
– Oui, j'adore ! J'ai vu David Guetta en concert en janvier.
– Ah oui ? C'était bien ?
– Oui, il y avait beaucoup de monde, 20 000 personnes ! C'était à l'Arena, elle est grande cette salle ! On a chanté ensemble, on a dansé, on a sauté... Il faisait très chaud mais il y avait une super ambiance !
– Et tu as acheté son dernier album ?
– Oui, il est super !

▶ **Piste 105** Activité 8a .... p. 85
a. tu as aimé
b. tu as acheté

▶ **Piste 106** Activité 8b .... p. 85
a. On a vu un spectacle.
b. On a chanté ensemble.
c. On a acheté un album.

▶ **Piste 107** Activité 3 .... p. 86
– Bonjour Noémie. Vous êtes une artiste de rue, plus exactement une « statue vivante », c'est bien ça ?

OUTILS DE LA CLASSE

– Oui, c'est ça. Je suis Charlot.
– Et pour être Charlot, vous portez quoi ?
– Je porte un costume noir, une chemise blanche, une cravate et un chapeau. Et bien sûr, j'ai une canne.
– Et vous avez commencé quand ?
– L'été dernier, à Montmartre.
– Vous pouvez raconter votre premier jour ?
– Le premier jour, j'ai fait la statue et les gens ont pris des photos, mais je n'ai pas pu rester longtemps. C'était trop fatigant. Je n'ai pas gagné beaucoup d'argent.
– Vous avez un souvenir particulier ?
– Oui, un jour, un petit garçon a regardé Charlot longtemps. Il n'a pas parlé et n'a pas bougé. C'était vraiment mignon.

▶ **Piste 108** Activité 5 .... p. 86
a. Le mois dernier, j'ai visité Toulouse pour la première fois.
b. Hier, le chat a mangé les photos de mon album.
c. La semaine dernière, mon meilleur ami a décidé de partir à l'étranger.
d. Hier soir, mes amis ont organisé une fête pour mon anniversaire.

▶ **Piste 109** Activité 6a .... p. 86
a. une
b. souvenir

▶ **Piste 110** Activité 6b .... p. 86
a. une artiste
b. souvenir agréable

▶ **Piste 111** Activité 6c .... p. 86
a. Je porte un costume.
b. Je porte un costume et une chemise.
c. Je porte un costume, une chemise et une cravate.

▶ **Piste 112** Activité 11 .... p. 87
Le 8 février 2012, Alaska
Cher papy Lucien,
Je suis arrivé à l'observatoire. Quatre heures de voiture depuis l'aéroport, après les douze heures d'avion. Stephan, mon nouveau collègue, est venu me chercher. Je n'ai pas commencé à travailler tout de suite. J'ai d'abord attendu que la fatigue du voyage me laisse tranquille. J'ai beaucoup dormi. Et puis j'ai rencontré les autres membres de l'équipe. Stephan est très grand et a une grosse barbe. Il est très impressionnant. Il y a Fiona. Aux repas, elle mange des graines. C'est elle l'oiseau, peut-être. Il y a aussi Sam : il aime marcher sans chaussures ; Lawrence, lui, est tout le temps en train de dessiner ; Carole est là depuis des années et n'arrive pas à partir. Ils sont tous accueillants, tous gentils. Je pense que je vais être bien ici.

▶ **Piste 113** Les voyelles nasales p. 88
a. un blouson
b. un sac à main
c. un pantalon

▶ **Piste 114** Edgar Degas .... p. 88
a. Edgar Degas a étudié l'art à Paris.
b. Il a vu beaucoup d'œuvres au musée du Louvre.
c. Il a rencontré Edouard Manet au Louvre.
d. Il a pris un atelier à Paris.
e. Il est parti en Louisiane en 1872.
f. Il est souvent sorti dans les cafés-concerts.
g. Il a exposé *La Petite Danseuse de 14 ans*, en 1881.

▶ **Piste 115** Voyage à Bruxelles ..... p. 89
– Alors, ce voyage ?
– Super ! D'abord, lundi, j'ai pris l'avion jusqu'à Bruxelles. J'ai visité la ville et j'ai pris des photos du Manneken-Pis. Après, je suis allée à Bruges. Bien sûr, j'ai acheté des chocolats. Ah oui… avant de quitter Bruxelles, j'ai visité l'Atomium. C'était très intéressant.
– Et à Bruges, qu'est-ce que tu as fait ?
– J'ai marché dans la ville. C'était très agréable. Et puis, je suis retournée à Bruxelles et j'ai pris le train pour Paris.

▶ **Piste 116** Activité 2b .... p. 90
– Alors, ça va la taille ?
– C'est pas mal. Hum… c'est peut-être un peu grand.
– Vous voulez essayer le 38 ?
– Oui, je veux bien.
…
– Ça vous va très bien.
– Ce n'est pas trop serré ?
– Non, c'est à la mode.
– J'aime bien le rouge, mais je vais aussi essayer le pantalon noir, pour voir…
– Oui, bien sûr.

▶ **Piste 117** Activité 4 .... p. 91
– Maman, je mets mon linge dans la machine !
– Tu as trié tes vêtements ?
– Tu veux dire les couleurs d'un côté et le blanc de l'autre ?
– Oui, et tu as regardé les étiquettes ?
– C'est écrit « Lavage en machine à 60° ».
– Même ton pull ?
– Ah non, c'est à la main.
– Et tu as vidé tes poches ?
– Ah ! Zut !

Unité 6

▶ **Piste 120** Activité 2 .... p. 98
– Comment est-ce que vous vous appelez ?
– Sarah Hamsa.
– Vous êtes étudiante ?
– Oui, je suis en master.
– Où est-ce que vous faites vos études ?
– À Paris, et j'ai étudié un an en Angleterre.
– Et qu'est-ce que vous étudiez ?
– J'étudie le droit.
– Est-ce que vous avez travaillé avec des enfants ?
– Oui, j'ai fait du baby-sitting au lycée.
– Quelles sont vos principales qualités ?
– Je dirais… la curiosité et la patience.
– Combien de langues est-ce que vous parlez ?
– Trois. Le français, l'anglais et un peu d'italien.
– Est-ce que vous voulez travailler pour nous ?
– Oui, je voudrais vraiment travailler avec des enfants.
– Très bien. Pourquoi est-ce que vous avez choisi le *job dating* ?
– Pour rencontrer beaucoup d'entreprises.

▶ **Piste 121** Activité 3a .... p. 98
a. Tu es étudiante ?
b. Il est curieux.
c. C'est le directeur ?
d. Tu participes au *job dating* ?

▶ **Piste 122** Activité 3b .... p. 98
a. Vous êtes curieuse.
b. Tu es patient.
c. Tu as étudié trois ans.
d. Tu as travaillé à Rome ?

▶ **Piste 123** Activité 3 .... p. 100
a. Je me couche tôt.
b. On se lève ?
c. Tu te prépares ?
d. Il se rase.

▶ **Piste 124** Activité 7 .... p. 101
Aline : À demain !
Thomas : Non Aline, demain c'est férié !
Aline : Ah oui ? C'est quel jour ?
Cécile : C'est le 1er mai, la fête du Travail.
Aline : Ah c'est vrai !
Cécile : Tu vas faire quoi ?
Aline : Ah, moi, quand je ne travaille pas, je reste à la maison. Je me lève tard et je fais du sport. Et toi, Cécile ?
Cécile : Demain, on va se promener : une petite randonnée en forêt en famille, ça fait du bien ! Et toi, Thomas ?
Thomas : Moi, demain, je vais au cinéma avec ma chérie.

▶ **Piste 125** Activité 3 .... p. 102
– Tu veux un café ?
– Oui, merci !
– Tu es nouveau ?
– Oui, je suis arrivé hier.
– Tu as rencontré le directeur ?
– Non pas encore. Il est comment ?
– Impatient et autoritaire, mais très énergique.
– Et Florence, au 7e étage, tu travailles avec elle ? Elle a l'air sympa.
– Oui tout à fait, et super créative dans son travail. Tu as rencontré Juliette ?
– Oui. Elle fait du yoga, c'est ça ?
– Oui, elle est toujours très calme et douce.

▶ **Piste 126** Activité 4a .... p. 102
a. créative
b. attentif
c. douce
d. précise

▶ **Piste 127** Activité 4b .... p. 102
[f] – [v] – [s] – [z]

▶ **Piste 128** Activité 4c .... p. 102
a. merveilleuse
b. sportive
c. douce
d. heureux

▶ **Piste 129** Activité 6 .... p. 102
fffff
vvvv
sssss
zzzzz

▶ **Piste 130** Le « e » muet .... p. 104
a. 1. Je me lève. – 2. Je me lève
b. 1. Je me douche. – 2. Je me douche
c. 1. Je me coiffe. – 2. Je me coiffe
d. 1. Je me couche. – 2. Je me couche.

▶ **Piste 131** Jouons avec les sons ! p. 105
Ces cerises sont si savoureuses !

▶ **Piste 132** Activité 3a .... p. 106
– Allô oui, bonjour ! Est-ce que je pourrais parler à Aline Pattier, s'il vous plaît ?
– Oui, c'est de la part de qui ?
– De la part de Pablo Delmas.
– Ne quittez pas !
…
– Aline Pattier, bonjour !
– Oui, bonjour ! Je suis Pablo Delmas. J'ai vu votre offre de stage. Est-ce que c'est possible de prendre rendez-vous ?
– Oui, quelles sont vos disponibilités ?
– J'ai des cours à l'université mais je suis disponible tous les après-midis.
– Très bien. On dit mardi à 15 h ?

cent quatre-vingt-un 181

– Oui, mardi à 15 h, c'est parfait.
– C'est noté.
– Merci encore et bonne journée !
– Au revoir !

Unité 7

▶ Piste 135 Activité 4...................... p. 114
Tu vois, eux, sur la photo, ce sont mes cousins. Leurs parents sont toujours en voyage. Alors, ils restent souvent chez leurs grands-parents. Moi, mes parents ne partent jamais en voyage. C'est dommage ! Et toi, tes parents, ils voyagent beaucoup ?

▶ Piste 136 Activité 6...................... p. 115
– Léa, tu viens à table ? C'est prêt.
– Attends, viens voir, maman, je viens de trouver cette photo. Regarde, c'est pas toi, là, devant, en train de manger ?
– Si, si c'est bien moi.
– Et derrière toi, c'est ta mère, avec le grand chapeau de paille ?
– Non, c'est ma tante, Noémie. Ma mère prend la photo. Et à côté, c'est ma grand-mère, donc, ton arrière-grand-mère, Paulette. Et Léon, son mari, et leur chien.
– Regarde, derrière, il y a la date : c'était en 1968 !
– Oh là là ! Comme le temps passe vite !

▶ Piste 137 Activité 8a...................... p. 115
a. ta mère
b. leur chien
c. derrière
d. arrière-grand-mère
e. mille neuf cents

▶ Piste 138 Activité 8b...................... p. 115
[œ] – [ɛ]

▶ Piste 139 Activité 3...................... p. 116
– Je cherche un appartement à louer en juillet.
– Pour tout le mois ?
– Si possible, oui. Je suis en mission à Paris.
– Alors, j'ai un petit appartement près du canal Saint-Martin.
– Il est meublé ?
– Oui. Il y a une chambre, une cuisine équipée, une place de parking, le wi-fi et une télévision pour 650 euros par mois.
– Super, je le prends !
– Vous êtes sûre ?
– Oui, oui !
– Très bien, alors, j'ai besoin de faire une photocopie de votre carte d'identité. Vous l'avez sur vous ?
– Oui, tenez !
– Merci.

▶ Piste 140 Activité 8...................... p. 117
– Alors, tu as trouvé ?
– J'ai visité un appartement hier, mais j'ai vu une annonce plus intéressante ce matin. Le loyer est moins cher que l'appartement d'hier. Et puis, il y a plus de chambres.
– Oui, mais il est moins grand que l'autre, non ?
– Oui, c'est vrai… mais il y a plus de rangements et surtout, il y a une baignoire ! J'adore prendre des bains.
– Oh là là ! Toi alors !

▶ Piste 141 Activité 3a...................... p. 118
a. la famille
b. un lien
c. autour de toi
d. Enfin chez moi !
e. chez lui

▶ Piste 142 Activité 3b...................... p. 118
[j] – [ɥ] – [w]

▶ Piste 143 Activité 6...................... p. 119
– Alors, Agnès, vous habitez à Tours maintenant, mais racontez-nous ! Pourquoi vous avez quitté Paris ?
– À 18 ans, j'ai quitté Tours pour faire mes études à Paris parce que dans ma région, il n'y avait rien. Ensuite, je suis devenue avocate. J'ai voyagé en France et à l'étranger pour réaliser quelques missions. Et puis, j'ai eu des enfants. Acheter un appartement à Paris pour quatre, c'était beaucoup trop cher ! Nous sommes donc revenus dans ma région et j'ai commencé à prendre le train : Paris-Tours, c'est 1 h 15 ! Aujourd'hui, on a du confort, de l'espace, une maison avec un jardin. C'est plus agréable !

▶ Piste 144 Activité 7a...................... p. 119
a. j'ai quitté
b. je suis devenue
c. j'ai voyagé
d. j'ai eu
e. je suis partie

▶ Piste 145 Activité 7b...................... p. 119
[y] – [i] – [e]

▶ Piste 146 Les sons [œ] et [ɛ]...... p. 120
a. ta mère
b. ta sœur
c. leur sœur
d. leur frère
e. leur arrière-grand-père

▶ Piste 147 Destination Canada, activité a...................... p. 120
Cette année encore, le Canada organise à Bruxelles un forum « Destination Canada » pour attirer et sélectionner les futurs résidents belges au Canada : 900 Belges de 18 à 30 ans ont la possibilité de partir au Canada pendant deux ans avec le permis vacances-travail. Mais pourquoi est-ce que les Belges veulent aller au Canada ? Parce qu'il est facile de trouver du travail, parce que la culture canadienne est proche de la culture belge, parce qu'on parle français, et aussi parce que la vie est tranquille. Écoutez !
« Je viens d'arriver. J'ai déjà mon permis de travail, un logement et j'ai rencontré beaucoup de gens chaleureux. »
Le Canada, la destination à la mode ?

▶ Piste 148 Les sons [y], [i] et [e] p. 121
a. J'ai quitté Montpellier.
b. J'ai emménagé à Yaoundé.
c. J'ai choisi l'Algérie.
d. Je suis partie en Italie.
e. Je suis venue en Turquie.
f. J'ai vécu en Russie.

▶ Piste 149 Les semi-voyelles [j], [ɥ] et [w]...................... p. 121
– En fait, je m'appelle Karima. C'est mon vrai prénom, mais je l'ai transformé en Karine parce que c'est plus simple, plus français. On est d'origine camerounaise. En plus d'avoir deux petites sœurs, j'ai la chance d'avoir toujours mes parents et toute une grande famille autour. J'ai des oncles, des tantes, des cousines et pas mal de gens que j'appelle tonton ou tantie, mais je ne sais pas si nous avons un lien de famille. Après mon bac, j'ai arrêté d'habiter chez eux avec deux objectifs : avoir un boulot et un appartement. Maintenant c'est fait.
– Si je comprends bien, tu as toute cette grande famille autour de toi, mais tu es seule pour emménager et monter tes meubles ?

▶ Piste 150 Jouons avec les sons ! p. 121
Mon père est maire et mon frère est masseur.

▶ Piste 151 Activité 2b...................... p. 122
– Oui, bonjour, j'appelle pour un renseignement. Nous souhaiterions déménager début avril et nous aimerions connaître les tarifs et conditions de déménagement.
– Oui, alors…
– Excusez-moi, la ligne est mauvaise. Vous pouvez parler plus fort ?
– Oui… ça dépend de la superficie…
– Excusez-moi, j'entends très mal. C'est peut-être mon téléphone. Je vous rappelle !

Unité 8

▶ Piste 154 Activité 3...................... p. 130
– Ça va, Louison ?
– Oh non ! Je n'ai pas dormi de la nuit…
– Ah bon pourquoi ?
– Je ne sais pas.
– Tu veux mon avis ? Arrête les jeux vidéo le soir, éteins ton téléphone et fais comme moi, prends un peu de lait chaud avant de dormir !
– Ah bon ? Ça marche ? Ok, je vais essayer.

▶ Piste 155 Activité 7...................... p. 131
1. – Bonjour Mme Legrand.
– Bonjour docteur.
– Qu'est-ce qui vous arrive ?
– J'ai mal à la gorge et je tousse.
– Vous avez de la fièvre ?
– Non.
– Bon, je vais regarder cela. Allez-y, respirez bien fort ! Encore ! Toussez ! C'est juste un rhume.
2. – Bonjour docteur !
– Bonjour M. Moreau. Qu'est-ce qui ne va pas ?
– J'ai de la fièvre et j'ai mal à la tête.
– Vous avez pris votre température ?
– Oui, j'ai 38,5.
– Vous avez de l'aspirine ?
– Oui, mais presque plus.
– C'est une grippe. Vous devez vous reposer. Ça va passer. Voici l'ordonnance pour l'aspirine.

▶ Piste 156 Activité 9a...................... p. 131
a. votre température
b. de l'aspirine
c. J'ai mal à la gorge.
d. J'ai mal à la tête.
e. Ça va passer.

▶ Piste 157 Activité 9b...................... p. 131
[a]

▶ Piste 158 Activité 2...................... p. 132
– Bonjour, vous avez besoin d'aide ?
– Oui, je cherche un cadeau pour un ami. Je cherche plutôt un objet pratique et nouveau.
– Alors, je vous conseille un objet intelligent. Pour les sportifs, il y a le bracelet connecté. C'est un bracelet qui indique le nombre de kilomètres, le temps de sommeil…
– Bah… il n'est vraiment pas sportif.
– Et la montre connectée ? C'est une montre qui remplace votre téléphone portable. Vous pouvez téléphoner,

ced'un

OUTILS DE LA CLASSE

regarder les mails, les messages. Celle-ci a beaucoup de succès.
– C'est un peu cher pour moi.
– Et un porte-clés connecté ? Il y a une application que vous pouvez télécharger pour retrouver facilement vos clés.
– Oui, c'est pas mal. Celui-là est bien et pas trop cher.

▶ **Piste 159** Activité 7a .... p. 133
a. je trouve
b. je crois
c. exceptionnel
d. naturel
e. artificiel

▶ **Piste 160** Activité 7b .... p. 133
/R/ – [l]

▶ **Piste 161** Activité 3 .... p. 134
– Alors Paco, tu as trouvé quelqu'un pour parler en français ?
– Non, pas encore… j'ai mis une annonce à la fac mais pas de réponse.
– Tu as essayé sur les réseaux sociaux ?
– Non.
– Tu peux t'inscrire sur LinQ. Il y a souvent des annonces pour tchatter en français. Moi, je suis inscrite depuis deux mois et je pratique le russe pendant le week-end. C'est génial ! Il y a des discussions en ligne pour prendre contact et ensuite, tu peux utiliser Skype ou Facetime.

▶ **Piste 162** Activité 7 .... p. 135
1. – Moi, pour le vocabulaire, j'ai collé partout des post-it de toutes les couleurs. Comme ça, je révise le vocabulaire tous les jours.
– Ah oui, tu as raison ! Moi aussi, je vais faire ça.
2. – Pour progresser en français, il faut pratiquer. Moi, j'ai changé d'amis. Je parle seulement avec des francophones.
– C'est vrai qu'il faut pratiquer, mais je ne suis pas d'accord. Changer d'amis, c'est ridicule !
3. – Moi, j'ai acheté un gros dictionnaire et j'apprends des mots tous les jours.
– Tu crois vraiment que ça peut t'aider ? Moi, je préfère mémoriser les paroles des chansons.
4. – Moi, j'écoute la radio française tous les jours.
– Ah bon ? Moi, je ne comprends rien à la radio.
– C'est pas grave. Tu peux écouter l'intonation et la prononciation. Et puis, au début, tu ne comprends pas et petit à petit, tu commences à comprendre.

▶ **Piste 163** Activité 8a .... p. 135
a. mes vieux amis
b. des amis exceptionnels
c. les bons artistes
d. des artistes engagés

▶ **Piste 164** Activité 8b .... p. 135
a. mes vieux amis
b. un petit ami
c. un bon ami
d. les bons amis

▶ **Piste 165** Le système de santé en France .... p. 136
a. – Oh ! J'ai encore mal au ventre. Je vais aller chez le médecin.
– Téléphone d'abord pour prendre rendez-vous !
b. – Tu as payé combien chez le médecin ?
– 25 euros.
c. – Je voudrais voir un médecin mais je n'ai pas reçu ma carte vitale.
– C'est pas grave ! Le médecin va te donner un document à remplir.
d. – J'ai mal à la gorge.
– Va chez le médecin !
– Oh non, je vais juste passer à la pharmacie pour acheter des pastilles pour la gorge.
e. – J'ai vraiment mal aux dents !
– Prends rendez-vous chez le dentiste !
– Mais je n'ai pas d'ordonnance du médecin.
– Tu n'as pas besoin d'ordonnance pour aller chez le dentiste.

▶ **Piste 166** Le son [a] .... p. 136
a. Vous avez mal où ?
b. Vous avez mal à la gorge ?
c. Vous avez mal à la tête ?
d. Vous avez de la température ?
e. Vous avez votre carte vitale ?

▶ **Piste 167** La liaison .... p. 136
a. un petit animal de compagnie
b. un grand artiste
c. des bonnes émissions
d. des nouveaux amis
e. des gros ennuis

▶ **Piste 168** Jouons avec les sons ! .... p. 137
Ce lama a mal à la rate !
La pauvre chèvre a de la fièvre !

▶ **Piste 169** Activité 2 .... p. 138
– Bonjour monsieur ! Je peux vous aider ?
– En fait, j'ai choisi le forfait B&YOU mais j'ai quelques problèmes.
– D'accord, qu'est-ce qui ne va pas ?
– D'abord, je n'ai pas accès au wi-fi.
– Ah… Vous avez essayé d'éteindre et de rallumer votre portable ?
– Oui, mais ça ne marche pas !
– Attendez, je vais regarder. Ah mais ce n'est rien ! Vous n'avez pas sélectionné votre réseau. Vous devez choisir votre réseau.
– Merci. Et puis, j'ai un problème avec ma facture. Le forfait est à 9 euros 99 mais ma facture est de 15 euros 99.
– Attendez, je regarde… Ah oui, c'est une erreur, mais ne vous inquiétez pas, je vais arranger ça.
– Merci beaucoup ! Au revoir !

Épreuve du DELF

▶ **Piste 172** Exercice 1 .... p. 144
Salut ! C'est Nathalie ! Ça va ? Samedi, je passe te chercher à 10 heures en voiture. Nico et Aline viennent en train avec le repas. J'apporte le pain, tu achètes les boissons ? Et prends ton chapeau ! Il va faire très chaud.
À samedi.

▶ **Piste 173** Exercice 2 .... p. 144
Mesdames, messieurs, le train TGV n° 8673 à destination de Montpellier va partir. Les passagers de première classe doivent monter dans les wagons situés à l'avant du train. Nous nous excusons pour le retard dû à la pluie.
Attention ! Le petit Théo attend ses parents à l'accueil de la gare. Merci.

▶ **Piste 174** Exercice 3 .... p. 145
Bonjour ! Je suis malade, je ne viens pas aujourd'hui. Une cliente, Mme Lambert, veut réserver notre voyage « Champs et chemins d'Auvergne » du 2 au 7 juillet. Tu peux lui envoyer le programme par courriel ? C'est lambert@gmail.com. Et l'appeler au 06 54 23 21 90. Merci !

▶ **Piste 175** Exercice 4 .... p. 145
Situation n°1 :
– Bonjour ! Je voudrais m'inscrire au cours de chinois.
– D'accord. Merci de remplir ce document.
– Entendu.
Situation n°2 :
– Tiens, je te rends le livre que tu m'as prêté.
– Tu as aimé ?
– Oui, beaucoup !
Situation n°3 :
– Excuse-moi, tu sais où se trouve la salle 32 ?
– Oui, c'est par ici. Continue tout droit et au bout du couloir, tu tournes à droite.
– Merci !
Situation n°4 :
– Tu prends le bus avec moi ?
– Non, j'ai encore un cours, celui de littérature française.
– Ah d'accord. Alors à demain !

▶ **Piste 176** Exercice 5 .... p. 146
Bonjour, c'est Franck ! Pour le pique-nique demain au bord de la mer, nous nous occupons du repas et des boissons. Peux-tu apporter un jeu de cartes et des raquettes de tennis ? Il va faire chaud, alors prends ton maillot de bain et des lunettes de soleil ! Rendez-vous au parking de la plage à midi ! À demain !

Transcriptions des vidéos

Unité 2

- Bécassine !
- Vous cousez ces initiales R.G. ici et sur les autres serviettes également.
- Oui madame.
[...]
- Si tu te débrouilles bien, tu pourras aller à Paris.
- J'arrive, Paris !
[...]
- Tu t'appelles comment, ma jolie ?
- Loulote !
- Et le papa, c'est vous ?
- Ben, enfin, Bébert, ça suffit ! Pourquoi ne viendriez-vous pas à la maison ? Nous n'avons plus de nourrice.
[...]
- Oh non, Tic, enfin quand même vous n'y pensez pas ? Mais, vous vous croyez où ?
[...]
- Bonjour Bécassine.
- Bonjour Madeleine.
- Bonjour Mlle Châtaigne.
- On a vu passer trois nourrices en un mois alors, attention, Mlle Bécassine !
[...]
- C'est l'heure du biberon !
- C'est automatique.
- Vous ne payez pas de mine comme ça mais là, vous m'en bouchez un coin !
[...]
- Ce soir, un grand spectacle de marionnettes international.
- C'était bien !
- L'argument est un peu faible quand même.
- Oh, vous avez ri, je vous ai vu.
- Non mais j'ai ri parce que c'est stupide !
[...]
- Ben, je vais mettre cela en lieu sûr et après je file en scène.
- Il n'est pas plus marionnettiste que moi je suis danseuse étoile.
- Ah bon ? Vous êtes danseuse étoile ?
- Non.
- M. Rastaquoueros m'a promis qu'il reviendra.
- Vous pouvez me passer Madame La Marquise ? C'est urgent.
- Je reviens M. Rastaclacos. ... Madame La Marquise, Rastacoulos à l'appareil.

Unité 5

Un samedi matin, dans le froid hivernal, les frères Toqué établissent leur plan de travail.
- Ça, c'est marrant, ça. Un peu chiant à faire mais, tu vois.
Nous sommes rue Davy, dans le 17e arrondissement de Paris. C'est là que Félix et Marin ont décidé de recouvrir ce mur délabré à coups de bombes et de peinture.
- On essaie de peindre dans les quartiers gris, pas tout le temps mais souvent on peint dans les quartiers qui sont un peu des, des... qui sont un peu tristes.
- Le but, c'est de mettre de la couleur dans la rue, d'amener un horizon, une profondeur.
- Issus d'une famille d'artistes, nous sommes deux frères qui espérons embellir la ville et la vie.
Aujourd'hui, les deux frangins ont choisi de ne pas refaire la même chose et de surprendre les habitants avec un tout autre paysage.
- On a choisi une photo ce matin, en fonction de la taille du mur et on recompose un peu pour s'adapter au format et ça, c'est en Inde. Et voilà !
À quelques lieux de là, les frères Toqué ont déjà sévi, avec une autre de leurs spécialités : les messages positifs. Là aussi, l'accueil est particulièrement chaleureux.
- Quand je rentre chez moi, le soir, et que je croise ça devant moi, et bien, ça me donne la pêche. Je suis heureux et je me sens regonflé. Voilà !

Unité 6

Mathilde a 22 ans et vit à Toulouse. Elle est apprentie pâtissière et a toujours voulu partir dans un pays de l'Union européenne après sa formation. En cherchant avec le Pôle emploi de sa région, Mathilde a trouvé un poste dans un restaurant à Cork pour seconder le chef pâtissier. Grâce au programme *Your first EURES Job*, elle a pu bénéficier d'une aide financière pour s'installer en Irlande. Là-bas, elle a rencontré John. Il est aide-soignant. Entre eux, ce fut le début d'une belle histoire d'amour. Aujourd'hui Mathilde est revenue à Toulouse et John l'a suivie. Il a trouvé un emploi dans une maison de retraite. Son employeur a pu, lui aussi, bénéficier d'une aide financière pour faciliter son intégration. Mathilde est maintenant bilingue et peut faire valoir l'expérience qu'elle a acquise à l'étranger. Elle a trouvé un emploi chez un pâtissier à la renommée internationale, et en même temps, elle a créé son blog de recettes de pâtisserie en anglais.

Unité 7

La vie, c'est imaginer, faire les bons calculs, réaliser ses rêves, changer d'horizon, trouver le bon plan, comparer différentes options, se tromper, être toujours en mouvement, faire des projets et changer d'avis, oser se lancer, prendre son envol et s'agrandir. Annonces, conseils, services. *Se loger* avec vous quand la vie bouge.

Unité 8

Voici l'un des tout premiers objets connectés. Ce petit lièvre pouvait lire un mail, faire des signes et diffuser de la musique. « Bonjour, il est 7 h 00. Il fait beau et la température est de 12 degrés. » C'était tellement nouveau qu'on a même composé un opéra pour une centaine d'entre eux. Mais au fait, c'est quoi un objet connecté ? Pour qu'il ait un cœur, on lui donne un contrôleur qui est une sorte de petit ordinateur. On dope ses capacités avec un peu de mémoire. On lui ajoute une batterie pour qu'il n'ait pas de fil à la patte. On lui donne aussi de quoi communiquer avec le monde qui l'entoure et surtout, on le remplit de capteurs. En quelques années, c'est même devenu la fiesta des capteurs. Thermomètre, baromètre, voix, mouvement, lumière, image : toutes sortes d'objets sont ainsi apparus. Le smartphone est le plus répandu. Il signale vos rendez-vous, remplace la carte bancaire et les billets de train. Mais il y en a aussi qui mesurent votre rythme cardiaque et vos mouvements, qui suivent la fraicheur des aliments et proposent des recettes, qui vous aident à protéger vos dents, à retrouver facilement vos clés, à cultiver vos plantes, à vous guider dans les rues, à réchauffer vos pieds. Il y a même des fourchettes qui vous aident à mieux vous alimenter : « mange moins vite, tu vas avoir mal au ventre ». Des objets connectés, il y en a déjà des milliards, sur nous, autour de nous, parfois même sans qu'on le sache, un vrai monde que l'on appelle l'Internet des objets : l'I.O.T. pour faire plus *smart* ! Et vous n'avez encore rien vu : cela ne fait que commencer !

Références des images

6, 7 Annykos - iStockphoto, **7** (md) «Le français, langue d'ouverture sur le monde» , une vidéo produite par Le Conseil supérieur de la langue française du Québec qui en conserve les droits - Source : https://vimeo.com/81314793, **7** (bd) «Bécassine Bande-annonce», © 2018 Why Not Productions - Chabraque Productions - France 3 Cinéma, **9** (hd) «Respirez l'air frais de Paris #FeelParis» © Atout France/OTCP https://www.parisinfo.com/ - https://www.france.fr/fr, **9** (bd) © un programme de KTO, télévision catholique, **9** (md) Gâteau au yaourt facile © Marmiton.org Source : https://www.marmiton.org/recettes/recette_gateau-au-yaourt-facile_73370.aspx#bloc-video, **11** (hd) © Pôle emploi - www.youtube.com/poleemploi, **11** (md) © SE LOGER - Sami Benhadj, une vidéo de seloger.com Source : https://vimeo.com/208638374, **11** (bd) © studio.v2, **12, 13, 14, 15** Annykos - iStockphoto, **16** Paul-Daniel Florea - iStockphoto, **18** (md) AFP Photo/Pascal Le Segretain/ GettyImages, **18** (mg) Briquet Nicolas/AbacaPress.com, **18** (mm) Poree Audrey/AbacaPress.com, **18** (hm) Caiaimage/Rafal Rodzoch/GettyImages, **18** (bd) Westend61/ GettyImages, **19** «ABC Ville» Francesco Acerbis © 2017 – Editions Sarbacane, **20** (hg) Centre Wallonie-Bruxelles « Graphisme : Bettina Pell » - Omar Victor DIOP, Aminata, 2013 © Courtesy Galerie MAGNIN-A, Paris, **20** (b1,2,3,4) © Graphi-Ogre - GéoAltas, **21** (h1) AFP Photo/Ethan Miller/GettyImages, **21** (h4) AFP Photo/ Harry How/ GettyImages, **21** (h2) DPA/AbacaPress.com, **21** (h3) David Vincent/AP/SIPA, **22** (md) Ridofranz - iStockphoto, **22** (hd) Miceking - stock.adobe.com, **22** (bd) Illustration de Severin Millet , tiré du livre «Méli Mêlons», **23** (bd) Laurence Mouton/PhotoAlto/Photononstop, **23** (c) BraunS - iStockphoto, **23** (a) matteozin - stock.adobe.com, **23** (b) shurkin_son - stock.adobe.com, **23** (d) Photographee.eu - stock.adobe.com. **24** (bd) © OIF, **24** (hm) AFP Photo/Seyllou, **24** (hg) Blondet Eliot/AbacaPress.com, **24** (mm) Domine Jerome/AbacaPress.com, **24** (mg) Richard Bord/GettyImages, **25** (mg) www.bridgemanimages.com, **25** (mg) pandawild - stock.adobe.com, **35** (hd) Joël Saget/AFP, **25** (bg) Zelda Zonk/TV5MONDE, **25** (hg) ET-ARTWORKS/GettyImages, **25** (bg) «Le français, langue d'ouverture sur le monde» , une vidéo produite par Le Conseil supérieur de la langue française du Québec qui en conserve les droits - Source : https://vimeo.com/81314793, **26** (hg) Nice, 11 décembre 2013. Le restaurant «Le Syrah » affiche le prix du café moins cher pour les gens polis.PHOTOPQR/Nice Matin/Franck Fernandes, **26** (md) fandorina - 123rf, 30 ne2pi - iStockphoto, **30** (hg) FourLeafLover/AdobeStock, (mg) nyul/AdobeStock, (mmg) DragonImages/AdobeStock, (mmd) Studio Romantic/ AdobeStock, (md) auryndrikson/AdobeStock, (bg) New Africa/AdobeStock, (bmg) imtmphoto/AdobeStock, (bmd) LIGHTFIELD STUDIOS/AdobeStock, (bd) WavebreakMediaMicro/AdobeStock, **32** ne2pi – iStokphoto **34** (mm) Svetlana-Cherruty - iStockphoto, **34** (bm) Vijay kumar/GettyImages, **35** (mg) seb_ra - iStockphoto, **36** (bd) Oliver Rossi/Fancy/Photononstop, **36** (hg) d'après, « Top 10 des sports les + pratiqués chez les 16-25 ans » - Réalisée en 2016 par OpinionWay, **37** (hd) Anke Scheibe/Westend61/Photononstop, **37** (hg) Eric Audras/Onoky/ Photononstop, **38** (hd) Première année, 2018 Réal : Thomas Lilti Collection Christophel © 31 Juin Films/Le pacte, **38** (hm) « Becassine », 2018 Réal : Bruno Podalydes. Collection Christophel © UGC/Why not productions/Chabraque productions, **38** (bd) Vaselena/GettyImages, **39** (hd) jcrosemann - iStockphoto, **39** (hm) izusek - iStockphoto, **39** (hg) Aksonov - iStockphoto, **39** (mg) ET-ARTWORKS/GettyImages, **40** (g2) « Retour chez ma mère », 2016 Réal : Eric Lavaine. Collection Christophel © Pathe/Same Player/Scope Pictures/TF1 Films Production, **40** (g3) « Mon amie Victoria », 2014 Réal : Jean Paul Civeyrac avec : Guslagie Malanga. Collection Christophel © Les Films Pelleas/Versus Production, **40** (g1) « Mon père est une femme de ménage », 2011 Réal : Saphia Azzeddine. Collection Christophel © La petite Reine/ARP Selection/Koskas, **40** (d3) AFP Photo/Pascal Guyot, **40** (d1) AFP Photo/ Franck Fife, **40** (d4) AFP Photo/Rob Carr/GettyImages, **40** (d2) Simanek Vit/CTK/AbacaPress.com, **40** (hg) ivook - 123rf, **41** (bd) « Lumiere ! L'aventure commence », 2017. Réal : Thierry Fremaux. Collection Christophel © Sorties d'usine Productions, **41** (hd) Josef Beck/imageBROKER - www.agefotostock.com, **41** (md) Zelda Zonk/ TV5MONDE, **41** (bg) « Bécassine » © 2018 Why Not Productions – Chabraque Productions - France 3 Cinéma, **42** (hd) AFP Photo/Geoffroy Van Der Hasselt/Anadolu Agency, **46** (hg1) Gina Rothfels/AdobeStock, (hg2) pixelrobot/AdobeStock, (hg3) Akova/AdobeStock, (hg4) taddle/AdobeStock, (hg5) boygostockphoto/ AdobeStock, (hg6) Sylvie Thenard/AdobeStock, (hg7) Patryssia/AdobeStock, (hg8) evgenyi/AdobeStock, (hd1) Konstantin Yuganov/AdobeStock, (hd2) terex/ AdobeStock, (hd3) Alex/AdobeStock (hd4) An-T/AdobeStock, (hd5) lilkin/AdobeStock, (hd6) BillionPhotos.com/AdobeStock, (hd7) Alexstar/AdobeStock, (hd8) asaflow/AdobeStock, (bg1) Azad Mammedli/AdobeStock, (bg2) Marc/AdobeStock, (bg3) Graficriver/AdobeStock, (bg4) alekseyvanin/AdobeStock, (bg5) Fiedels/ AdobeStock, (bg6) dlyastokiv/AdoeStock, (bd1) jambronk/AdobeStock, (bd2) Comauthor/AdobeStock, (bd3) Marc/AdobeStock, (bd4) teracreonte/AdobeStock, (bd5) ii-graphics/AdobeStock, (bd6) ismanto/AdobeStock, (bd7) alekseyvanin/AdobeStock, (bd8) Penti-Stock/AdobeStock, **48** netsign - stock.adobe.com, **50** (hg) Humanoid © 2018 – FrAndroid http://www.frandroid.com/android/applications/top-applications/178154_les-meilleures-applications-meteo, **50** (bd) aaaaimages/ GettyImages, **50** (md) anatolir -stock.adobe.com, **51** (hm) © eDreams, **52** (hm) © Zigzao, **52** (bd) Westend61/Kniel Synnatzschke/GettyImages, **53** (hd) © Google Maps, **50** (bd) DrAfter123/GettyImages,**54** (mg) © 2018 MapasBlog - https://mapasblog.blogspot.com/2014/12/mapas-de-quebec.html, **54** (h4) François Poirier - 123rf, **54** (h1, h2, h3) Unclesam- stock.adobe.com, **54** (h5) jojojo07 - stock.adobe.com, **55** (hd) infographie 2015 : Comment les Français se rendent-ils au travail ? les Français se rendent-ils au travail ? © vpn-autos.fr , **55** (bd) Yulia-Images/GettyImages, **56** (bg) Tatiana_Sushchenia - iStockphoto, **56** (bd) S. Greg Panosian - iStockphoto, **56** (bm) Nataliya Hora - 123rf, **56** (hg) Mikko Lemola - Stock.adobe.com, **57** (hg) France vs Québec « Caramel beurre salé - sirop d'érable » ©Topito, **57** (md) Zelda Zonk/TV5MONDE, **57** (bg) « Respirez l'air frais de Paris #FeelParis » © Atout France / OTCP https://www.parisinfo.com/ https://www.france.fr/fr, **58** (hg) « La liste de nos envies » de Grégoire Delacourt © JC Lattès, **59** (hhm) Oleh_Slobodeniuk/GettyImages, **59** (hbm) Peter Langer/Perspectives/Design Pics/ Photononstop, **59** (fond, hm) Bruno Morandi/ robertharding/Photononstop, **62** (hm, hhd) あんころもち(ankomando)/AdobeStock, (hdb) DragonTiger8/ AdobeStock, (bg1) Alexandra Lande/AdobeStock, (bg2) scaliger/adobeStock, (bg3) Boris Stroujko/Adobestock, (bg4) Michal Ludwiczak/AdobeStock, (bg5) Rostislav Glinsky/AdobeStock, (bg6) THINK b/AdobeStock, (bg7) Stéphane Ouzounoff / Photononstop, (bd1) arthurhidden/AdobeStock, (bd2) Phuong/AdobeStock, (bd3) art_zzz/AdobeStock, (bd4) Suriyo/AdobeStock, (bd5) Eray/AdobeStock, (bd6) AUFORT Jérome/AdobeStock3, (bd7) Paul Vinten/AdobeStock, (bd8) DragonImages/ AdobeStock **64** neyro2008 - 123RF, **66** (hm) amriphoto - iStockphoto, **66** (bd) Ingeborg Knol - www.agefotostock.com, **67** (bm) Alexander Limbach - stock.adobe.com, **67** (hg) AngiePhotos/GettyImages, **67** (hd) virtustudio - iStockphoto.com, **68** (hd) PosiNote - Shutterstock, **68** (bd) De-niss - iStockphoto, **68** (c) Wolfgang Mücke - stock.adobe.com, **68** (a) kovaleva_ka - stock.adobe.com, **62** (e) baibaz - stock.adobe.com, **68** (d) Sergii Moscaliuk - stock.adobe.com, **68** (b) Sanja - stock.adobe.com, **69** hadynyah - iStockphoto, **70** (bd) Bryan Alexander/CAMERAPRESS/GAMMA-RAPHO,**72** (bg) Les français et le bio © Ma Reduc / RetailMe- Not, **72** (mg) Cephas/Photononstop, **72** (bd) SoFood/Photononstop, **72** (md) M.studio - stock.adobe.com, **73** (md) Zelda Zonk/TV5MONDE, **73** (hd) Robyn Mackenzie- iStockphoto, **73** (bg) Gâteau au yaourt facile © Marmiton.org - Source : https://www.marmiton.org/recettes/recette_gateau-au-yaourt-facile_73370.aspx#-bloc-video, **74** ONOKY/Fabrice Lerouge/GettyImages, **75** (hm) © TripAdvisor LLC, **75** (mg) Harald Walker/Westend61/Photononstop, **78** (mg) AVENET Pascal / Hemis.fr, (mmg) JackF/AdobeStock, (mmd) Leah/AdobeStock, (md) LANSARD Gilles / Hemis.fr, (bg) packshot/123rf, (bm) allister/AdobeStock, (bd) PackShot/ AdobeStock, **80** Kermesse / Exposition « Dis-moi dix mots » 2014-2015 par Canopé-CNDP / Institut français - 2014 / Polysémique, **82** « Comment je m'habille aujourd'hui ? » de Inès de La Fressange et Sophie Gachet – « Le style de la Parisienne », paru le 29 novembre 2016, © Flammarion, **83** (hd) Jonas Gustavsson/ AbacaPress.com, **83** (bm) muymuy - 123RF, **84** (hg) Karl Walter/GettyImages/ AFP, **84** (bd) Mike Kemp/GettyImages, **85** (hg, hd) Alain Apaydin/AbacaPress.com, **86** (hm) © « Shinka » by Fin DAC in Adelaide, Australia, 2016, **86** (hd) « Fou Rire » © Mauricette Toussaint - http://www.m-toussaint.com/fr/, **86** (hg) Nora Frei - www.agefotostock.com, **86** (bd) Bogdan Dreava/EyeEm/GettyImages, **87** Les Editions Didier, **87** (bm) Nataly-Nete - stock.adobe.com, **88** (hd) André Duret « 14 juillet à la Bastille », 1990 © 2018, ADAGP, Paris - cliché Adagp paris, **88** (mg) Giancarlo BOTTI/GAMMA-RAPHO, **88** (bg) Iakov Filimonov - Shutterstock, **89** (mg) Jean Dubuffet « Allées et venues », vinyle sur papier - 50 x 67 cm du 16 mars 1965 © 2018, ADAGP, Paris / Fondation Dubuffet, Paris, **89** (hd) Drawing of the «Ford» dress by CHANEL published in the Vogue US of October 1926 © CHANEL/ Courtesy VOGUE Paris, **89** (md) Zelda Zonk/TV5MONDE, **89** (hg) Ashmolean Museum, University of Oxford/HIP/Leemage, **89** (bg) © un programme de KTO, télévision catholique, **90** undrey - 123RF, **91** AndreyPopov - iStockphoto, **94** (hg) Tarzhanova/AdobeStock, (hmg) nys/AdobeStock, (hmm) gmstockstudio/AdobeStock, (hmd) ratana_k/AdobeStock, ((hd) nikkytok/AdobeStock, (mg) vitaly tiagunov/ AdobeStock, (mmg) nothing1223/AdobeStock, (mmd) Tarzhanova/AdobeStock, (md) Khvost/AdobeStock, **96** Dominic Trevett/GettyImages, **98** (bd) Les entretiens d'embauche dans 12 entreprises célèbres illustrés - Piwee, **98** (hg) Denis Ismagilov - 123RF / © IUT Sénart-Fontainebleau - Université Paris Est-Créteil, **99** Monkey Business Images Ltd - www.agefotostock.com, **100** (hd) Pascal Victor/ArtComPress, **100** (bd) yuoak/GettyImages, **101** (bd) © Joël Guenoun, **101** (mg) Paul Bradbury/Ojo Images/Photononstop, **101** (md) Luis Alvarez- Sobreviela/GO Vision/Photononstop, **101** (mm) Geber86 - iStockphoto, **102** (bd) studiograndouest - 123RF, **103** (mg) John Lund/Marc Romane - www.agefotostock.com, **103** (mm) Cat - stock.adobe.com, **103** (md) Design Pics/Photononstop, **104** (bm) Dimitrios Kambouris/GettyImages/AFP, **104** (md) Bertrand Gardel/hemis.fr/AFP, **104** (bg) Nasser Berzane/AbacaPress.com, **104** (bd) Nicolas Genin/AbacaPress.com, **105** (md) Zelda Zonk/TV5MONDE, **105** (hg) rancz Andrei - 123RF, **105** (mg) Mireille Ampilhac/AbacaPress.com, **105** (bg) © Pôle emploi - www.youtube.com/poleemploi, **107** (hd) https://pixabay.com/fr/linkedin-emploi-marketing-affili%C3%A9s-3157977/, **110** (hg) Elenathewise/AdobeStock, (hmg) Prostock-studio/AdobeStock, (hmm) Aleksandr Rybalko/AdobeStock, (hmd) AVAVA/AdobeStock, (hd) PeopleImages/Istock, (mg) Mariday/AdobeStock, (mmg) Zoran Zeremski/AdobeStock, (mmd) bnenin/AdobeStock, (md) Pixel-Shot/AdobeStock, (bm1) Pixel-Shot/AdobeStock, (bm2) Mikhail Spaskov/Istock, (bm3) Laszlo/AdobeStock, (bm4) Dean Mitchell/Istock, (bm5) silverkblack/AdobeStock, (bd1) michaelheim/AdobeStock, (bd2) Jun/Istock, (bd3) master1305/AdobeStock, (bd4) megaflopp/AdobeStock, (bd5) Minerva Studio/adobeStock, **112** Vincent Mahé - https://www.behance.net/vincentmahe, **114** (hm) little_airplane - stock.adobe.com, **114** (mg) « La Ch'tite famille », 2018 Réal. : Dany Boon. Collection Christophel © Pathe/Les productions du Ch'timi/TF1 Films production/260 B Productions/Photo David KOSKAS, **114** (bd) NLshop - 123rf, **115** (hg) https://2.bp.blogspot.com/EuJuI6BlwkM/V72799CGcRI/AAAAAAAApCg/M_IkcLCfvIAXO3UoaE2pD3FsEHY39TU8gCLcB/s1600/ photos%2Bde%2Bfamille%2Bd%2527Auvergne%2B%25284%2529.jpg, **115** (md) Daniel Berkmann - stock.adobe.com, **116** (hg) MediaProduction - iStockphoto, **116** (md) Guy Bouchet/Photononstop, **116** (bd) levente bodo/Gettyimages, **117** drubig-photo - stock.adobe.com, **118** Sergey Nivens/Shutterstock, **119** © Paris, je te quitte - http://paris-jetequitte.com/devriezvraiment-quitter-paris-infographie, **120** (hd) DeAgostini/Leemage, **120** (bd) Sompop U-kong - 123RF, **120** (md) Xavier Richer/Photononstop, **121** (hd) Zelda Zonk/TV5MONDE, **121** (hd) Franck Guiziou/hemis.fr - © Jean Nouvel/Adagp, Paris, 2018, **121** (bg) © SE LOGER - Sami Benhadj, une vidéo de seloger.com - Source : https://vimeo.com/208638374, **122** (hd) Julien Tromeur - stock.adobe.com, **122** (hg) Steve Debenport/ GettyImages, **123** (bd) NLshop - iStockphoto, **126** (hg1) pikselstock/AdobeStock, (hg2) GIROMIN Studio/AdobeStock, (hg3) monkeybusinessimages/Istock, (hg4) Hispanolistic/Istock, (hg5) DC Studio/AdobeStock, (hg6) Daxiao Productions/AdobeStock, (hd1) 2mmedia/AdobeStock, (hd2) Aleksey Sergeychik/AdobeStock, (hd3) 135pixels/AdobeStock, (hd4) reme80/AdobeStock, (hd5), (mg) interiorphoto/AdobeStock, (mmg) cassis/AdobeStock, (mmd) tashka2000/AdobeStock, (md) Leslie C Saber/AdobeStock, (bg) lipolen/AdobeStock, (bmg) Iriana Shiyan/AdobeStock, (bmd) JEROME LABOUYRIE/AdobeStock, (bd) Studio Porto Sabbia/AdobeStock, **128** © Rubik's Cube de Malika Favre, **130** (hd) © Harmonie Mutuelle, **130** (hg) Diana Johanna Velasquez - 123RF, **130** (bd) Catherine Delahaye/GettyImages, **131** (hg) © CPAM Paris-Un Coin de Paradis_2014, **131** (hd) Javier Larrea - www.agefotostock.com, **131** (bc) Elkersh/ShutterStock, **132** (m3) TONY CENICOLA/

The New York Times-REDUX- REA, **132** (m1) Xie Haining/XINHUA-REA, **132** (m2) Apple/ZUMA/REA, **132** (m4, m5) REUTERS/Steve Marcus, **132** (bd) Philippe Turpin/Photononstop, **132** (hd) Comomolas - iStockphoto, **133** (hg) Beata Zawrzel/NurPhoto/AFP, **133** (bd) karetniy/ShutterStock, **134** © France Média Monde, **134** © TV5Monde, **134** © The Linguist Institute, Inc., **134** (g1, g2) © Graphi-Ogre - GéoAltas, **134** (bd) Ion Chiosea - 123RF, **135** (bd) denvitruk/ShurtterStock, **136** (bd) Sebastien ORTOLA/REA, **136** (hg) jehsomwang - 123RF, **136** (hd) Comomolas/Digital Visions/GettyImages, **137** (md) Zelda Zonk/TV5MONDE, **137** (mg) Ben (Benjamin Vautier,dit) « L'art m'ennuie » 1965 © 2018, ADAGP, Paris - cliché Adagp paris, **137** (bm) Archives-Zephyr/Leemage, **137** (bg) © studio.v2, **138** © Bouygues Telecom, **139** thodonal - 123RF, **142** (mg) starsstudio/AdobeStock, (bhg) Halfpoint/AdobeStock, (bhm) Prostock-studio/AdobeStock, (bhd) bodiaphoto/AdobeStock, (bmg) ryanking999/AdobeStock, (bmm) Africa Studio/AdobeStock, (bmd) James Hardy/PhotoAlto / Photononstop, (bbg) CNAMTS, (bbm) AON/AdobeStock, **145** (mg) Gilles ROLLE/Réa, (mm) olrat/Istock, (md) Alphotographic/Istock, **146** (mg) yod67/AdobeStock, (mm) cloud7days/AdobeStock, (md) Magdalena/AdobeStock, (bg) maximilian/AdobeStock, (bd) Buriy/AdobeStock, **147** (mg) Wedding photography/AdobeStock, (mm) ivanko80/AdobeStock, (md) NataliaDeriabina/Istock, **148** (a) Irina Fischer - stock.adobe.com, **148** (c) FoodCollection/Photononstop, **149** vvoe - stock.adobe.com, **150** (a) elmirex2009 - stock.adobe.com, **150** (b) Aurélia Galicher, **150** (c) branex - stock.adobe.com, **152** (b3) Steve Sparrow/Cultura/Photononstop, **152** (b4) Sime/Photononstop, **152** (b1) Sabine Glaubitz/DPA - www.agefotostock.com, **152** (b2) Kelvin Murray/GettyImages, **152** (h1) eightstock - stock.adobe.com, **152** (h2) Magdalena - stock.adobe.com, **152** (h3) funky - stock.adobe.com, **152** (h4) Taeksang - stock.adobe.com, **153** (hd) « Le français, langue d'ouverture sur le monde » , une vidéo produite par Le Conseil supérieur de la langue française du Québec qui en conserve les droits - Source : https://vimeo.com/81314793, **153** (bg) « Bécassine Bande-annonce », © 2018 Why Not Productions - Chabraque Productions - France 3 Cinéma, **154** (bg) « Gâteau au yaourt facile » © Marmiton.org - Source : https://www.marmiton.org/recettes/recette_gateau-auyaourt-facile_73370.aspx#bloc-video, **154** (hd) « Respirez l'air frais de Paris #FeelParis » © Atout France / OTCP https://www.parisinfo.com/ - https://www.france.fr/fr, **155** (hd) © un programme de KTO, télévision catholique, **155** (bg) © Pôle emploi - www.youtube.com/poleemploi, **156** (hd) © SE LOGER - Sami Benhadj, une vidéo de seloger.com - Source : https://vimeo.com/208638374, **156** (bg) © studio.v2, **157** Joëlle Passeron, **159** Les Editions Didier, **161** (hm) ok-sana - iStockphoto, **161** (mm) galimovma79 - stock.adobe.com, **170** The Last Word - stock.adobe.com, **171** tbralnina – iStockphoto.

Références des textes

83 Vogue Hommes Mode : Qui est Kohei Takabatake, le mannequin homme qui a le plus défilé cette saison ? Par Alexandre Marain et Louis Danielou le 12 Février 2018 © Les Publications CONDÉ NAST SA, **100** Interview de Dorothée Gilbert, Danseuse Etoile et Egérie du Parfum Repetto, Par Beautylicieuse - le 21 juillet 2014.